생각을 바꿔야 주식이 보인다

SAMSUNG HYUNDAI SK LOTTE Hanwha

생각을 바꿔야 주식이 보인다

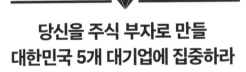

당신을 주식 부자로 만들 대한민국 5개 대기업에 집중하라

─── 이승조 정유리 지음 ───

도서출판 새빛
SAEVIT

차례

1   삼성 | 대한민국 주식을 이끄는 기승전 삼성전자

2 현대차 | 수소경제시대를 이끄는 현대차

3 SK그룹 | ESG의 선두주자 SK그룹

4 롯데 | 한국 유통 강자로 부활을 준비하는 롯데

5 한화 | 신재생에너지와 수소산업 강자 한화

2020년 전세계적으로 확산된 코로나 바이러스는 대한민국을 주식광풍으로 몰아넣었다. 팬데믹 상황에서 급락한 주식시장은 확대된 유동성으로 인하여 급격히 V자 반등으로 이어졌고, 동학 개미운동이라는 신조어가 탄생할 만큼 수많은 개인투자자들이 주식시장에 뛰어들었다. 1년간 은행에 넣어두어도 2%가 채 되지 않는 은행 예금과 달리 운이 좋다면 하루 만에 30%의 고수익을 맛볼 수 있는 주식시장은 그야말로 노다지였다. 코로나19로 일시적 휴직 상태에 놓인 사람이 급증하자 정부는 실물 경기가 위축되는 것을 막기 위해 재정 지출을 확대하고 기준금리를 내리는 등 통화정책을 완화하며 유동성 공급을 확대했다. 시중에 돈이 풀리자 충격에 휩싸였던 자산시장은 급반등했고 투자자는 주식과 부동산으로 대거 진입하게 된 것이다.

2012년 2천만 개를 돌파했던 주식거래 계좌 수는 2020년 3월 8년 만에 3천만 개를 넘어섰고, 팬데믹을 겪으며 불과 1년 만인 2021년 3월에 4천만 개로, 2022년 2월에는 11개월 만에 6천만 개로 늘어났다. 이른바 주식계좌를 국민 한 사람당 하나씩 보유한 셈이다. 점심시간 직장인들의 수다에 주식 투자와 관련된 이야기가 빠지지 않았고, 버스 운전사도 신호를 기다리는 사이 주식 시세를 확인할 만큼 주식에 대한 관심은 어느 때보다 뜨거웠다.

그러나 최근 자산시장이 심상치 않다. 2022년 5월말 기준 우리나라 주식시장은 2021년 7월 이후 30% 이상 떨어졌다. 미국의 나스닥지수도 정점을 찍고 35%가량 하락하면서 동학개미와 서학개미로 불리던 우리나라 개인투자자들이 밤잠을 설친다는 이야기가 심심치 않게 들려온다. 주식의 기본은 싸게 사서 비싸게 파는 것인데 하락장에서 본래 기업이 가진 가치보다 저평가된 기업들이 코로나 상황이 수습되는 동안 이미 오를 만큼 충분히 올랐다. 또 각국 정부가 유동성이 만들어낸 인플레이션을 제어하기 위해 자산 축소에 나서면서 금리를 인상하는 등 유동성 축소에 속도를 내고 있다. 넘치는 유동성을 바탕으로 성장주는 실적보다 높은 주가가 정당화되었지만 2022년 들어 이익을 못 내는 성장주와 실적이 뒷받침되지 않는 기업의 주가는 급락하고 있다. 가상화폐를 시작으로 뜨거운 관심을 받은 NFT, 메타버스도 마찬가지다. 길고 길었던 유동성 축제가 서서히 막을 내리면서 이제는 돈이 돈을 버는 것이 아니라 돈이 돈을 까먹을 수도 있는 상황을 대비해야 한다.

금리가 오르고 물가도 오르지만 성장은 둔화하는 시대가 오고 있다. 경제 동력을 나타내는 전산업 생산과 소비, 투자는 코로나19 확산 초기인 2020년 2월 이후 26개월 만에 처음으로 동반 하락하며 트리플 감소를 기록했다. 이에 따라 한국의 2022년 경제성장률은 2%대를 기록할 것으로 전망되고 있다. 반면 러시아와 우크라이나 전쟁 상황 속 유가가 물가 상승을 견인하는 가운데 수요 회복이 맞물리면서 2022년 5월 소비자물가지수는 5.4% 상승하며 14년만에 최대 상승률을 기록했다. 물가가 치솟고 금리가 상승하는 가운데 올들어 국내 주식시장 오름세 마저 주춤하자, 주식·가상자산에 몰렸던 유동자금은 다시 은행권으로 흘러가는 머니무브가 나타나고 있다. 역대 최저금리와 유동성 확대가 만들어놓은 주식 광풍이 서서히 막을 내리고 있는 것이다.

양적긴축과 금리인상이 동시에 추진되는 상황에서 기업들 역시 유동성 위기에 빠질 가능성이 높다. 그러나 한국은 새로운 정부가 출범하며 친기업 정책을 내놓을 가능성이 높은 만큼 한국증시를 구성하는 대표 기업, 대기업 집단에 우호적인 환경이 조성될 전망이다. 1,400원을 넘어선 환율이 점차 내려와 1,200원선으로 내려오는 사이클이 올 때 그 수혜는 당연 대기업 중심이 될 것이기 때문이다. 약세를 보이던 원화가 강해지고, 글로벌 경기가 최악의 상황에서 벗어나려 할 때 한국증시는 상대적으로 강한 모습을 보여왔다. 다시 말해 이제 대기업에 관심을 가져야 할 때가 온 것이다.

    국내 10대 대기업은 미래 먹거리 확보와 함께 세계적인 트렌드로 떠오른 ESG 경영에 맞춰 환경·사회·지배구조 경영을 강화하고 있다. 그리고 그 속에 숨겨져 있는 개별 기업의 지배구조를 상세하게 살펴보고 추적하다 보면 기업의 미래 방향성뿐 아니라 투자 기회도 찾아볼 수 있다. 이 책에는 대한민국을 대표하는 5대 대기업 삼성, 현대차, SK, 롯데, 한화를 거버넌스 관점에서 다루었다. 개별 기업의 역사와 함께 굵직한 사건들이 영향을 미친 주가 움직임 등을 상세하게 다룬 만큼 이 책 한 권만으로도 대한민국 5대 기업의 역사를 모두 알 수 있다. 이야기 책을 읽듯 쉽게 기업의 스토리를 읽어나가다 보면 조각 조각 떨어져 있던 기업의 지배구조와 사업 방향이 맞춰져 하나의 그림으로 완성되어 있을 것이다.

2022년 10월 초
저자 이승조, 정유리 드림

1

삼성

대한민국 주식을 이끄는
기승전 삼성전자

SAMSUNG

세계적인 초일류 기업 삼성,
그 약속을 지키다

"삼성을 세계적인 초일류 기업으로 성장시키겠다"

1987년 고 이건희 삼성그룹 회장이 회장 취임식에서 남긴 말이다. 꿈처럼 느껴졌던 그의 약속은 세월이 흘러 현실이 되었다. 회장에 취임한 1987년 10조 원이 채 못 되던 삼성그룹의 매출은 2018년 39배 늘었으며, 시가총액은 1조 원에서 396배 커진 396조 원을 돌파했다. 이건희 회장이 이끈 삼성은 바야흐로 국내를 넘어 세계적인 기업으로 발돋움했다.

고 이건희 회장은 반도체, 스마트폰, 바이오 등 신사업을 내세워 삼성을 한국의 대표기업으로 일궜다. 'Korea는 몰라도 삼성 휴대전화는 쓴다'는 우스갯소리가 있을 만큼 'Made in Korea'를 세계 곳곳에 심어놓은 삼성그룹 이건희 회장은 지병이 악화되어

2020년 10월25일 향년 78세의 나이로 별세했다.

이건희 삼성그룹 회장의 별세 소식은 국내외 언론사에서 긴급 뉴스로 전해졌다. "마누라와 자식 빼고는 다 바꿔라"는 어록이 다시 한번 조명되며 삼성전자를 명실상부한 세계 초일류 기업으로 이끈 그의 생애와 삼성그룹의 성장에 대한 기사가 쏟아졌다. 그리고 그가 보유하고 있는 삼성생명 등 삼성그룹 계열사 주식과 자산에 대한 막대한 상속세에 관심이 집중되었다.

당시 이건희 회장은 삼성전자 보통주 4.18%, 삼성전자 우선주 0.08%, 삼성생명 20.76%, 삼성물산 2.9%, 삼성 SDS 0.01% 등 주식 평가가치로 약 18조 원 규모를 보유하고 있었다. 이 주식을 유족들이 물려받기 위해서는 최고 상속세율 65%에 해당하는 10조 원 규모의 상속세를 내야 한다. 당장 현금으로 상속세를 내기는 어려워 보이는 만큼 일부 주식을 매각할 가능성도 충분했다. 그러나 주식 매각은 이재용 부회장을 정점으로 한 삼성 지배구조에 틈이 생길 가능성이 있는 만큼 신중할 것으로 예상됐다. 더욱이 이재용 부회장이 경영권 승계과정에서 불법성이 있었다는 혐의로 재판을 받는 점도 부담으로 작용하는 상황이었다.

이재용 부회장은 삼성물산과 제일모직을 합병하는 과정에서 편법적으로 합병을 진행해 경영권을 승계받았다는 혐의로 재판을 받고 있다. 여기에 국정농단 파기환송심까지 재개되며 이 부회장은 동시에 두 개의 재판을 치러야 하는 상황이다. 두 사건 모두 경영권 승계와 연결되는 만큼 이건희 회장의 지분을 상속받는 방법과 진행 과정의 투명성이 무엇보다 중요해졌다. 이재용 부회장이 이끄는 '뉴삼성'은 시작부터 상속세 재원 마련과 지배구조 개편, 사법리스크 등 해결해야 할 과제를 가득 안고 시작하게 되었다.

현재의 지배구조 연결고리를 강화하기 위해서는 이건희 회장이 보유한 삼성생명 지분 20.76% 중 일정 부분을 이재용 부회장과 삼성물산이 흡수해야 한다. 그러나 이재용 부회장의 삼성생명 지분율은 0.06%에 불과하다. 이건희 회장 타계 후 삼성그룹의 지배구조 변화는 필수적이고 필연적이다. 이재용 시대의 삼성그룹이 어떤 형태로 만들어질지 미리 확인해보기 위해서는 2014년 5월 이건희 회장이 급성심근경색으로 쓰러졌던 때로 돌아가 보아야 한다.

회장님이 쓰러지셨습니다

2014년 5월 10일 밤 10시50분쯤 이건희 회장이 급성 심근경색으로 쓰러졌다. 크고 작은 건강 문제가 생길 때마다 삼성서울병원을 찾았던 만큼 처음으로 자택 인근에 위치한 순천향대병원 응급실로 호송되었다는 사실은 간밤의 상황이 아주 긴박했음을 암시하는듯했다. 응급조치를 받은 후 이건희 회장은 삼성서울병원으로 옮겨졌고 타계하기 전까지 병상에서 치료를 받았다. 이건희 회장의 건강 상태는 치료를 담당하는 소수의 의료진과 관계자 등 핵심 인물 외에는 철저하게 비밀에 부쳐졌다.

당시 삼성은 그룹 지배구조 재편에 시동을 걸고 있었다. 2013년 삼성SDS가 삼성SNS를 흡수했고 제일모직과 삼성SDI를 합병하는 등 주요 계열사를 쪼개고 붙이는 대대적인 사업구조 재편이 한창이었다. 삼성생명 금융 계열사의 대규모 인력 감축과 지분 조정과 함께 삼성전자의 스마트폰 사업의 뒤를 이을 신성장 동력을 찾고 그룹 체질 개선을 위한 작업이 진행되던 가운데 불거진 이건희 회장의 건강 문제는 경영에 변화를 초래하는 큰 변수로 떠올랐다. 아직 삼성의 경영 승계를 위한 모든 작업이 마무리되지 않은 만큼 이재용 부회장이 경영 일선에 나서기는 시기상조라는 분석이 이어지는 가운데 일각에서는 삼남매가 함께 삼성그룹을 이끌 것이라는 예측도 나왔다. 이재용 부회장은 전기·전자·금융, 이부진 사장은 호텔·건설·중화학, 이서현 사장은 패션·미디어 부문을 나누어 맡으며 이건희 회장의 빈 자리를 채울 가능성이 높았다. 그러나 삼성그룹은 이재용 부회장 체제로 빠르게 재편되며 이재용 중심의 후계구도를 만드는 데 성공한다. 이건희 회장이 병원에 입원한 후 단 2년 사이의 일이다.

2014년 7월 4일 제일 먼저 삼성에버랜드의 간판을 바꿨다. 그리고 제일모직의 소재사업을 삼성SDI로 합병시킨다. 9월에는 삼성엔지니어링을 구조조정 대상에 포함시키며 삼성중공업과의 합병을 발표했다. 주주들의 반대로 합병추진은 무산되었지만 적자를 내는 사업은 과감하게 정리하며 빠르게 그룹의 골격을 짜내고 있었다. 그해 11월 삼성토탈, 삼성종합화학, 삼성테크윈을 한화그룹에 매각하고, 삼성정밀화학과 삼성SDI케미칼 사업은 롯데그룹에 넘기는 형태로 방산과 화학 계열사도 통째로 정리했다.

그 사이 2014년 11월 14일 삼성SDS가 유가증권시장에 상장한다. 그리고 한 달 후인 12월 18일 삼성에버랜드에서 사명을 변경한 제일모직이 거래소에 연달아 상장하며 삼성그룹은 1차적인 지배구조 개편 작업을 마무리한다. 삼성그룹은 삼성SDS와 제일모직 상장으로 막대한 상장 차익을 손에 넣었다. 이재용 부회장 3남매는 삼성SDS 상장으로 4조원의 차익을 얻었다. 그리고 이재용 부회장은 삼성그룹 지배구조 최정점에 있는 제일모직의 지분을 23.2% 보유한 최대주주로서 그룹 지배력을 강화하고 막대한 부를 축적하게 된다.

이재용 부회장 중심의 선택과 집중 광폭 행보로 30개에 달하던 그룹 내 순환출자고리는 1년 사이 14개로 줄었다. 제일모직 상장 과정에서 삼성카드가 보유지분 5%를 전량 매각하면서 '삼성생명 → 삼성카드 → 제일모직 → 삼성생명'으로 다시 이어지는 순환출자고리와 '삼성생명 → 삼성전자 → 삼성카드 → 제일모직 → 삼성생명' 등으로 연결되는 네 개의 순환출자고리가 동시에 사라졌다. 이제 삼성그룹 지배구조 최정점에 있는 제일모직이 증시에 입성하면서 1년 전부터 벌여온 지배구조 개편 작업이 반환점을 돌고 있었다. 삼성전자는 이후에도 광소재사업을 미국 코닝에 매각하고 미디어솔루션센터를 축소하는 등 비주력 사업 정리에 속도를 냈다. 그리고 2015년 5월 26일 제일모직과 삼성물산이 이사회에서 합병을 결의하면서 지배구조 재편 2차전이 막을 올린다.

삼성에버랜드와
44억 원의 기적

여기서 이건희 회장이 쓰러지면서 시작된 삼성그룹 변화의
첫 출발이 왜 삼성에버랜드 사명 변경부터였는지 살펴보아야 한
다. 삼성을 포함한 국내 재벌 그룹은 대부분 순환출자와 계열사
간 일감 몰아주기로 규모를 키워왔다. 순환출자는 한 그룹 내에
서 A기업이 B기업에, B기업이 C기업에, C기업은 다시 A기업에
출자하는 식으로 계열사들끼리 돌려가며 자본을 늘리는 것을 말
한다. 예를 들어 자본금 100억 원을 가진 A회사가 B사에 50억
원을 출자해 B를 소유하고, B는 다시 C회사에 30억 원을 출자해
C를 소유한 다음 C가 다시 A사에 20억을 출자하는 방식으로
자본금과 계열사 수를 늘릴 수 있다. A회사는 순환출자를 통해
자본금 100억 원으로 B와 C를 동시에 지배할 수 있는데 이 과정
에서 자본금이 늘어나는 효과까지 얻을 수 있다. 여기서 A회사

역할을 맡은 계열사가 삼성에버랜드다. 놀이공원이 어떻게 삼성 그룹의 지배구조를 결정할 수 있게 된 것일까.

시작은 1995년 이재용 부회장이 이건희 회장으로부터 받은 60억 8천만 원이다. 이재용 부회장은 증여받은 60여억 원 중 16억을 세금으로 내고 남은 돈을 분배해 주식을 매입한다. 삼성에스원 12만 주를 23억 원에 매수하고 삼성엔지니어링 주식 74만 주를 19억 원에 매입하는데 두 회사는 곧 상장하면서 42억 원이 605억 원이 된다. 여기서 563억 원의 차익이 발생하는데 주식 매매차익에 따른 세금이 없을 때라 온전한 수익으로 갖게 된다. 이 자금이 현재의 이재용 부회장이 보유한 삼성그룹 지분의 씨앗이 된다.

1996년 이재용 부회장은 3월 자회사 제일기획의 전환사채를 한 주당 만 원에 29만 9천 주를 매입한다. 이 주식은 1998년 3월 상장한 제일기획이 13거래일 동안 연속으로 상한가를 치는 기염을 토한다. 13일째 되는 날 모두 매도하면서 이재용 부회장은 130억 원의 시세차익을 챙기게 된다. 이보다 1년 전 삼성전자는 600억 원 규모의 사모전환사채를 발행한다. 전환사채는 주식으로 전환할 수 있는 채권을 말하는데 불특정 다수를 대상으로 발행하면 공모, 특정 개인이나 기업에 매각될 경우 사모라고 한다. 삼성전자에서 발행한 사모전환사채는 특정 개인이나 기업에게 매각하기 위해 발행된 전환사채였다. 발행된 600억 원어치 중 150억 원어치를 삼성그룹 계열사인 삼성물산이 인수하고 나머지 450억 원을 이재용 부회장이 인수하게 된다. 당시 삼성전자의 주당 가격은 5만 5천 원인데 그보다 저렴하게 주당 5천 원에 90만 주를 매입한다. 이후 사모전환사채를 주식으로 전환하면서 이재용 부회장은 삼성전자 지분율 0.97%를 확보하게 된다.

이재용 부회장은 1996년 당시 중앙개발이었던 삼성에버랜드의 전환사채를 매입한다. 당시 중앙개발의 주식은 장외시장에서 20만 원을 호가했는데 전환사채는 고작 주당 7,700원으로 정해지며 96억 원어치인 125만 4천여 주가 발행되었다. 그런데 채권을 사기만 하면 무조건 이득인 상황이었지만 이건희 회장을 비롯한 삼성계열사는 매입을 포기했고 중앙개발의 전환사채는 이재용 부회장이 48억 3,091만 원어치, 이서현·이부진·이윤형 자매가 48억 3,091만 원어치씩 나눠서 인수하게 된다. 이후 이재용은 이를 주식으로 전환하고 중앙개발 지분 31.9%를 확보하며 최대주주가 되고 누이동생 3인은 각각 10.6%씩 보유하며 2대주주가 된다. 이재용과 그의 동생들이 보유한 중앙개발 지분은 약 64%에 달했다. 1997년 중앙개발은 사명을 삼성에버랜드로 변경한다. 이후 증자를 통해 이재용의 지분율은 25.1%로 감소했지만 이건희 회장과 그의 자녀가 보유한 지분율 합계는 여전히 55%를 유지했다. 이때 확보한 삼성에버랜드 지분은 이재용 부회장이 삼성그룹의 경영권 확보에서 아주 중요한 역할을 하게 된다. 중앙개발의 전환사채 발행은 제일기획의 경우와 의도가 다르기 때문이다. 제일기획은 상장 후 시세차익을 목적으로 전환사채를 발행했지만 중앙개발은 삼성그룹의 지배구조 변화와 관련이 깊다.

1997년까지만 해도 삼성그룹의 지주회사는 삼성생명이 맡고 있었다. 그러나 1998년 12월 에버랜드는 삼성생명 주식 344만 주를 9,000원이라는 헐값에 매입한다. 그리고 에버랜드가 삼성생명을 지배하고, 삼성생명이 삼성전자를 지배하며, 삼성전자가 다시 에버랜드를 지배하는 순환출자고리가 만들어진다. 이렇게 에버랜드를 장악하면 삼성그룹 전체를 장악하는 구조가 만들어진다. 그리고 에버랜드의 최대주주가 바로 이재용 부회장이다. 이후 1999년 이재용 부회장은 삼성SDS 주식을 취득할 수 있는 신주인수권부사채BW를 주당 7150원에 사들인다. 매입 규모는 전체 물량의 20.4%에 해당하는 47억 원어치로 당시 삼성SDS의 주식은 주당 5만 4,000원 정도였다. 이재용 부회장은 엄청난 시세차익을 얻으며 수조 원대로 재산을 불려나갔다. 이 모든 일이 1996년 60억 원에서 세금을 내고 남은 44억 원으로 시작해 이재용 부회장이 2003년 삼성전자 전략기획실 상무보가 되기 전에 마무리된 일이다.

이렇게 이건희 회장과 세 자녀를 포함한 오너 일가가 에버랜드 주식 45%를 보유하고 에버랜드를 정점으로 '에버랜드 → 삼성생명 → 삼성전자 → 삼성카드 → 에버랜드'로 또다시 이어지는 순환출자 지배구조가 완성된다. 그리고 2012년 삼성카드가 에버랜드 보유지분 25.6% 중 20.64%를 매각하면서 15년 동안 유지되어 온 삼성그룹의 순환출자 지배구조가 수직출자구조로 바뀌게 된다. 지배구조의 변동 없이 삼성카드에서 삼성에버랜드로 이어지는 고리를 끊어 순환지배구조 고리가 수직으로 바뀌게 된다. 이렇게 삼성은 순환출자 구조를 해소하며 동시에 삼성에버랜드로 삼성그룹 전체를 지배하는 구조를 만든다. 이렇게 이재용의 경영승계를 위한 지배구조는 1996년부터 완성되어 부드럽게 진행되고 있었다.

이재용 체제의 확립 1단계:
제일모직 띄우기

2003년 삼성전자 상무로 발령난 뒤, 2007년 삼성전자 최고고객책임자CCO 겸 전무, 삼성전자 최고운영책임자COO 겸 부사장(2009)과 삼성전자 사장(2010)을 거쳐 2012년 이재용 부회장은 삼성전자 부회장 자리에 올랐다. 안정적으로 경영권을 확보한 이재용 부회장은 지배구조를 한 번 더 개편해야 하는 상황에 놓인다.

2013년 경제 민주화에 대한 목소리가 높아지며 금산분리 정책이 더욱 강화되었다. 금산분리 정책은 금융자본과 산업자본이 서로의 업종을 소유·지배하는 것을 금지하는 원칙이다. 은행의 사유화를 막고 예금자나 보험계약자 등 고객이 금융회사에 맡긴 돈으로 회사가 다른 계열사를 지배하는 것을 방지해 개인과 중소기업 등의 고객을 보호하기 위해 만들어졌다. 산업회사가 금융

회사를 4%까지 소유할 수 있고 의결권 행사 금지를 조건으로 하면 20%까지 소유할 수 있다. 이러한 금산분리 정책에 따르면 금융사인 삼성카드와 삼성생명의 순환출자고리를 끊어야 하는 상황이다. 그러던 중 2014년 5월 이건희 회장이 급성 심근경색으로 쓰러지게 된다.

삼성그룹 경영권의 핵심은 삼성전자의 경영권을 확보하는 것이 핵심이다. 만약 이건희 회장이 보유하고 있는 삼성전자 지분 3%가 사망으로 인해 상속될 경우, 수조 원대의 상속세를 내야할 수도 있다. 이재용 부회장은 발빠르게 움직이기 시작한다. 2014년 6월, 이건희 회장이 쓰러진 지 한 달도 안 되어 자신이 최대주주로 있는 삼성에버랜드의 이름을 제일모직으로 바꾼다. 그리고 이 제일모직의 주식 23.2%로 삼성전자 경영권까지 확보하게 된다. 과연 무슨 일이 있었을까.

2015년 삼성전자 지분을 4% 이상 보유하고 있던 삼성물산과 이재용 부회장이 최대주주로 있는 제일모직이 합병한다. 합병 이유는 제일모직과 삼성물산의 지분구조를 보면 쉽게 유추할 수 있다. 삼성그룹의 핵심은 삼성전자다. 그런데 이재용 부회장은 삼성전자 지분을 0.6%밖에 가지고 있지 않다. 여기서 묘책을 생각하게 된다. 이재용 부회장은 제일모직 23.2% 지분을 가진 최대주주지만 삼성물산 지분이 없었다. 대신 삼성물산이 삼성전자 4.1%를 보유하고 있었다. 만약 이 두 회사가 합병해 '통합 삼성물산'의 대주주가 된다면 이 부회장은 자연스럽게 삼성전자에 대한 지배력을 높일 수 있게 되는 것이다.

승계작업의 일환인 만큼 합병 당시 두 회사의 가치는 이재용 부회장에게 유리하게 조정되어야했다. 이 부회장이 싸게 가져와야 하는 삼성물산의 가치는 작게 축소되었고, 제일모직의 가치는 최대한 부풀려졌다. 실제 합병을 앞두고 삼성물산과 제일모직은 서로 다른 가치 평가를 받게 된다. 래미안 등 삼성그룹의 토목과 건설을 담당하며 잘나가던 삼성물산은 갑자기 2015년 상반기 영업이익이 급감하며 주가가 하락하게 된다. 현금 자산 1조 8천억 원을 누락하고, 국내 1위 아파트 브랜드인 래미안 건설이 대폭 줄어들기 시작한다. 실제로 매출이 좋지 않았을 수도 있지만 2조 원대 카타르발전소 공사 수주 소식을 뒤늦게 공시한 사실이 밝혀진다. 통상 회사들이 합병할 때는 서로 자사의 가치를 높게 평가받기 위해 애쓰기 마련이다. 그런데 삼성물산만 놓고 보면 오히려 가치를 낮추기 위해 애쓴 것처럼 보인다.

반면 제일모직이 소유하고 있던 삼성에버랜드의 땅값은 2015년 들어 갑자기 370%까지 오르는 상황이 벌어진다. 에버랜드 주변 땅값 추이를 1994년부터 20년간 살펴보면 1994년과 1995년에 공시지가가 하락하고 2014년과 2015년에는 공시지가가 폭등한 것을 알 수 있다. 에버랜드 주변으로 이건희 회장과 삼성물산이 소유한 경기도 땅은 어마어마하다. 이건희 회장 개인소유로 631

만m^2, 삼성물산은 588만m^2, 이건희 회장 외 공동소유 27만 5천m^2 다. 2014년 기준 에버랜드 주변 삼성이 소유하고 있는 땅의 공시지가는 1m^2당 85,000원으로 평당 28만 원 정도다. 비슷한 조건의 서울랜드(42만 5천 원/m^2), 한국민속촌(12만 원/m^2), 하니랜드(20만 5천 원/m^2), 한탄강유원지(8만 원/m^2) 등과 비교해 볼 때 에버랜드 브랜드 가치를 가지고 있는 삼성의 용인 땅은 현격하게 저평가되어 있다.

에버랜드의 공시지가는 1994년과 1995년 사이 크게 떨어진 적이 있다. 당시 9만 8천 원이던 공시지가가 이듬해인 95년 3만 6천 원으로 폭락한다. 공시지가는 국가가 각종 세금과 부담금을 부과하는 기준이기 때문에 시세보다 안정적으로 움직이는 경향이 있다. 갑자기 이렇게 큰 폭의 하락은 상당히 이례적이다. 그런데 공시지가가 떨어진 다음 해인 1996년 에버랜드는 전환사채를 저가로 발행해 이재용 부회장 남매에게 배정된다. 시중 가격보다 1/10 수준의 헐값에 전환사채가 발행되었고 이것을 주식으로 전환해 이재용 부회장은 경영권 승계의 디딤돌로 삼았다. 땅값 하락으로 전환사채를 가능한 싸게 발행할 수 있었고 이 과정에서 이재용 부회장은 적은 자본으로 에버랜드 최대주주가 되었다. 이후 공시지가는 계속해서 올라간다. 그러나 2014년과 2015년 갑자기 에버랜드 땅값이 오르게 된다.

합병 당시 자산규모로 볼 때 제일모직은 합병 전 매출이 5조 원 정도에 불과했다. 삼성물산의 1/5도 안 되는 상황이었고 영업이익도 아주 낮았다. 제일모직은 에버랜드가 있는 용인 땅의 부동산 가치를 부각시키며 테마파크와 호텔을 만드는 개발 사업 계획을 발표하는 등 제일모직과 삼성물산의 시너지효과를 강조했다. 그러나 합병안이 통과된 지 넉 달 뒤 돌연 에버랜드는 테마파크 호텔 건설 계획을 연기한다. 합병과정에서 유리한 비율 산정을 위해 에버랜드 땅 가치를 부풀렸고 제일모직의 가치를 뺑튀기한 셈이다. 또 합병을 앞두고 '에버랜드 동식물을 이용한 바이오' 사업을 추진하는 것처럼 꾸며 제일모직의 기업가치를 3조 원가량 부풀리기도 했다. 이런 작업의 결과 제일모직은 1차적으로 높은 가치 평가를 받는다.

이재용 체제의 확립 2단계:
삼성바이오로직스 불법승계 의혹의 쟁점

제일모직의 자회사 중에는 2011년 설립한 바이오 의약품위탁 생산CMO 회사 삼성바이오로직스가 있다. 삼성바이오로직스는 설립 이후 2011년부터 2014년까지 매년 적자를 기록했다. 그러던 2015년 갑자기 1조 9,049억 원의 흑자를 기록하게 된다. 삼성바이오로직스가 4조 5천억 원가량의 순이익을 실현하면서 46% 지분을 가지고 있던 제일모직의 가치는 더욱 높게 평가받게 된다. 삼성바이오로직스의 가치는 제일모직이 삼성물산의 합병 비율을 얻는데 결정적인 역할을 한다. 그런데 문제는 연속 적자 기업 삼성바이오로직스가 반짝 흑자를 기록한 이유가 신약을 만드는 등 사업 성공이 아닌 단순 회계기준 변경 때문이라는 사실이다.

삼성바이오로직스는 2014년까지 삼성바이오에피스를 종속회사로 두고 연결실적에 반영했다. 그러다 2015년 삼성바이오에피스를 관계회사로 변경하면서 에피스의 지분가치를 2천백억 원대에서 4조천억 원대로 재평가했고 이러한 회계상 투자이익을 장부에 반영한 것이다. 그런데 그 이익은 자회사인 바이오에피스에 대한 콜옵션 행사가 아닌 콜옵션이 행사될 수 있는 가능성을 근거로 발생한 이익이라는 점이 오묘하다.

2012년 삼성바이오로직스와 미국 제약사 바이오젠은 합작을 통해 바이오 복제약 개발사인 삼성에피스를 세운다. 바이오에피스는 삼바와 외국 기업이 85:15 비율의 합자회사로 설립되었지만 삼성바이오로직스가 지분 91.2%를 보유하며 최대주주로 있는 회사다. 그런데 합작투자 당시 바이오젠은 언제든 삼성에피스 지분의 절반(50%-1주)을 정해진 가격에 살 수 있는 권리인 콜옵션을 확보한다. 당시 삼성바이오로직스는 복제약 시장에 갓 뛰어든 새내기였지만 바이오젠은 세계 5위안에 드는 유력 바이오 회사였다. 합작을 위해 삼성이 그만큼 양보를 많이 한 결과였다. 사실 바이오젠 입장에서는 일단 조금만 투자해보고 사업이 괜찮다 싶으면 언제든 지분을 절반까지 확보할 수 있는 특혜를 받은 셈이다.

콜옵션은 부채로 반영되어야 하지만 삼성바이오로직스는 바이오젠의 콜옵션 보유 사실을 공개하지 않았다. 그리고 2015년 5월 합병을 앞두고 제일모직은 자회사인 삼성바이오로직스의 가치 평가 과정에서 콜옵션을 반영하지 않았고 온전히 자산가치를 평가받아 제일모직의 가치를 높게 인정받았다. 사실상 절반이 바이오젠의 것인데 전체를 삼성바이오로직스의 자산인 것처럼 평가해 1조 5천억~2조 원가량의 가치를 더 높게 인정받는다.

일련의 과정 끝에 제일모직은 실제 가치보다 높게 평가받으며 '1:0.35'로 삼성물산과의 합병 비율이 결정된다. 2014년 기준으로 영업이익 3배, 자본금 2.5배 이상 더 많은 삼성물산의 가치가 제일모직의 1/3수준으로 평가된 것이다. 문제는 합병 이후인 2015년 발생한다. 합병 뒤 재무제표를 정리하는 과정에서 바이오젠의 콜옵션 보유 사실이 드러난 것이다. 합병 전 회계장부에 부채를 반영하지 않고 삼성바이오로직스의 가치를 부풀린 탓에 콜옵션의 가치도 덩달아 커져 있었다. 콜옵션을 1조 8천억 원 규모의 부채로 계산해야 하는 상황, 이 경우 삼성바이오로직스는 자산보다 빚이 많은 자본잠식 상태에 빠지게 된다.

당시 미래전략실은 자본 잠식 상태를 벗어나기 위해 세 가지 방안을 준비한다. 먼저 바이오젠과 논의해 콜옵션 계약 자체를 바꾸는 안과 삼성바이오로직스의 가치를 낮추는 방안이었다. 그러나 전자는 바이오젠이 동의할리 없었고 후자는 합병에 찬성한 주주들이 받아들일 수 없었다. 따라서 세 번째 안으로 갈 수밖에 없었다. 콜옵션을 활용해 회계방식을 바꾸기로 한 것이다.

같이 회사를 설립한 바이오젠이 나중에 지분을 49.9%까지 늘릴 수 있는 조항을 근거로 삼성바이오로직스가 지배하는 회사로 보기 어렵다는 논리를 펼친다. 이에 삼성바이오로직스는 삼성에피스를 단독으로 지배하는 종속회사에서 다른 회사와 공동으로 지배하는 관계회사로 탈바꿈한다. 삼성바이오로직스-바이오에피스를 하나의 몸체로 보던 연결재무제표가 사라지고 개별재무제표가 도입되었다.

종속회사는 지분가치를 장부가인 취득원가로 계산하지만 관계회사는 공정가치로 평가할 수 있다. 삼성에피스 지분가치는 3천억 원에서 4조 8천억 원으로 부풀려져 재무제표에 반영되었다. 그리고 삼성바이오로직스는 에피스로부터 4조 5천억 원의 순이익을 기록한다. 결국 자본잠식에서 벗어날 수 있었고 적자기업에서 순이익 1조 8천억 원의 우량회사로 탈바꿈되게 된다. 대외적으로는 "복제약 2종의 허가로 바이오젠이 콜옵션을 행사할 가능성이 커졌다"고 설명했지만 내부 문건에 따르면 '자본잠식을 피하기 위해'라고 목적을 명확하게 밝히고 있다.

회계상의 문제를 다루는 데 있어 불법성이 있었는지 여부로 이재용 부회장의 재판이 진행 중이다. 판결이 어떻게 나올지 지켜봐야겠지만 단순한 오류인지, 이재용 승계작업의 일환인지를 밝혀내는 것이 중요한 쟁점이다. 삼성물산과 제일모직이 합병하는 과정에서 안진회계법인과 삼정회계법인에 기업 가치 평가를 의뢰했는데 삼성바이오로직스의 지분가치에 대해 안진은 8.9조, 삼정은 8.6조로 계산했다. 당시 지분율을 고려하면 삼성바이오로직스의 가치를 19.3조와 18.5조로 각각 평가한 것이다. 그런데 3개월 만에 안진회계법인은 통합 삼성물산의 재무제표를 작성하는 과정에서 삼성바이오로직스의 전체가치를 6.8조로 평가한다. 단 3개월 만에 회사 전체 가치의 2/3가 증발했다는 것이다.

또한 6.8조 원은 이재용 부회장이 원활한 경영승계를 위해 필요한 수치와 거의 일치한다는 점에서 회계부정의 목표가 이재용 부회장을 향해있음을 암시한다. 2015년 말 합병이 끝난 통합 삼성물산의 재무제표는 제일모직과 삼성물산을 흡수한 재무제표다. 제값보다 비싸게 샀으면 영업권, 싸게 샀으면 염가매수차익을 기록하게 되어있는데 당시 재무제표 주석에는 890억 원의 염가매수차익이 기록되어있다. 통합 삼성물산으로 작성된 첫 재무제표는 삼성바이오로직스에 대한 지배력을 획득하게 되었으므로 공정가치평가를 해야 했고, 여기에는 투자자산처분이익 및 영업권이 발생한다. 여기서 영업권이 구 삼성물산에서 발생한 2조 원가량의 염가매수차익을 거의 상쇄한다. 재무제표를 얼핏 보면 제일모직이 삼성물산을 싼 가격에 합병했다는 사실이 숨겨지게 된다. 이 사실을 숨기기 위해 삼성바이오로직스의 평가금액은 정확히 6.8조 원이 되어야 했다.

조사 결과를 보면 삼성 내부 문건에서 실제 회계법인에 "통합 삼성물산은 9월 합병에서 제일모직 주가 적정성 확보를 위해 바이오사업 가치를 6조 9천억 원으로 평가해 장부에 반영할 것"을 지시한 정황이 확인된다. 또한 바이오젠이 콜옵션 행사를 연기함에 따라 삼성물산이 평가한 1.8조 원을 부채로 반영할 경우 2015년 삼성바이오로직스는 자본잠식이 예상되며, 자본잠식 상황에서 기존 차입금 상환과 신규차입 불가, 상장조건 미충족 등 정상적인 활동이 어려울 것으로 예상된다는 내용이 나온다.

결국 핵심 쟁점은 삼성바이오로직스가 삼성바이오에피스를 관계기업으로 인식한 것이 적법인지, 불법인지다. 이 문제의 판단은 삼성바이오로직스가 에피스에 대한 지배력을 상실했는지에 달려있다. 지배력이 있다면 연결재무제표를 작성하고 지배력이 없는 경우 지분법을 적용해 개별재무제표를 작성한다. 삼성바이오로직스는 바이오젠사의 콜옵션을 행사할 가능성이 높다고 보고 주식을 50% 이상 보유할 수 없으며, 따라서 지배력이 없다고 판단해 개별재무제표를 작성한 것이다.

지배력 상실여부와 콜옵션 행사 가능성 여부가 쟁점인 가운데 2018년 5월18일 바이오젠이 정식으로 삼성바이오에피스에 대한 콜옵션 행사 의사를 밝힌다. 6월29일 실제 콜옵션을 행사하면서 삼성 측의 주장에 힘이 실리고 있지만 결과론적인 이야기라는 등 의견이 엇갈리고 있어 조금 더 진행 상황을 지켜볼 필요가 있다.

법원의 판단을 지켜봐야겠지만 확실한 사실은 삼성바이오로직스 회계 변경과 관련해 이재용 부회장은 두 가지 이득을 얻는다는 것이다. 먼저 삼성바이오로직스 상장이다. 2016년 11월 거래소에 상장된 삼성바이오로직스는 2018년 기준 5년 연속 적자를 기록하며 누적결손 5천억 원 이상에 자기자본 6,443억 원을 기록했다. 2018년까지 5년간 수익을 못 내는 회사였지만 유가증권시장에 성공적으로 데뷔한다.

또 삼성물산과 제일모직 합병에서 제일모직이 가지고 있는 삼성바이오로직스의 미래가치를 높게 평가받아 유리한 합병 비율을 만들어 낼 수 있었다. 제일모직이 유리한 합병 비율로 통합 삼성물산이 출범해야 최대주주로 있는 이재용 부회장의 지분가치가 커질 수 있고 승계작업이 또한 원활하게 진행될 수 있었다.

이렇게 제일모직은 실제보다 높게 평가받으며 삼성물산과의 합병 비율은 '1:0.35'로 결정된다. 2014년 기준으로 영업이익이 3배, 자본금은 2.5배 이상 더 많은 삼성물산의 가치가 제일모직의 1/3수준으로 평가된 것이다.

제일모직과 삼성물산의 합병 비율을 두고 삼성물산 주주들의 반발이 거셌다. 특히 미국계 헤지펀드인 엘리엇매니지먼트가 삼성물산 지분 7.1%를 확보하고 합병에 반대하면서 합병이 무산될 가능성이 점쳐지기도 했으나 삼성물산 1대 주주인 국민연금이 합병에 찬성하면서 2015년 9월 통합 삼성물산이 출범하게 된다.

통합 삼성물산

그러나…

　　제일모직과 삼성물산의 합병으로 포스트 이건희 시대, 이재용 부회장을 정점으로 한 삼성그룹의 지배구조가 만들어졌다. 삼성그룹 승계의 핵심은 전체 그룹의 60% 이상의 매출을 차지하는 삼성전자다. 그러나 오너 일가가 직접 보유하고 있는 삼성전자 지분은 5%가 채 안 되기 때문에 그룹 승계와 경영권 강화를 위해서는 차기 후계자인 이재용 부회장의 삼성전자 지분을 높여야 하는 상황이었다. 이런 상황에서 제일모직과 삼성물산의 합병으로 삼성전자 지분을 소유한다. 특히 제일모직은 삼성전자 지분 7.21%를 보유한 1대 주주, 삼성생명의 지분을 19.3%까지 보유하면서 합병 이후 제일모직은 삼성전자의 실질적 최대주주로 올라서게 된다.

그러나 순항할 것으로 보였던 이재용 부회장의 통합 삼성물산은 외풍에 시달리게 된다. 2016년 박근혜 전 대통령과 최순실의 국정농단 사태가 터지면서 삼성물산과 제일모직 합병에 정치권력이 작용했다는 의혹이 제기된 것이다. 당시 '1:0.35' 합병 비율에 따르면 삼성물산 주주들은 눈뜨고 65%의 손실을 입게 되었는데 손실을 감수하고 합병 찬성표를 던진 곳이 바로 국민연금이다. 현재 박근혜, 최순실과 함께 당시 국민연금 이사장이었던 문형표 전 보건복지부 장관, 홍완선 전 국민연금관리공단 기금운영위원장 등 많은 이들이 2심에서 유죄를 확정받고 대법원 판결을 기다리고 있다.

이 사건을 계기로 삼성의 컨트롤타워인 미래전략실이 해체되고 이재용 부회장은 경영권 승계 관련 뇌물혐의로 재판을 받게 된다. 이 과정에서 이재용 부회장은 대국민 사과를 통해 더 이상 경영권 승계문제로 논란이 생기지 않도록 하겠으며 자신의 아이들에게 회사 경영권을 물려주지 않겠다고 밝힌다. 그리고 2020년 10월 국정농단 파기환송심 재개를 하루 앞둔 25일, 이건희 회장이 서울 삼성병원에서 향년 78세의 나이로 별세한다.

상속세만 10조원,
그리고 후폭풍

고 이건희 삼성그룹 회장이 타계하면서 세간의 관심은 상속세 규모에 쏠렸다. 이건희 회장의 자산이 천문학적 규모인 만큼 상속세도 천문학적일 것으로 예상하며 재계에서는 10조 원이 넘는 '역대 최대' 상속세가 부과될 것으로 추정했다. 상속세법령에 따르면 증여액이 30억 원 넘을 경우 최고세율 50%가 적용된다. 고인이 최대주주 또는 특수관계인이라면 주식 평가액에 20% 할증이 붙는다. 이재용 삼성전자 부회장이 이건희 회장의 그룹사 지분과 부동산 등의 재산을 모두 상속받는다고 가정하면 약 20조 원 이상이 상속세로 부과될 수도 있다는 의미다.

이건희 회장이 보유하고 있는 삼성그룹 주식은 삼성전자 2억 4,927만 3,200주(4.18%), 삼성전자 우선주 61만 9,900주(0.08%), 삼성

SDS 9,701주(0.01%), 삼성물산 542만 5,733주(2.86%), 삼성생명 4,151만 9,180주(20.76%)다. 고 이건희 회장은 삼성그룹 4개 계열사 최대주주이거나 최대주주의 특수관계인으로 모두 상속세법상 최대주주 할증 대상이다. 삼성SDS는 보유지분이 0.01%에 불과하지만 삼성전자(22.58%), 삼성생명·오너 일가 등 최대주주 및 특수관계인이 지분 56.78%를 보유하고 있다. 따라서 자진 신고에 따른 공제 3%를 적용해도 10조 6천억 원이 상속세로 부과될 수 있다.

상속가액은 고인의 사망 전과 사망 후 2개월 평균 주가로 산출하기 때문에 정확한 금액은 2020년 12월 말 결정된다. 금액 자체로도 눈길을 끌지만 상속세 마련 과정에서 유족들이 보유하고 있는 지분에 따라 계열사 운명과 삼성그룹 전체의 운명이 달라질 수 있다. 유언이 없을 경우 배우자인 홍라희 전 리움미술관장이 4.5분의1.5(33.33%), 자녀인 이재용 부회장과 이부진 사장, 이서현 이사장이 각각 4.5분의1(각 22.22%씩)을 상속받게 된다. 이 비율대로라면 배우자인 홍 전 관장이 삼성전자, 삼성생명의 개인 최대주주가 되어 삼성그룹 지배구조의 캐스팅보트를 쥐게 된다. 이대로면 이재용 부회장의 지배구조가 약해질 수밖에 없다.

삼성그룹의 핵심은 삼성물산이다. 이재용 부회장은 삼성물산 주식 17.48%를 보유해 '이재용 부회장→삼성물산→삼성생명→삼성전자'로 이어지는 구조로 삼성그룹을 지배하고 있다. 법정 상속비율대로 상속이 이루어지고 상속세 마련을 위해 오너 일가가 일부 지분을 매각이라도 한다면, 이재용 부회장을 정점으로 한 지배구조가 흔들릴 수 있다. 따라서 유언장의 유무와 함께 상속 비율이 어떻게 만들어질지가 본격적인 이재용 부회장 시대 출범의 중요한 사안이 될 수밖에 없었다. 일단 상속세를 덜 내기 위해서는 상속세 결정 기준일인 12월24일까지 최대한 주가를 낮춰야 했다. 개인지분이 많은 주식의 주가가 오르면 그에 비례해 내야 하는 상속세 규모가 더 커지기 때문이다. 그럼 주가는 어떻게 움직였을까?

다음날,
삼성그룹 일제히 상승

이건희 회장이 별세한 다음 날, 삼성그룹주는 일제히 상승했다. 특히 유가증권시장에서 삼성물산은 전 거래일보다 1만 4천 원 오른 11만 8천 원에 거래를 마쳤다. 무려 13.46%의 급등이었다. 거래량은 937만 주로 전 거래일 거래량(28만 주)의 33배에 달했다. 삼성물산 외에도 삼성물산우B는 상한가를 기록하며 29.86% 오른 12만 3,500원에 거래를 마쳤고, 삼성SDS도 5.51% 상승한 18만 2천 원에 마감했다. 이 회장의 지분이 가장 많은 삼성생명은 3.8% 올라 6만 5,500원에, 이부진 호텔신라 사장이 이끄는 호텔신라우는 상한가에 오르며 8만 3,700원에 마감했다. 그야말로 삼성그룹의 하루였다. 삼성물산이 강세를 보인 이유는 삼성그룹의 지배구조 중심에 있기 때문이다. 오너가가 직접적으로 보유하고 있는 삼성전자 지분은 5.8%에 불과하지만 삼성생명 8.51%와 삼성물산 5.01%를 통해 강력한 지배권을 행사하고 있다. 이 두 회사의 최대주주는 고 이건희 회장(20.76%)과 오너 3세(28.3%)다. 여기서 이 회장의 별세로 지배구조는 바뀔 수밖에 없는 상황이 되었다.

이미 이재용 부회장 중심의 '삼성물산→삼성생명→삼성전자' 형태의 지배구조는 완성되었지만 보험업법 개정안이 통과될 가능성 등을 염두에 두었을 때 이재용 부회장의 지배구조에 상당한 리스크가 있다. 따라서 이건희 회장이 보유했던 삼성전자, 삼성생명, 삼성물산 등을 이재용 부회장이 일부 또는 완전 상속할 가능성이 높게 예상되면서 이재용 부회장의 지분이 가장 높은 삼성물산과 삼성물산우B가 강한 상승세를 보였다. 삼성그룹의 핵심인 삼성전자를 지배하는 핵심이 삼성물산이기 때문에 삼성물산을 매입하면 종합선물세트처럼 주력 계열사를 모두 지배할 수 있다는 이유였다.

같은 맥락으로 삼성SDS 주가도 3.8% 올랐다. 삼성SDS는 이재용 부회장이 8.81%, 이부진 사장과 이서현 이사장이 각각 4.18%씩 보유하고 있다. 이재용 부회장의 보유지분이 크면서도 세 남매가 모두 지분을 가지고 있다. 시가총액도 어느 정도 규모가 되지만 지배구조 흐름에서 핵심 역할을 하지 않기 때문에 상속세 마련을 위해 지분을 처분한다면 그룹 입장에서는 삼성SDS를 활용할 가능성이 높다. 또한 상속세 재원을 마련하기 위해 배당을 확대 가능성이 있다. 삼성그룹의 지배구조와 지분율을 이해하고 있었다면 삼성물산과 삼성SDS의 상승을 충분히 예측할 수 있었던 셈이다.

다만, 이날 삼성전자의 주가 상승은 크지 않았다. 삼성물산이 13% 오르는 동안 0.33% 오르며 6만 400원에 장을 마쳤다. 이건희 회장의 삼성전자 지분 4.2% 가운데 일부가 세금 납부를 위한 매물로 나올 수 있다는 관측이 나오면서 주가 상승이 제한되었다. 또한 상속세 결정 기준일까지 주가가 눌릴 수 있다는 분석이 나오면서 그룹주 중에서는 움직임이 크지 않았다.

이부진 사장이 운영하는 호텔신라 우선주는 호텔신라 본주보다 강하게 상한가에 들어갔다. 호텔신라는 이부진 사장이 운영을 맡고 있지만 보유지분을 단 한주도 가지고 있지 않다. 아버지에게 물려받은 자금으로 호텔신라 지분을 매입해서 독립할 가능성과 경영권 분쟁 시나리오에 대한 기대감으로 급등했다. 그리고 다음날인 27일 24.85%까지 올라 10만 4,500원까지 상승했다.

삼성생명은 이건희 회장의 지분 20.76%로 가장 많은 지분을 보유하고 있었다. 이재용 부회장이 해당 지분을 상속받으면 삼성전자에 대한 지배력을 강화시킬 수 있다. 그러나 10조 원을 웃돌 것으로 추산되는 상속세 부담 또한 커진다. 또 지분을 상속받더라도 보험업법 개정안, 일명 '삼성생명법'이 국회를 통과할 경우 삼성생명이 보유한 삼성전자 지분을 3%만 남겨놓고 모두 매각해야 하기 때문에 삼성전자 지배력을 강화하는 데는 한계가 있다. 이러한 상황에도 삼성생명은 이건희 회장 타계 소식이 전해진 다음날 3.8% 오르며 6만 5,500원에 마감했다.

동학개미의 힘,
뜻밖의 결과

상속세 재원 마련을 위해 삼성물산과 삼성SDS 주가는 상승하고 막대한 상속세를 내야하는 부담 속에 이건희 회장 보유지분이 높은 삼성전자와 삼성생명의 주가는 횡보할 것이라는 게 일반적인 예측이었다. 그러나 상황은 전혀 다르게 흘러갔다. 2020년 풍부한 유동성과 고수익을 찾는 개미 투자자들의 '동학개미운동' 열풍으로 삼성전자, 삼성전자 우선주, 삼성SDS, 삼성물산과 삼성생명 등 이건희 회장이 보유했던 주식의 가치가 줄줄이 오르며 내야 할 주식 상속세가 두 달 새 7천억 원가량 늘어났다.

이 회장이 별세 당시 직전 2개월 평균 주가를 기준으로 예상한 상속세는 10조 3,309억 원이었다. 그러나 두 달 사이 그룹주가 전체적으로 오르면서 납부액이 11조 366억 원으로 확정되었다.

상속세법에 따라 별세한 날 전후 2개월의 평균 주가를 바탕으로 계산한 주식 평가액만 18조 9,633억 원이었는데 20% 할증과 최고 상속세율 50%가 적용된 것이다. 자진신고 공제율 3%를 반영하면 2개월 전 예상한 상속세보다 7,057억 원이나 늘어난 액수다.

무엇보다 삼성전자 주가 급등의 영향이 컸다. 삼성전자는 이건희 회장 사망 소식이 전해진 다음날 삼성 그룹주의 전체적인 강세에서 다소 소외됐다. 그러나 이후 꾸준히 올라 10월 23일 종가 6만 200원이었던 주가가 7만 3,800원까지 오르며 역대 최고가를 새로 썼다. 2020년 12월 한 달 동안만 삼성전자를 1조원 넘게 사며 집중 매수했다. 2021년 반도체 업황 개선과 승계 이슈로 배당 성향이 높아질 것이라는 기대감이 동학개미들의 순매수를 이끌었다. 그 사이 5만 8,456원이었던 이건희 회장 별세 직전 2개월 평균 주가는 별세 전후 2개월 만에 6만 2,394원으로 6.7%(3,938원) 올랐다. 배당률이 높은 삼성전자 우선주도 개인투자자의 매수가 몰리면서 별세 직전 2개월 평균치(5만 704원)보다 5천원 가까이 상승했다. 삼성SDS, 삼성물산, 삼성생명의 평균 주가도 연말로 갈수록 상승폭을 키워나갔다. 주가가 올랐는데 마냥 기뻐할 수 없는 상황이 된 것이다.

타계 이후 2개월간의 주가 상승으로 삼성 일가가 내야 하는 상속세는 2016년 상속세 성실납부로 세간의 관심을 받았던 함영준 오뚜기 회장의 1,500억 원을 훌쩍 넘어 국내 최대 상속세로 기록된 구광모 회장의 납부액에 육박한다. 구 회장은 2018년 고 구본무 회장 별세 당시 구 회장이 보유하고 있는 LG주식 11.3% 중 8.8%를 상속하면서 7,134억 원의 주식 상속세를 신고했다. LG그룹은 고 구본무 회장의 재산을 물려받는 과정에서 상속세 9,215억원을 부담하게 되자 배당 정책을 강화했다. LG그룹은 2017년 1,300원(1.5%)이었던 보통주 배당금을 2018년 2,000원(2.8%)으로 올린 뒤, 2019년 2,200원(2.9%)까지 확대했다. LG그룹이 배당 확대를 통해 상속세 재원 마련을 한 것처럼 계열사 배당 확대로 어느 정도 문제를 해결할 것으로 보인다. 2019년 기준 이건희 회장과 가족들이 보유하고 있는 계열사 주식으로 받은 배당소득은 총 7,246억 원이었다.

2020년 12월 말 주식 상속세 규모가 정해지면서 삼성은 일차적으로 계열사 배당 확대에 나선 뒤 부족한 부분은 이후 보유지분을 담보로 대출을 받거나 지분을 매각할 가능성이 제기되었다. 아직 이건희 회장의 유언장이 공개되지 않았고, 막대한 상속세 재원을 어떻게 마련할 것인지에 관심이 모아지면서 여러 회사 이름이 거론되고 다양한 시나리오가 나오기도 했다. 그러던 2021년 4월28일 12조 원 이상의 상속 규모와 함께 의료공헌·미술품 기증 내용을 담은 상속세 납부 방안이 공개된다.

유례없는 상속세, 12조 원

    2021년 4월, 고 이건희 회장의 상속세 규모와 납부 방안 등이 발표되었다. 유족들은 이 회장이 남긴 삼성생명과 삼성전자, 삼성물산 등 계열사 지분과 부동산 등 전체 유산의 절반이 넘는 12조 원 이상을 상속세로 납부할 계획이라고 밝혔다. 이 회장의 유산은 삼성전자, 삼성생명을 포함한 계열사 주식 19조 원과 2~3조 원에 달하는 미술품, 한남동 자택과 용인 에버랜드 부지와 현금성 자산 등을 합해 총 30조 원 규모로 추정된다. 주식지분 11조 원, 미술품과 부동산을 포함한 기타 자산 1조 원 등을 포함해 상속세가 12조 원 이상으로 확정되면서 국내를 포함해 전세계적으로도 유래를 찾기 어려울 정도의 막대한 금액에 세간이 떠들썩해졌다.

12조 원이나 되는 천문학적인 금액을 한 번에 내기는 역부족인 만큼 상속세를 6번에 걸쳐 분할 납부하는 연부연납 제도를 활용하기로 결정했다. 연부연납을 선택하면 상속세 신고 시점에 상속세의 6분의 1을 납부하고, 이후 5년 동안 나머지 금액을 분납하면 된다. 그런데 상속세 납부 금액과 방법까지 공개가 되었지만 정작 주식 지분 상속에 대한 구체적인 내용은 밝히지 않았다.

일각에서는 이재용 부회장의 부재가 원인으로 지목되었다. 2020년 10월 이 회장의 별세 이후 잇따른 재판과 검찰 수사로 이 부회장은 숨가쁘게 달려왔다. 지난 1월에는 법정 구속까지 되면서 유족들과 상속을 논의하기 어려운 상황이었다. 이 회장의 삼성전자 주식 상당수를 이 부회장에게 넘기고, 삼성생명 지분을 가족 4명이 나누어 갖는 등 이재용 부회장의 지배력을 확대하는 방안으로 진행될 것이란 예상이 지배적이었다. 그러나 5월 3일 예상을 깨고 지분을 법정 비율로 상속하면서 홍라희 여사가 삼성전자 개인 최대 주주로 부상하게 된다.

이재용 부회장은 그룹 지배구조 정점에 있는 삼성물산의 최대 주주이지만 삼성전자 보유지분은 이건희 회장(4.18%)과 홍라희 여사(0.91%)보다 적은 0.7%에 불과하다. 따라서 이재용 부회장의 삼성전자 지배력 강화를 위해 삼성전자 지분을 이 부회장에게 몰아줄 것이라는 관측이 많았다. 그러나 예상과 달리 이 회장의 삼성전자 주식은 법정 비율대로 상속됐다. 법정 비율에 따라 홍라희 전 리움미술관장은 3/9을, 자녀들이 2/9씩 나누어 받았다. 이에 따라 홍 여사의 지분은 2.3%로 개인지분으로 삼성전자의 최대 주주가 되었고 이재용 부회장은 1.63%, 이부진 호텔신라 사장과 이서현 이사장의 지분은 각각 0.93%의 지분을 갖게 되었다. 이와 함께 삼성물산, 삼성SDS도 법정 비율대로 나눴다. 대신 홍 전 관장은 이 회장의 삼성생명 지분 20.76%를 단 한 주도 받지 않았다. 홍 전 관장이 상속받지 않기로 결정하면서 이재용·이부진·이서현이 각각 3:2:1의 비율로 나누어 받았다.

홍 전 관장이 삼성생명 지분 상속을 포기하면서 이재용 부회장은 이 회장의 삼성생명 지분 50%를 상속받아 삼성물산에 이어 2대주주로 올라섰다. 그동안 이 부회장이 보유한 삼성생명 지분은 0.06%에 불과했다. 삼성물산을 통해 간접적인 지배구조를 유지해 왔지만 안정적인 지배구조 확립을 위해서는 이 부회장의 삼성생명 지분 확대 필요성이 끊임없이 제기되었던 것이 사실이다. 그러나 이번 상속을 통해 '이재용 부회장→삼성생명→삼성전자'로 이어지는 연결고리가 더욱 강화되면서 홍라희 여사가 삼성생명 지분 상속 포기로 아들의 그룹 지배력을 도운 것으로 보고 있다.

물론 향후 홍 전 관장의 주식을 자녀들이 상속받을 경우 이중으로 상속세를 부담해야 하는 상황이 발생할 수 있지만 당장 상속세 부담을 나누기 위해 홍 전 관장이 법정 지분대로 상속받았다고 보여진다. 고 이건희 회장이 받은 배당금은 삼성 일가 전체 배당금의 60~70%에 달한다. 반면 삼성전자와 삼성생명 지분을 갖고 있지 않았던 이부진 사장과 이서현 이사장의 배당소득은 3~6% 수준으로 미미해 상속세 부담이 크다.

삼성 유족이 내야 하는 상속가액은 홍 여사가 5조 4천억 원으로 가장 많고 이재용 부회장 5조 원, 이부진 사장 4조 5천억 원, 이서현 이사장 4조 1천억 원 순이다. 이번 주식 분할로 주식 상속세분 11조 원은 홍라희 여사가 3조 1천억 원으로 가장 많고 이재용 부회장이 2조 9천억 원, 이부진 사장 2조 6천억 원, 이서현 이사장이 2조 4천억 원이다. 홍 전 관장이 지분을 상속받는다면 이재용 부회장 남매들은 당장 상속세 부담을 덜 수 있다. 남매들이 삼성생명 지분을 나누어 받고 삼성전자 지분을 법정 비율대로 상속한 만큼 앞으로 배당을 늘려 주요 상속세 지불 수단으로 활용할 가능성이 높은 것으로 보인다.

홍 전 관장이 자녀들보다 삼성전자 지분을 많이 보유하게 되면서 가족 간 불협화음이 생길 우려는 낮아졌다. 지분 상속을 기점으로 이부진·이서현 남매가 호텔신라와 삼성물산 패션 부분 등의 일부 계열사를 물려받아 독립할 것이라는 시나리오가 제기되기도 했다. 그러나 삼성생명을 제외한 지분에 대해 법정 비율로 상속받으면서 이 가능성은 사라졌다. 다만 상속으로 삼성전자와 삼성생명 지분이 늘어난 만큼 이부진·이서현 자매가 계열분리를 할 가능성이 있다. 계열분리까지 진행되지 않더라도 삼성의 울타리 안에서 이부진 사장이 이끄는 호텔신라 지분 변화 가능성은 충분히 예상 가능한 시나리오다.

고 이건희 회장의 보유지분 상속은 이재용 삼성전자 부회장의 경영권을 강화하는 방향으로 마무리되었다. 삼성생명의 지분 절반을 상속받으며 그룹 경영권을 공고히 하게 되었고, 홍라희 여사가 삼성전자 개인 최대 주주에 올라서며 든든한 우군으로 '캐스팅 보트' 역할을 할 것으로 보인다. 이렇게 이건희 회장의 유산 배분은 평화롭게 마무리된 것처럼 보였다.

상속의 최대 수혜자는 누구?

상속 내용으로만 보면 이부진·이서현 남매가 지분 양보를 통해 이재용 체제의 지배구조 강화에 힘을 보탠 것처럼 보인다. 그러나 내용을 자세히 살펴보면 이번 상속의 최대 수혜자는 사실 이부진 호텔신라 사장과 이서현 삼성복지재단 이사장이다. 상속의 핵심이 이재용 부회장의 그룹 지배력 강화라면 삼성생명보다 그룹 핵심 계열사인 삼성전자 지분 확보가 절대적으로 필요하다. 그러나 삼성전자 주식을 이 부회장이 모두 상속받는 경우 삼성전자 상속세만 9조 원에 달하고 그 외 다른 계열사 상속분까지 합하면 지분 상속세만 10조 원을 훌쩍 넘게 되는 만큼 당장 부담해야 하는 상속세 규모를 고려할 수밖에 없었을 것이다. 따라서 삼성생명 지분 확보를 통해 삼성전자에 대한 간접적인 지배력을 높이는 방안을 택했다고 보여진다.

그러나 삼성전자의 직·간접적인 지배지분율을 계산해보면 이 재용 부회장의 삼성전자 지배력은 크게 변화가 없다. ('직접 지분율'은 이재용 부회장이 개인적으로 소유하고 있는 지분을 의미하고, '간접 지분율'은 삼성물산과 삼성생명 지분 보유를 통해 발생하는 간접적인 지분율을 의미한다.) 상속 전 이 부회장 의 삼성전자 직접 지분율은 0.7%다. 삼성물산(17.5%)과 삼성생명 (0.06%)을 통해 간접적으로 삼성전자에 행사할 수 있는 지분율은 0.88%이므로 둘을 더하면 이 부회장의 상속 전 직·간접 지분율 은 1.58%다. 이부진·이서현 자매는 상속 전 삼성전자 지분이 없 었다. 대신 삼성물산 등 계열사를 통해 간접적으로 영향을 미칠 수 있는 지분율은 각각 0.28%로 둘의 지분을 더하면 0.56%에 불 과해 이재용 부회장과의 차이는 1.02%p다. 그러나 이번 상속으 로 세 남매의 직·간접 지배지분 차이는 크게 좁혀졌다.

상속 후 이재용 부회장의 삼성전자 직접 지분율은 1.63%이며 상속 후 늘어난 삼성물산 지분 18.1%와 삼성생명 10.44%를 통한 간접 지분율은 1.97%다. 둘을 합하면 직·간접지배지분율이 3.6% 다. 이부진·이서현 자매는 상속 후 삼성전자 지분 0.93%를 새로 취득하게 된다. 삼성물산과 삼성생명을 통해 간접적으로 행사하 는 지분율은 각각 1.01%와 0.66%다. 계산해보면 상속 후 이부 진 사장의 삼성전자 직·간접 지배지분율은 1.94%, 이서현 이사 장은 1.59%다. 이 둘의 지배지분율을 합하면 3.53%로 이재용 부 회장과의 차이는 이전의 1.02%p보다 줄어들어 0.07%p에 불과하 다. 이재용 부회장이 삼성전자 경영을 맡고 있어도 상속으로 받은 두 자매의 지분은 경영 간섭에 나서기 충분한 지분율이다. 결국 삼성생명 지분 절반을 상속받으며 이재용 부회장의 삼성 경영권 강화가 겉으로 드러난 내용이지만 그 속을 들여다보면 실질적인 수혜자는 이부진·이서현 자매다. 워낙 '가족 화합'의 이미지가 탄탄한 삼성이지만 지금까지의 과거 사례를 볼 때 상속 과정에서 지분이 한 사람에게 집중되지 않고 오너 일가에게 고르게 분산될 경우 다툼으로 번지는 사례가 빈번했다. 대표적인 사례가 한진그룹과 최근까지 분쟁이 있었던 한국타이어다. 이 부분이 앞으로 이재용 시대의 삼성그룹에 어떤 영향을 미치는 초기조건이 될지, 계속해서 살펴볼 필요가 있다.

2018년 이재용 삼성전자 부회장이 삼성그룹 총수에 지정됐고 고 이건희 회장의 차녀인 이서현 전 삼성물산 사장은 경영에서 손을 떼고 삼성복지재단 이사장으로 물러났다. 현재 경영 일선에는 이부진 사장이 호텔신라를 맡고 있지만 이부진 사장은 호텔신라 개인 지분을 단 한주도 가지고 있지 않다. 코로나 상황에서 호텔·면세점 업계가 부진을 겪고 있는 가운데 당장 계열분리를 한다고 해도 현실적인 실익이 없고 이재용 부회장의 재판으로 인해 지배구조 개편도 시도하기 어려운 상황이다. 그러나 이재용 부회장이 2020년 5월 대국민 사과에서 자녀들에게 경영권을 물려주지 않겠다고 밝힌 만큼 후계구도 안정화 문제까지 고려하면 언젠가 남매간 계열 분리가 이루어질 가능성은 충분하다.

리틀 이건희, 이부진

2021년 1월18일 이재용 부회장의 법적 구속 사실이 전해지면서 주식시장에서 가장 먼저 나타난 변화는 호텔신라 우선주의 급등이었다. 삼성그룹의 리더십 공백이 현실화되는 위기의 상황, 이부진 사장이 맡고 있는 호텔신라의 우선주가 빠르게 움직인 것은 우연일까.

이부진 사장은 외모부터 성격이나 경영 스타일이 삼성가 자녀 중 아버지 고 이건희 회장과 가장 비슷해 '리틀 이건희'라는 평가를 받고 있다. 이 사장은 2001년 호텔신라 기획부 부장으로 자리를 옮긴 후 2004년 호텔신라 상무보, 2010년 사장으로 초고속 승진하며 현재 호텔신라를 이끌고 있다. 이건희 회장이 쓰러지기 전까지 이부진 사장을 후계자로 고려한 흔적이 있다. 이재용 부회장이 집중하는 전자와 금융 이외의 삼성물산 및 화학계열사, 호텔의 경영을 이부진 사장이 맡았고, 이건희 회장은 각종 행사장에 "딸 자랑을 하겠다"며 이부진이나 이서현의 손을 잡고 등장하는 이벤트를 벌이기도 했다. 그룹 차원의 지분을 이재용 부회장에게 가도록 설계했지만 정작 아들에 대해 자랑한 적은 없다. 이부진 사장의 능력과 자질에 대해 틈만 나면 칭찬을 한 것과 대조적이다.

이재용 부회장은 이건희 회장이 쓰러진 사이 한화 그룹에 방산과 화학 계열사를 매각했다. 삼성석유화학은 이부진 당시 호텔신라 상무가 33.18%, 삼성물산이 27.27%, 제일모직과 삼성전자가 각각 21.39%와 12.96%를 보유하고 있었다. 이 과정에서 이부진 사장에게 순환출자 고리상 중요한 위치에 있던 삼성종합화학 지분이 모두 휩쓸려버렸다. 이재용 부회장은 2015년 10월 남은 화학 계열사인 삼성토탈과 삼성정밀화학을 롯데에 매각하면서 그룹 포트폴리오에서 석유화학 분야를 아예 지워버렸다. 삼성의 제조업 중 수직통합된 산업은 전자사업군 외에 석유화학 분야가 거의 유일했다는 사실로 볼 때 이건희 회장은 삼성종합화학을 그룹 석유화학 분야 지주회사로 만들려는 의도가 다분했음을 알수 있다. 물론 그 중심에는 이부진 당시 상무를 염두에 두고 있었을 것이다. 결국 삼성종합화학 매각은 이재용에게 현실적인 경쟁자 이부진의 그룹 순환출자고리 상의 영향력을 원천 배제하면서 실리를 챙긴 측면이 있다.

이건희 회장이 쓰러지지 않았다면 삼성그룹 내에서 이부진 사장의 위상이 지금과는 분명 달랐을 것이라고 충분히 예상할 수 있다. 이건희 회장 사후 이부진 사장의 역할과 움직임이 더욱 주목되는 이유다. 이건희 회장을 연상시키는 빼어난 경영능력뿐 아니라 오너가 일원으로서 대형 인수합병과 사업구조 개편과 같은 전문 경영인이 수행할 수 없는 역할을 해내기에 모자람이 없는 만큼 이재용 부회장의 법률 리스크가 부각될 때마다 이부진 사장의 역할 기대로 호텔신라 우선주가 급등하곤 한다. 그러나 이부진 사장이 삼성그룹 경영 전반에 나타날 확률은 크지 않아 보인다.

지분 상속 결과에서 알 수 있듯이 삼성은 앞으로도 이재용 부회장을 중심으로 한 지배구조를 강화할 것으로 보인다. 다만, 이부진 사장과 이서현 이사장이 지분 상속결과 계열사 지분 상당 부분을 보유하게 된 만큼 앞으로 그룹에서 어떤 목소리를 낼지 주목된다. 지분 구조상 그룹 내 위상이 높아진 만큼 이부진 사장이 호텔신라를 맡고, 이서현 이사장이 삼성물산 패션부분을 맡아 독립하는 시나리오도 열려있다. 호암 이병철 삼성 창업주가 1987년 별세한 이후 CJ, 신세계, 한솔그룹이 삼성 계열사에서 분리되어 나온 전례가 있는 만큼 이 사장이 호텔과 레저 부분을 다루는 호텔신라를 삼성에서 분리할 가능성도 충분하다. 그러나 이보다 먼저 이부진 사장이 호텔신라 개인지분 확보를 위해 어떠한 움직임을 보일지 주목하는 것이 중요하다.

이부진 사장은 호텔신라 운영을 통해 경영능력을 인정받았지만 정작 호텔신라의 지분을 한 주도 가지고 있지 않다. 호텔신라 지분구조를 살펴보면 2021년 현재 삼성생명보험이 7.3% 삼성전자 5.11%, 삼성증권 3.06%, 삼성카드 1.34% 등 그룹주가 17.34%를 보유하고 있다. 대주주인 삼성생명은 삼성물산(19.34%)의 지배를 받는데 개인 최대 주주가 이재용(10.44%) 부회장이다. 여기에 이부진 사장은 6.92% 이서현 이사장이 3.46%를 보유하며 이 사장은 개인 2대 주주에 올랐다. 기존에는 호텔신라에 대한 직·간접적 지배지분율이 없었으나 이건희 회장의 주식지분 상속으로 삼성생명과 삼성전자 지분을 취득하게 되면서 호텔신라에 대한 간접 지배력은 확보한 셈이다. 이제 직접적인 호텔신라 지분 취득이 어떻게 진행될지가 관건이다.

이 과정에서 앞으로 이부진 사장의 보유지분 삼성전자 0.93%, 삼성물산 6.19%, 삼성SDS 3.9%, 삼성생명 6.92% 등이 어떻게 활용될지 유동적으로 추적하다 보면 호텔신라의 계열분리 가능성도 함께 확인할 수 있다. 삼성그룹은 과거에도 이병철 창업주 사망 후 이건희 회장 체제로 전환하면서 신세계, CJ, 한솔 등으로 계열 분리를 한 적이 있다. 이부진 사장이 삼성생명과 삼성전자 지분을 확보하는 방안으로 상속이 진행되면서 앞으로 호텔신라 지분확보에 나설 가능성이 더욱 높아졌다. 이는 호텔신라 계열 분리 가능성과 자연스럽게 이어지게 된다.

다만 현재 코로나19로 호텔과 면세점 사업이 타격을 입고 있는 만큼 가능성이 높아보이지 않는다. 그러나 천문학적인 상속세 부담을 덜어내고 호텔과 면세점 업계가 다시 활기를 찾는다면 언제든 계열 분리를 추진할 수 있다. 삼성그룹의 계열사는 대부분 삼성물산과 삼성전자가 나누어 소유하고 있을 뿐 아니라 자사주를 보유하고 있다. 따라서 앞으로 삼성그룹 지배구조 변환의 시발점이 될 가능성이 높다. 그리고 현재 진행 중인 이재용 부회장의 재판과 관련된 사법리스크와 국회에 계류 중인 삼성생명 보험업법이 그 변수다.

지배구조 개편의 변수, 보험업법

고 이건희 회장이 보유한 삼성그룹 지분 상속 문제가 정리되면서 이재용 부회장을 중심으로 한 경영체제가 일단락되었다. 이부회장이 삼성생명과 삼성전자를 동시에 지배하며 '이재용 부회장→삼성물산→삼성생명→삼성전자'로 이어지는 '원 삼성'의 아이디어는 그대로 가져갔다. 그러나 지배구조적인 측면에서는 여전히 불안한 부분이 남아있다. 바로 국회에 계류 중인 보험업법 개정안 때문이다.

삼성생명은 이재용 부회장이 삼성전자를 지배할 수 있는 핵심 계열사다. 이재용 부회장이 고 이건희 회장의 삼성생명 지분(20.76%) 중 절반(10.38%)을 상속받으면서 삼성생명 지분은 10.44%가 되었다. 삼성생명은 삼성전자 지분 8.51%를 보유한 대주주다. 이

부회장이 삼성전자 지분 8%를 보유하기 위해서는 약 40조 원이 필요하지만 삼성생명 지분 10%의 시가는 약 1.6조 원에 불과하다. 따라서 오너 입장에서는 삼성생명 지분을 이용하면 효율적으로 삼성전자에 대한 지배력을 유지할 수 있다. 과거 이건희 회장 역시 삼성생명의 지배력 강화를 통해 삼성전자에 대한 영향력을 키웠다면, 이재용 부회장 역시 같은 방식으로 핵심 계열사를 지배하게 된다.

그러나 보험업법 개정안이 국회를 통과하게 되면 삼성생명이 보유하고 있는 삼성전자 지분을 처분해야 하기 때문에 상당히 리스크가 크다. 개정안의 핵심은 보험사는 계열사의 주식과 채권을 총자산의 3%까지만 보유할 수 있다는 것이다. 현행 보험업법은 보험사가 대주주 및 특수 관계인 관련 회사가 발행한 주식과 채권을 보험사 자기자본의 60% 또는 전체 자산의 3% 중 적은 금액까지만 보유하도록 규제하고 있다. 그런데 은행과 증권 등 다른 금융회사들은 보유한 계열사 주식을 시가평가하는데 보험회사만 예외적으로 취득원가를 기준으로 하고 있다. 이 기준에 따라 혜택을 보는 '삼성생명'과 '삼성화재'의 특혜를 정조준하는 측면이 있어 보험업법은 삼성생명법이라고도 불린다.

삼성생명이 현재 보유하고 있는 삼성전자 주식은 8.51%로 지난 1980년 당시 취득 원가 기준으로 할 경우 금액은 약 5,440억 원이다. 삼성생명 전체 자산의 0.17%에 불과해 현행 보험업법 위반은 아니지만 삼성생명법이 통과되어 삼성전자 주식을 시가로 평가한다면 상황이 달라진다. 2021년 5월4일 종가 8만 2,600원을 기준으로 삼성생명의 삼성전자 보유액은 41조 9,730억 원가량이다. 전체 자산의 3%인 9조 2,491억 원을 초과하기 때문에 초과분인 32조 7,246억 원가량의 삼성전자 주식 3억 9,618만 주(지분율 6.63%)를 매각하는 상황이 벌어진다. 삼성생명이 보유한 삼성전자 지분율은 1.88%로 줄어들고, 삼성화재 역시 법정 기준을 초과하는 삼성전자 주식 매각으로 1.49%→0.56%로 지분율이 감소하게 된다. 삼성생명과 삼성화재가 보유한 삼성전자 합산 지분이 10.00%에서 2.44%로 낮아지는 것이다. 이재용 부회장이 보유한 삼성전자 지분 1.63%, 삼성물산의 5.01%, 삼성생명과 삼성화재가 보유한 10%를 포함한 계열사 간 합산 삼성전자 지분은 현재의 21.18%에서 13.62%로 하락한다. 결국, 핵심 계열사인 삼성전자 지배력이 약화된다.

이번 상속 결과 삼성 오너가는 삼성생명을 통해 삼성전자의 지배력을 강화했다. 그러나 삼성생명법이 국회에서 통과된다면 '삼성생명→삼성전자'로 이어지는 지배 연결고리가 끊어지게되면서 삼성물산과 삼성생명을 통해 삼성전자 경영권을 행사하던 이재용 부회장의 지배력이 약화될 가능성이 크다. 지배구조 개편 압박 속에 이재용 부회장 중심의 지배구조는 또다시 대대적인 변화를 맞이할 가능성이 크다.

일각에서는 지배구조만으로 봤을 때 삼성생명법에 대한 우려가 과도하다는 분석도 있다. 주주총회에서 활용되는 실질적 의결권만 놓고 보면 지분율 하락이 치명적인 타격은 아니기 때문이다. 공정거래법 11조에 따르면 삼성 같은 대기업집단 소속 금융·보험사가 보유한 국내 계열 주식의 의결권은 최대주주와 특수관계인 지분을 합쳐 15%까지만 행사할 수 있다. 삼성총수 일가는 현재 지분 21.18%에서 15%에 해당하는 의결권만 행사할 수 있다. 이 지분율이 13.66%로 낮아질 경우 막대한 타격은 아니다. 또한 법안이 통과되면 5년 내 지분을 매각해야하지만 삼성생명의 재무건전성에 영향을 미칠 것으로 예상되는 경우 2년의 유예기간이 더해질 수 있다. 따라서 삼성그룹에는 총 7년의 시간적 여유가 있다. 개정안이 통과되어도 삼성이 대비책을 마련하기에는 시간적 여유가 충분해 보인다.

예상 가능한 시나리오 중에 삼성물산이 삼성전자 주식을 인수하는 방법과 삼성물산이 보유한 삼성바이오로직스 지분 43.44%를 삼성전자에 매각해 자금을 마련하는 방법 등이 있다. 삼성생명이 삼성전자 주식을 팔게 되었을 때 시장에 풀지는 않을 것으로 예상한다. 삼성물산이 보유하고 있는 삼성바이오로직스 주식 43.44%를 팔아 자금을 마련하고 이후 삼성전자 주식을 살 것이란 전망이 우세하다. 다만 삼성바이오로직스 주식을 팔 수 있을지가 불투명하다.

삼성물산 주주 입장에서는 '성장성이 높다'고 평가받는 삼성바이오로직스를 파는 행위에 반감이 있을 수 있다. 향후 배임 논란이 발생할 수 있는 위험 속에 삼성바이오로직스 주식 매각에 나설지는 의문이다. 또 삼성물산이 32조 원 규모의 매각 지분을 산다면 공정거래법상 지주회사로 강제 전환된다. 공정거래법상 자산총액 5,000억 원 이상, 계열사 주식 평가액 합계가 자산 총액의 50% 이상인 회사는 지주회사로 전환된다. 삼성물산의 2020년 말 기준 자산총액은 54조 3,317억 원이다. 삼성생명이 내놓은 삼성전자 주식을 살 경우 삼성물산이 지주사가 되는 것이다. 삼성물산을 지주사로 전환할 경우 삼성물산은 삼성전자 지분율을 30%로 높여야 한다. 현재 보유 중인 삼성전자 5.01%에 삼성생명으로부터 매입할 주식 6.60%를 더해도 약11.61%에 불과하다. 지주사 전환 시 18% 이상의 삼성전자 주식을 더 사야하는데 이를 위해서는 천문학적인 금액이 필요하다.

　　삼성생명 역시 매각 차익에 대해 세금을 내야 한다. 법인이 보유한 주식을 팔면 매각차익의 22%를 내야 하는 법인세법 때문이다. 삼성생명은 삼성전자 주식을 팔아 31조 원이 넘는 매각차익을 거둘 수 있지만 이 중 22%인 6조 9천억 원가량을 법인세로 내야 한다. 삼성생명이 삼성전자 같은 우량주를 강제 매각하고 세금 부담이 커지면 주주나 보험가입자 입장에서는 이익에 반할 수 있는 점도 부담이다.

보험업법 개정안은 2020년 6월 발의해 현재 국회 정무위원회에 계류 중이다. 2024년까지인 21대 국회에서 통과되지 않을 경우 자동 폐기된다. 삼성그룹 입장에서는 보험업법 개정안이 국회 회기를 넘기는 게 가장 좋은 시나리오다. 그간 보험업법 개정안이 번번이 국회 벽을 넘지 못한 만큼 이번에도 통과되지 못할 가능성이 높다. 그러나 만일의 경우를 대비해 삼성그룹이 어떠한 지배구조 개편 전략을 세우는지 예상하고 미리 주가의 움직임을 예측해 보는 것이 무엇보다 중요하다. 법안이 통과될 경우 삼성생명과 삼성화재의 삼성전자 지분 매각 차익은 배당금으로 돌릴 가능성도 있다. 현재 삼성생명의 최대주주는 삼성물산 19.34%, 이재용 부회장 10.44%, 이부진 호텔신라 사장 6.92%, 이서현 삼성복지재단 이사장 3.46% 등 총수 일가가 최대주주로 등극해 있다. 배당이 이뤄진다면 수혜는 오너 3세 삼남매에게 집중될 것이고 상속세 재원으로 사용할 가능성이 크다.

또 다른 변수는 이 부회장에 대한 법적 리스크다. 검찰은 삼성그룹 경영권 승계를 위해 이 부회장이 삼성물산과 제일모직의 합병을 부당하게 지시 및 승인했다고 보고 있다. 이재용 부회장의 혐의에는 삼성바이오로직스의 분식회계로 인한 주식회사외부감사법 위반도 포함되었다. 삼성바이오 분식회계 의혹은 이 부회장에 대한 수사의 시발점이 된 사건이기도 하다. 재계와 법조계는 재판내용이 복잡하고 양이 방대한 만큼 대법원 확정판결이 나오기까지 최소 2~3년의 시간이 소요될 것으로 예상하고 있다.

법정형이 높은 시세조종과 분식 회계 등의 혐의로 기소된 만큼 유죄가 인정될 경우 중형이 불가피하다. 삼성생명법과 함께 이 부회장의 재판 결과는 삼성그룹의 지배구조에 영향을 줄 수 있어 계속 추적해 보아야 한다. 이재용 체제가 삼성그룹 전반에 뿌리 내리기 위해서는 아직 넘어야 할 산이 많다.

지배구조 개편 시나리오와
투자전략

　정상적인 지배구조를 위해서는 삼성물산을 지주회사로 전환하는 것이 바람직하다. 그러나 삼성물산을 지주사로 전환할 경우 삼성물산이 확보해야 하는 삼성전자 지분은 5%에서 30%로 늘어난다. 삼성전자 주가를 주당 8만 2,000원으로 계산할 경우 약 122조 3,800억 원이 필요한 셈이다. 삼성물산이 보유한 삼성바이오로직스와 삼성SDS 지분을 매각한다고 해도 한참 부족하다. 만약 삼성바이오로직스의 주가가 높아지고 삼성전자의 주가가 낮아진다면 그나마 현실화가 될 수 있는 방법이지만 여전히 금액의 부담이 크다. 삼성물산을 정점으로 하는 지주사 전환은 현실적으로 어려운 만큼 현재의 지배구조가 한동안은 유지될 것으로 보인다.

다만 앞서 언급한 보험업법 개정안이 통과될 경우, 지배구조 개편은 다시 한 번 이루어질 수밖에 없다. 앞서 말한 삼성바이오로직스와 삼성SDS 등 삼성물산이 보유한 주식의 주가를 높이고 삼성전자 주가를 낮추는 경우 싸게 삼성전자를 가지고 올 수 있다. 삼성물산이 삼성바이오로직스 지분을 매각하는 시나리오로 진행된다면, 삼성바이오로직스의 주가는 지배구조 개편에 대한 기대감으로 올라갈 수 있다. 다만, 매각 시점 이후에는 당연히 주가 급락을 예상할 수 있다.

삼성생명이 보유하고 있는 삼성전자 지분을 삼성물산으로 이동시킨다면, 삼성생명은 더이상 기업 핵심 계열사인 삼성전자와 관련이 없는 만큼 주가 하락이 예상된다. 그리고 삼성물산은 삼성전자 지분이 늘어나는 만큼 주가가 올라간다. 지주회사로 전환하게 된다면 배당금 또한 늘어나기 때문에 삼성물산의 주가는 우상향할 가능성이 높다.

삼성전자는 지배구조 개편 이슈가 발생할 때 일시적으로 주목받을 가능성이 높다. 삼성생명이 매각해야 하는 삼성전자 지분을 포기하고 외국인 투자자가 가져가게 된다면 삼성전자에 대한 그룹 지배력은 약화될 수밖에 없다. 따라서 삼성전자가 아무리 비싸도 살 수밖에 없는 상황이 펼쳐진다. 실적과는 관련이 없지만 삼성전자에 대한 관심은 지배구조 개편 이슈와 함께 일시적으로 오를 가능성이 있다.

이부진 사장이 가져와야 하는 호텔신라는 당장 본주보다는 우선주가 먼저 움직일 가능성이 높다. 호텔신라 우선주는 이재용 부회장의 CEO 리스크가 불거질 때마다 급등하면서 이부진 등판설에 힘을 실어주곤 했다. 이부진 사장이 호텔신라우 지분을 활용해 호텔신라 지분을 확보하는 시나리오가 예상되는 만큼 호텔신라 우선주의 수익률 게임과 호텔신라 지분 변화가 어떻게 이어지는지 계속해서 추적해볼 필요가 있다.

이와 함께 상속세 배당 확대 여부도 확인해야 한다. 이건희 회장은 삼성생명 배당을 통해 매년 1,000억 원 내외의 배당금을 수령했다. 삼성생명은 지난 2017년 이후 지속적으로 30% 이상의 배당성향을 기록했다. 앞으로 상속세 재원 마련을 위해 최대 50%까지 배당을 확대한다는 게 삼성생명의 목표다. 또 당기순이익을 높여 배당액도 늘릴 것으로 보인다. 높은 배당성향 유지를 위해 지금까지 자제했던 보유채권 매각도 일부 이뤄질 것으로 보인다. 당기순이익을 끌어올리고 배당성향을 높이면서 이재용 부회장 역시 삼성생명을 통한 1,000억 원 안팎의 배당액을 받을 것으로 보인다.

또 지배구조 정점에 있는 삼성물산 역시 지속적으로 배당성향을 높이면서 주주환원정책을 이끌어낼 것으로 보인다. 결국 삼성그룹의 상속세 마련을 위해 삼성생명과 삼성물산은 배당 성향을 높게 유지할 것이고 배당금 투자와 같은 안정적인 투자를 위해서는 삼성 일가의 상속세 재원 마련 움직임에 동참해 두 종목을 투자하는 것도 좋은 전략이 될 수 있다.

이재용 부회장의 재판이 진행 중인 가운데 삼성전자의 주요 투자 결정이 미뤄지고 있다. 최근 치열한 글로벌 반도체 패권 경쟁 상황에서 총수 부재에 놓인 삼성전자가 투자 적기를 놓치는 것이 아니냐는 우려도 있다. 이런 상황에서 이재용 부회장의 뉴삼성이 어떤 전략으로 현재의 위기를 돌파해나갈지 계속해서 지켜봐야 한다. 그리고 그 움직임의 미세한 변화는 주가를 통해 초기에 미리 포착해 투자 기회로 연결할 수 있다는 것을 기억해야 한다.

지배구조 개편의 핵심,
그 시작은 무엇?

　　삼성의 지배구조 이슈가 다시 주목받고 있다. 2022년 2기 체제를 시작한 삼성 준법감시위원회가 최우선 과제로 해당 문제를 들여다보겠다고 밝히면서 그룹 내 최대 과제로 꼽히는 금산분리(금융자본과 산업자본의 분리) 문제도 속도를 낼 수 있을지 주목된다. 1기 활동 기간 중 가장 큰 성과는 이재용 삼성전자 부회장의 대국민 사과다. 이 부회장은 2021년 5월 '4세 경영은 없다'는 취지의 발언과 함께 그간 경영권 승계 과정에서 생긴 논란과 무노조 경영 방식에 대해 사과했다. 그러나 지배구조 개편 등 실질적인 변화 도출까지 이끌지 못했다는 점에서 아쉬움이 많다는 지적이다.

　　삼성의 지배구조 개편은 그동안 꾸준히 진행되었다. 공정거래위원회가 순환출자 문제를 해결하라고 압박하면서 계열사 합병과 지분 정리가 이뤄졌고 2013년 80여 개에 달하던 순환출자 고리는 2018년 모두 끊어졌다. 삼성그룹은 '이재용 부회장→삼성물산→삼성생명→삼성전자'로 이어지는 지배구조를 취하고 있다. 삼성 지배구조는 삼성물산 개인 최대주주인 이 부회장이 미미한 지분으로 삼성전자를 지배하는 연결고리를 갖춰 꾸준히 문제로 지적되어왔다. 이재용 부회장과 총수 일가는 삼성물산 보유지분 31.7%로 다른 계열사를 지배하고 있다.

이 가운데 삼성생명이 보유한 삼성전자 지분 8.51% 약 5억 812만 주를 어떻게 처리하느냐가 남아있는 지배구조 개편의 핵심이다. 보험사가 계열사 주식을 총자산의 3% 이하로 보유하도록 한 '3%룰'의 기준을 취득원가가 아닌 '시가'로 바꾸는 보험업법 개정안이 국회에서 논의 중이기 때문이다. 법안이 국회를 통과하면 삼성생명은 자산 3%인 9조 원을 넘는 삼성전자 지분 모두를 팔아야 하고, 삼성전자에 대한 오너가의 지배력이 약화될 수밖에 없다. 안정적인 지배력을 위해서는 삼성물산이나 총수 일가가 삼성전자 지분을 매입해야 하는 상황인데 그러기 위해서는 천문학적인 자금이 필요하다. 삼성생명이 보유한 삼성전자 지분 8.51%는 2022년 2월7일 종가(7만 3,000원) 기준 36조 6,350억 원에 달한다.

다른 계열사와 함께 매입하는 것도 쉽지 않다. 현행 공정거래법에서는 신규 순환출자 고리 생성을 금지하고 있기 때문이다.

삼성그룹 내 규모가 있는 사업회사들이 지분매입에 나서면 해소됐던 순환출자 고리가 다시 만들어지게 된다. 물론 삼성전자가 자사주로 매입하는 방법도 고려할 수 있겠지만 이 경우 자사주의 의결권 상실이 발목을 잡는다. 현재 삼성전자 특수관계인 지분율은 21.15%로 여기서 5%가 빠지면 행사할 수 있는 의결권이 1/4로 줄어들게 된다.

따라서 당장은 국회에서 삼성생명법으로 불리는 보험업법 개정안이 통과되기 전까지 현 상태를 유지하는 것 외에는 방법이 없어 보인다. 삼성은 지배구조 개편안 마련을 위해 보스턴컨설팅그룹^{BCG}에 연구용역을 맡겨놓은 상태로 조만간 결과가 나올 예정이다. 준법위는 이 결과를 공유받아 삼성그룹 지배구조 개편의 해결 방안으로 제시할 것으로 예상된다. 또 현재 진행되고 있는 이재용 부회장의 소송이 지배구조 문제를 해결하는 단초인 만큼 소송이 끝나기 전까진 전반적인 큰 축의 개편은 어려울 전망이다.

이재용 부회장은 3월부터 두 개의 재판을 받고 있다. 현재 진행되는 삼성물산·제일모직 부당 합병 의혹 재판의 한 부분인 외부회계감사법 위반 혐의에 대한 재판을 또 다른 피고 삼정회계법인과 함께 받는 것으로 이미 제약이 많은 이 부회장의 경영 행보에 추가적인 부담이 될 전망이다. 이 부회장은 2021년 8월 출소 이후 법무부가 가석방 명분으로 제시한 투자 활성화, 코로나19 백신 수급 등의 역할을 위해 바쁜 행보를 보였다. 이 부회장은 출소 직후 3년 간 230조 원 투자, 20조 원 규모 미국 공장 증설 계획 등을 발표하고 두 번의 해외 출장을 다녀왔다. 3월부터 이재용 부회장은 매주 1회씩 재판을 받고 있다. 미·중 무역 갈등과 글로벌 공급망 이슈를 둘러싼 경쟁사의 투자 가속화, 우크라이나 사태 등 급변하는 경영상황 속에 이어지는 이 부회장의 법률 리스크는 불확실성을 키울 수 있다.

이와 함께 매년 4월에 돌아오는 상속세 납부 재원 마련도 추적해봐야 한다. 2021년 이재용 삼성전자 부회장은 삼성물산, 삼성전자, 삼성생명, 삼성SDS, 삼성화재 등 5곳에서 3,433억 6,700만 원의 배당금을 받은 것으로 집계됐다. 홍라희 전 리움 관장은 1,760억 원, 이부진 호텔신라 사장은 1,579억 원, 이서현 삼성복지재단 이사장은 1,268억 원을 기록하며 전체 배당금 상위 20위 중 2위부터 4위에 이름을 올렸다. 그러나 삼성전자의 배당금은 큰 폭으로 감소했다. 2020년 20조 3,381억 원에서 2021년 9조 8,094억 원으로 10조 5,286억 원(51.8%) 줄었다. 다만 특별배당 요인을 제외하면 1천 902억 원(2.0%) 증가했다. 앞으로도 배당금을 통해 상속세 납부가 이뤄질 것으로 보이는 만큼 특별 배당은 관심있게 볼 필요가 있다.

삼성의 지배구조 개편은 다양한 불확실성으로 얽혀있다. 당장의 현안은 아니지만 언젠가는 반드시 풀어야 할 숙제다. 이재용 부회장이 4세대 경영 승계를 포기했지만 오너 일가가 더이상 경영에 깊게 관여하지 않는 것과 지배력 또는 소유권을 공고히 하는 것은 별개다. 결국 그룹 전반적인 지배력을 안정화하고 정책적 외풍에 영향받지 않는 지배구조를 확립하는 것을 목표로 천천히 진행할 것으로 보인다. 문제는 자금이다. 삼성전자는 곳간이 넉넉하지만 이를 제외한 계열사들의 지배구조 개편에 오롯이 투입할 여유 자금은 없다. 따라서 삼성전자가 보유한 현금을 최대한 활용할 수 있는 방안과 계열사 자체적으로 기업가치를 키워 현금을 창출하는 전략을 구사해야 한다. 삼성바이오로직스의 삼성바이오에피스 지분 인수도 같은 맥락으로 풀이된다. 삼성바이오는 미국 바이오 업체인 바이오젠이 보유한 삼성바이오에피스 주식 1,034만 1,852주를 23억 달러에 매입하기로 했다. 지분 매입으로 삼성바이오에피스는 삼성바이오로직스의 100% 자회사로 편입됐다.

삼성전자의 최대주주는 삼성생명이고 2대 주주는 이재용 부회장의 지배력이 공고한 삼성물산이다. 이 구조는 향후 유지되기 어려울 것으로 보인다. 오너 일가는 2021년 삼성생명 지분 일부를 블록딜로 처분했고 홍라희 전 리움미술관 관장은 4월까지 삼성전자 지분 일부를 매각하기로 결정했다. 삼성생명과 삼성전자에 대한 오너 일가의 직접 지배력은 낮아진 반면 지주회사격인 삼성물산의 지배력은 유지하고 있다는 의미로 해석할 수 있다. 따라서 오너 일가가 삼성물산의 지분을 확대하고, 삼성물산은 삼성전자의 지배력을 강화하는 방안이 가장 현실적인 지배구조개편 시나리오로 보인다. 이 때문에 삼성물산이 삼성생명이 보유한 삼성전자 지분을 인수하는 방안이 유력하게 거론돼왔다. 그러나 삼성생명이 보유한 삼성전자 지분가치는 시가로 약 37조 원 수준인 만큼 삼성물산의 현금성 자산으로는 턱없이 부족하다. 하지만 삼성물산이 자회사 지분을 활용하면 상황이 다르다. 삼성물산이 최대주주(43.4%)로 있는 삼성바이오로직스의 지분가치는 현 시가로 22조 원 규모다.

지배구조개편 과정에서 삼성전자의 현금을 최대한 활용하는 방안이 사용된다면 삼성전자가 바이오로직스 지분을 인수하는 것도 가능성이 있다. 바이오 사업이 삼성그룹의 또 하나의 축으로 부상하는 시점에서 외부 매각은 선택지가 되지 않는다. 삼성물산이 현재 시가 기준 20조 원 이상, 경영권 프리미엄을 포함해 30조 원에 가까운 현금을 확보하면 삼성전자 지분을 추가로 매입할 수 있는 여력이 생긴다. 물론 이 과정에서 충분한 재원 마련을 위해 바이오로직스의 기업가치를 최대한 끌어올리는 것이 중요하다. 삼성바이오로직스의 기업가치가 높아지면 삼성물산→바이오로직스, 삼성생명→삼성전자 지분의 등가 교환도 가능한 시점이 온다.

삼성그룹의 지배구조개편은 각 계열사 간 지분거래 등 동시다발적으로 진행될 가능성도 있다. 삼성바이오로직스가 각 회계연도마다 실적을 경신하고 있는 점은 지배구조개편에 긍정적인 요소다. 또 자회사로 편입된 바이오에피스의 상장 가능성도 재조명 받을 수 있다. 바이오에피스는 2016년 나스닥 상장을 추진하다 철회했다. 당시 나스닥 지수 급락과도 무관하지 않았지만 바이오 젠과 합작 형태인 지분구조도 걸림돌로 작용한 것으로 알려졌다. 지분 정리가 완료되면서 IPO를 추진할 수 있는 배경이 마련된 셈이다. 삼성전자가 보유한 현금을 활용해 생명이 보유한 삼성전 자 지분을 끊어내고, 에피스를 사들인 바이오로직스로 지배구조 개편에도 탄력을 받을 수 있을지 지켜보면서 투자 기회를 잡아보 는 것이 중요하다.

2021년 1월 11일 9만 6,800원을 고점으로 이 글을 쓰는 2022년 9월 말, 5만 1,800원까지 하락했다가 5만 6,000원선에서 움직이고 있는데, 삼성전자는 하락추세 속에 놓여있다. 지속적인 외국인의 추세매도와 함께 최고 실적에도 불구하고 하락하는 이유는 무엇일까? 반도체 전문 애널리스트들이 다양한 시각과 분석 자료를 내놓고 있지만 개인적으로 삼성전자는 외국인 매수에너지가 돌아오지 않는 한 부정적 에너지가 지배할 것으로 보인다.

그래서 외국인의 매수 에너지가 돌아올 때까지 보수적으로 접근하면서 제일 먼저 수급 부분부터 접근해서 투자판단을 해볼 생각이다.

삼성전자에 대한 시각은 모 방송을 통해서 거의 정확하게 타이밍을 수립해드린 것 같다. 그 당시 국내 시장은 반도체 슈퍼랠리를 이야기하면서 삼성전자를 2021년도 주도주로 아무도 의심하지 않았다. 그러나 나는 외국인이 매도로 전환한 2020년 12월 17일을 추세 매도 전환 시점으로 보고, 25~30조 가량의 매도 물량이 나올 것으로 추측되므로 바로 삼성전자를 매도하고 1년 정도는 삼성전자 근처에도 가지 말 것을 방송에서 이야기했었다. 추측이라고 표현했지만 과거 외국계 증권사 근무 중 얻은 인맥을 통해서 확보한 정보에 나의 직관을 더한 꽤 정확한 확신이었다.

항의도 많이 받았지만 투자판단을 이야기한 것이니 타당하면 매도하고 아니면 각자도생 알아서 하는 것이라고 항의하시는 분들에게 이야기했던 기억이 난다.

아직도 시장에서 개인투자자들의 삼성전자 매수 에너지는 꾸준히 지속되고 있다. 개인적으로도 6만전자 이하에서는 매수하면 수익을 낼 수 있다고 생각은 들지만 기회비용 측면에서는 삼성전자보다 높은 수익률을 기대할 수 있는 종목이 많다고 생각되므로 삼성전자는 파생시장의 움직임을 판단하는 가장 중요한 종목으로만 대응하고 실전투자에서는 삼성전자보다 더 큰 수익을 줄 것으로 생각되는 종목에 투자할 것을 권해드리고 있다. 물론 종목 선정이 어려운 분들은 삼성전자를 6만원 이하에서는 꾸준히 분할 매수하는 것도 좋은 투자방법이다.

또한 삼성그룹주에서는 복잡계 사고로 접근해서 삼성전자보다 더 가성비 좋은 종목으로 삼성엔지니어링과 멀티캠퍼스 삼성중공업을 선정한다.

개인적으로 약한 연결고리에서 창발현상이 나온다는 직관에 의한 투자 선택인데 이재용 부회장이 최근 8월15일 복권되면서 어느 시점에 부회장에서 회장으로 자신의 위상을 승격시킬 것이고 그 시기에 삼성그룹 신경영을 발표할 것으로 판단한다.

여기서 과거 삼성그룹의 투자역사를 공부하다 보면 자신에게 항상 꼬리표같이 붙어 다니는 불법승계와 연계된 삼성물산, 삼성바이오로직스의 문제를 다른 것으로 풀지 않겠는가 하는 시각에서 삼성엔지니어링을 통한 변신을 도모하지 않을까 라는 생각에서 시작되는 것이다.

삼성SDS 지분을 매각해서 삼성엔지니어링 유상증자에 참여했고 앞으로 10년은 미국과 중국의 반도체 패권전쟁 속에 강력한 도전을 받을 것인데 그 속에서 새로운 에너지를 키우면서 여러 도전으로 약해지는 반도체 부분을 탈세계화와 우크라이나-러시아전쟁에서 야기된 에너지 패권전쟁과 중동지역의 사우디의 새로운 도전-네옴시티 건설 속에 원전 스마트시티 관련해서 삼성엔지니어링-삼성물산의 지분가치를 높이는 거버넌스 작업이 전개될 것으로 생각되기 때문이다.

그 과정에서 과거에 실패했던 삼성엔지니어링과 삼성중공업의 합병 가능성도 추적해보고, 이번 8월 15일 사면 복권에서 복권만 된 상황에서 아직도 문제가 남아 있는 삼성바이오로직스의 분식회계 문제와 불법 승계의 판결이 해결될 때까지 삼성바이오에피스의 나스닥 상장을 추진하는지 추적해 볼 생각이다.

이런 과정에서 향후 5년 동안 미국에 반도체 공장 투자계획과 새로운 삼성의 미래 먹거리를 찾는데 집중할 것으로 판단된다.

그 과정에서 이제는 삼성그룹의 확실한 책임자로 회장직을 맡을 것으로 보이고 그 시점이 삼성전자 주가가 상승하는 시작점이 되지 않을까 판단된다.

다른 하나의 약한 연결고리는 삼성멀티캠퍼스다.

삼성메디슨이라는 삼성그룹의 단 하나 남아 있는 비상장 종목인데, 삼성그룹의 인공지능 로봇, 바이오의 미래 먹거리 과정에서 삼성메디슨 삼성바이로로직스-삼성바이오에피스를 이용할 것으로 생각되고 그 흐름에 이건희 회장에게는 삼성SDS가 빅데이터 조사 수집 관리의 핵심이 었다면 삼성멀티캠퍼스가 이재용 부회장의 빅데이터 산실이 될 것으로 판단된다.

즉, 삼성그룹은 약한 연결고리 삼성엔지니어링과 삼성멀티캠퍼스로부터 시작해가면서 삼성바이오에피스 상장 시점을 추적하고 그 흐름 속에 삼성전자와 삼성물산이 그 시점에서나 움직이는 동력을 확보할 것으로 판단된다.

여기서 이재용 부회장도 사우디 빈살만 왕세자의 2022년 11월 한국 방문을 새로운 시대를 여는 기회로 사용하는지 추적해 보겠다.

2

현대차

수소경제시대를 이끄는
현대차

 HYUNDAI

개천용,
세계 부자 순위 9위에 오르다

　　대한민국 최고 부자가 전 세계 부자 순위 10위 안에 든 적이 있다. 2020년 9월 삼성 이건희 회장이 블룸버그 기준 세계 84위 부자였다. 그런데 이 기업의 창업주는 그보다 무려 25년 빠른 1995년 포브스가 선정한 세계 부자 순위 9위에 일찍이 이름을 올렸다. 당시 1위와 2위는 각각 마이크로소프트 창업주인 빌 게이츠와 버크셔 해서웨이 CEO 워렌버핏이었다. 처음부터 부유한 환경에서 사업을 시작한 삼성, SK, LG그룹의 창업주와 달리 아버지가 소를 팔고 받은 70원을 몰래 들고 가출해 그 돈으로 한국 최대 재벌그룹을 만든 원조 '개천에서 난 용' 바로 현대그룹 고 정주영 회장이다.

　　현대차, 기아, 현대모비스를 포함한 현대자동차그룹과 현대백화점그룹, 현대엘리베이터, 현대아산을 보유한 현대그룹, 현대중공업그룹, 현대해상과 한라, HDC그룹과 KCC그룹 등 많은 기업이 현대에 뿌리내리고 있다. 한강의 기적을 이루고 대표적인 수출기업으로 대한민국의 발전을 이끌어온 현대그룹은 대한민국 성장을 뒷받침하는 하나의 축이었다. 그러나 재계서열 1위 자리를 굳건히 지키며 명실상부 대한민국 NO.1 기업이었던 현대그룹에 위기가 찾아온다.

2000년 초 창업주 고 정주영 명예회장이 노환으로 현대아산병원에 입원하면서 시작된 후계 구도 갈등은 정주영 명예회장의 사망과 함께 걷잡을 수 없이 번져나갔다. 한때 재계 1위에 등극한 굴지의 대기업인 현대가 경영권을 둘러싸고 후계자들이 격돌했다. 전 계열사 16개, 31조 723억 원 규모의 자산을 가지고 있던 현대그룹은 '왕자의 난'으로 계열사가 쪼개지고 흩어졌다. 그 과정에서 기업 규모는 크게 축소되었고 그룹의 위상 또한 예전과 사뭇 달라졌다. 과거 정주영 명예회장의 현대그룹은 오늘날 현대차그룹과 현대중공업, 현대그룹으로 나뉘어졌고, 독립된 형태로 오너 3세 경영을 이어가고 있다.

위기의 시간도 있었지만 20여 년의 세월이 지난 2021년 현재 범 현대가의 자산은 300조 원에 달하며 자동차와 조선, 건설, 유통과 자재, 금융 등 주요 산업을 아우르는 글로벌 기업으로 성장했다. 동생과의 후계 구도 싸움에서 자동차 관련 10개 계열사를 가지고 현대그룹에서 분리한 정몽구 명예 회장의 현대자동차그룹은 20년간 초고속 성장을 이루며 전 세계 완성차 판매량 기준 5위안에 이름을 올렸다. 6남인 정몽준 아산재단 이사장의 현대중공업도 계열사 30개를 거느린 매출 48조의 재계 9위 그룹으로 도약했다. 다만 적통을 이어받은 현대그룹은 유동성 위기로 매출 3조 원대 중견그룹으로 내려앉았다.

오늘날 범현대가는 전 세계적인 ESG 경영 트렌드에 맞춰 사업을 다각화하고 그에 맞는 신사업 발굴에 박차를 가하고 있다. 오너 2세들이 겪은 분쟁의 역사를 딛고 3세 경영에서는 그룹 차원에서 어떤 협력과 시너지를 일으키며 미래 범현대가의 모습을 만들어나갈지 그리기 위해서는 파란만장했던 지난 역사를 살펴볼 필요가 있다. 아울러 현대그룹의 투자역사를 통해 정몽구 명예회장과 그의 아들 정의선 회장이 이끄는 현대자동차그룹, 현대엘리베이터, 현대아산, 현대무벡스 등을 계열사로 두고 대북사업을 이끌고 있는 현정은 회장의 현대그룹, 정몽준 아산재단 이사장과 그의 아들 정기선 부사장이 이끄는 현대중공업그룹의 미래는 어떤 방향으로 전개될지도 예측해 볼 수 있다.

현대판 왕자의 난

갈등의 시작은 공동회장 체제였는지도 모른다. 1995년 출시 3개월 만에 3천 대를 넘게 판매하며 SUV 시장에 돌풍을 일으킨 갤로퍼의 성공으로 역량을 인정받은 정몽구 회장은 1996년 현대그룹 회장 자리에 오른다. 현대그룹은 철저한 장자 상속 법칙을 고수하고 있었고 장남인 정몽필 씨가 일찍이 교통사고로 생을 마감하면서 정몽구 회장이 실질적인 장남 위치에 있었던 만큼 정주영 명예회장의 뒤를 이을 사람은 정몽구 회장이 유력했다. 그러나 변수가 나타났다. 정주영 명예회장이 현대건설과 현대전자에서 경영 능력이 두드러졌던 5남 정몽헌을 그룹 공동 회장으로 올린 것이다. 이후 창업주인 정주영 명예회장은 경영일선에서 물러나고 1998년 차남 정몽구와 5남 고 정몽헌이 그룹 공동 회장으로 그룹을 맡았다.

처음에는 현대그룹 공동 회장 체제가 균형을 이루는 듯 보였다. 대내적인 사업은 정몽구 회장, 대외적인 사업은 정몽헌 회장 중심으로 두 형제가 만들어낼 시너지가 기대되었다. 그런데 그해 정주영 명예회장이 소 1,001마리를 끌고 판문점을 넘으면서 냉각됐던 남북관계가 급속도로 풀리기 시작한다. 다양한 남북 교류 사업은 물론 금강산 관광까지 추진되면서 자연스럽게 대외 부문을 관장하던 정몽헌 회장의 그룹 내 기세는 하늘을 찌르는 듯했다.

정몽구 회장도 가만히 있을 수 없었다. 삼촌인 정세영 명예회장을 밀어내고 현대자동차를 차지한다. 1998년 현대그룹은 외환위기로 부도 위기에 놓인 기아차 인수를 결정한다. 당시 국내외 전문가들은 막대한 부채와 기업의 문화 차이를 이유로 무리한 배팅이라는 비판을 쏟아냈다. 당시 회장이던 정세영 명예회장도 기아차 인수에 부정적이었던 만큼 우려가 큰 상황이었다. 그러나 정몽구 회장의 과감한 결단력으로 인수는 성공적으로 이루어졌고 1년 만에 흑자로 돌아서는 놀라운 성과를 보이게 된다. 기아자동차 정상화와 미국과 유럽 등 해외 시장에서의 자동차 판매량 급증으로 경영 능력을 인정받은 정몽구 회장은 자신감을 얻게 된다.

1998년 10월 정주영 명예회장이 정몽헌 회장만 데리고 또 한 번 방북길에 올랐다. 대외적으로 정몽헌 회장이 현대그룹 후계자로 비춰지면서 정몽구 회장은 세 번째 싸움을 준비한다. 당시 현대그룹에서 정몽구 회장은 자동차 부문을 맡고 있었고, 아버지 정주영 명예회장의 인정을 받던 고 정몽헌 회장은 건설과 전자 부문, 대북사업을 맡고 있었다. 현대차의 위상은 지금처럼 높지 않았다. 반면 현대건설과 현대전자(현 SK하이닉스)는 국내 최고 기업이었고 이미 현대그룹의 핵심이었다. 더욱이 압구정동 현대아파트 특혜분양 사건으로 아버지 대신 옥살이까지 했을 만큼 그룹을 위해 헌신했던 정몽구 회장은 자동차만으로는 후계자 경쟁에서 밀릴 것으로 생각하고 승부수를 던졌다.

정몽구 회장은 2000년 3월 14일 밤 이익치 현대증권 회장을 고려산업개발 회장으로 전보시키는 인사를 단행한다. 이익치 회장은 정주영 명예회장의 가신그룹 일원이자 정몽헌 회장의 최측근이었다. 그리고 그 자리에 자신의 측근인 노정익 현대캐피털 부사장을 앉혔다. 이 모든 일이 정몽헌 회장이 유럽 출장으로 국내에 자리를 비운 사이 기습적으로 이루어졌다. 지금까지 정몽헌 회장의 영향력이 미쳤던 현대증권에 정몽구 회장이 깃발을 꽂은 것이나 마찬가지인 상황이었다.

이에 현대증권 이익치 회장은 고려산업개발로 가라는 발령 내용과 상관없이 중국 상하이로 출장을 떠나버린다. 그렇게 종결되는 듯 보였던 사건은 며칠 뒤 정몽헌 회장이 해외 출장을 마치고 귀국하면서 급변하게 된다. 3월24일 귀국한 정몽헌 회장은 자신의 측근이자 아버지의 신임이 두터운 이익치 회장, 김윤규 현대건설 사장, 김재수 그룹 구조조정본부장 등과 함께 정몽구 회장을 만나 이익치 회장의 인사발령을 무효화하고 정몽구 회장의 그룹 공동회장직을 박탈한다. 정몽구 회장도 이에 질세라 기자회견을 열고 아버지의 서명이 담긴 인사 명령서를 내보이며 원직 복귀를 선언한다.

정몽헌 측은 정몽구 측의 주장이 사실이 아니라고 밝혔고 정몽구 측은 이를 또다시 반박하고 나섰다. 형제간의 다툼은 비방과 막말로 점철되며 진흙탕 싸움으로 번졌다. 결국 정주영 명예회장이 직접 현대경영자협의회에서 '정몽헌 단독 회장 체제'를 공식적으로 승인하면서 왕자의 난은 고 정몽헌 회장의 승리로 마무리된다.

형이 포문을 열자 기다렸다는 듯이 회장 '파면'이라는 초강수로 맞불을 놓은 현대그룹 고 정몽헌 회장은 현대 적통의 상징인 현대건설과 캐시카우 현대상선, 현대전자 등 26개 계열사를 품에 안으며 그룹 매출만 연 80조 원에 이르는 공룡 현대그룹을 차지한다. 그리고 정몽구 회장은 2000년 9월 현대자동차와 현대서비스 등 자동차 관련 10개 계열사를 이끌고 계열분리를 하며 현대자동차그룹을 만든다. 그해 12월 서초구 양재동으로 사옥을 옮기며 현대차의 새로운 시대가 도래했음을 알렸다.

왜 하필, 현대증권?

'왕자의 난' 도화선이 된 현대증권 이익치 회장 기습 인사발령의 본질은 현대증권으로 대표되는 그룹의 금융 부문 쟁탈전이다. 현대그룹은 2000년 상반기를 시작으로 2003년까지 자동차와 전자, 건설, 중공업, 금융·서비스 5개 분야로 사업을 나눌 예정이었다. 자동차는 정몽구 회장, 전자와 건설은 정몽헌 회장, 중공업은 정몽준 이사장이 맡기로 결정했지만 현대증권과 현대투신 등 6개 금융 계열사는 아직까지 구체적인 교통정리가 없어 공백 상황으로 남아있었다. 성장산업인 금융 부문을 누가 차지하느냐에 따라 명실상부한 "포스트 정주영"의 자리에 올라선다는 점에서 두 형제 모두 금융·서비스 사업의 중심 현대증권을 양보할 수 없었다.

정몽구 회장보다 정몽헌 회장이 당시 금융·서비스 부문에 한 발짝 가까이 서 있었다. 정몽헌 회장이 오너로 있던 현대상선이 바로 현대증권의 대주주였기 때문이다. 그러나 현대자동차의 할부 금융을 맡은 현대캐피탈 외에 이렇다 할 금융 계열사가 없는 정몽구 회장 역시 현대증권은 포기할 수 없는 카드였다. 금융 부문을 손에 넣기만 한다면 자동차 부문의 영토확장과 함께 현대그룹 대권의 실질적 계승이라는 두 마리 토끼를 한 번에 잡을 수 있는 기회였기 때문이다.

결국 정몽구 사단은 현대증권을 손에 넣기 위해 회생 가능성이 보이지 않는 계열사 주가를 명분으로 삼았다. 2000년 3월 13일 정몽구 회장 주재로 계열사 사장단 회의가 열렸다. 며칠 전 정주영 명예회장이 이례적으로 주가 관리를 철저히 하라는 지시를 내린 점을 고려할 때 누군가 주가 하락에 따른 책임을 져야 하는 분위기였다. 이에 정몽구 회장은 그룹의 주가 관리를 맡고 있다고 볼 수 있는 현대증권 이익치 회장을 희생양으로 삼았고, 정몽헌 회장이 해외 출장으로 자리를 비운 사이 고려산업개발로 좌천시키는 인사 조치를 내렸고, 이는 결국 형제의 난으로 확산되었다.

사실상 장남으로 묵묵히 아버지의 낙점을 기다려온 정몽구 회장은 일찍이 1996년 그룹 회장에 등극했다. 인천제철과 현대산업개발, 현대정공 등 여러 계열사를 거느리고 있었지만 자동차, 중공업과 같은 주력 계열사는 아직 그의 몫이 아니었다. 그러나 동생인 정몽헌 회장은 현대전자, 현대건설과 같이 정몽구 회장보다 더 화려한 계열사를 갖고 있었다. 이 상황에서 만들어진 형제 간 공동 회장 체제는 분쟁과 갈등을 부추긴 격이 되었다.

2001년 3월 21일 정주영 창업자가 타계하자 현대그룹은 계열 분리가 급속도로 진행되었다. 고 정몽헌 회장은 현대건설과 현대상선, 현대아산 등 현대그룹을 맡았다. 정몽구 회장은 현대자동차, 기아자동차, 현대서비스 등 자동차 계열을 들고 분리해 나갔다. 사실상 왕자의 난에서 패한 정몽구 회장이 현대그룹으로부터 독립해 나오면서 당시에는 누구나 고 정몽헌 회장이 이겼다고 생각했다. 그러나 현대그룹이 유동성 위기에 몰리면서 모기업이자 상징인 현대건설이 2000년 10월 1차 부도를 맞고 휘청거리다 결국 2001년 8월 채권단으로 넘어가는 상황이 벌어진다.

유동성 위기는 건설에서 전자와 상선, 석유화학 등으로 번졌고 하이닉스반도체와 현대건설의 경영권은 채권단으로 넘어갔다. 대북사업이 시작된 1998년 이래 2000년 상반기까지 현대그룹 계열사를 통해 북한에 투입된 자금 규모는 2조 5,000억 원이 넘었다. 현대그룹의 자금난으로 정몽준 이사장이 대주주로 있는 현대중공업도 계열 분리 속도를 높였다. 그러던 2003년 8월 아버지의 숙원사업이던 대북사업을 이어받은 정몽헌 회장은 대북사업과 관련해 4억 5,000만 달러(약 5,000억 원)를 북한에 은밀히 송금한 사건으로 검찰 조사를 받던 중 2003년 8월 4일 스스로 목숨을 끊으며 세상을 떠나게 된다.

두 번째 난,
시삼촌 '숙질의 난'

    당시 현대그룹은 풍전등화의 위기에 처했다. 형제간의 경영권 다툼과 계열사 분리로 재계 순위는 1위에서 15위까지 추락했다. 정몽헌 회장의 갑작스러운 죽음 속에 현대그룹을 맡기기에는 자녀들은 너무 어렸다. 현대그룹 경영권 공백에 대한 우려가 커지는 상황에서 일선에 나선 것은 현정은 여사였다. 현 회장은 그해 10월21일 현대엘리베이터 회장으로 취임하며 직접 경영에 뛰어들었다. 현대엘리베이터는 현대그룹의 지주회사다. 현대엘리베이터 회장을 맡는다는 것은 곧 현대그룹의 회장이 된다는 의미나 다름없었다. 현대를 비롯한 삼성, SK, LG 등 국내 4대 재벌가에서 부인이 경영권을 승계한 것은 처음 있는 일이라 현 회장의 행보는 초미의 관심사가 되었다.

고 정몽헌 회장의 100일 탈상을 기다리기도 전, 생각지도 않은 상황이 발생하며 현대그룹은 또다시 거센 폭풍우에 시달린다. 11월 초 현대엘리베이터 지분을 사 모으는 세력이 있다는 사실이 밝혀진 것이다. 시장에서는 정상영 KCC 회장이라는 추측이 있었으나 섣불리 확신할 수는 없었다. 남편의 백일 탈상도 전에 설마 시숙부가 경영권 찬탈을 노리고 M&A에 나서진 않았으리란 믿음 때문이었다. 또 지난 8월 이미 외국인들이 현대엘리베이터 지분 11.48%를 매입하며 경영권 유지 위기론이 떠돌던 당시 현대엘리베이터 지분 확보를 통해 M&A 논란을 차단시킨 주체가 정상영 회장이었던 만큼 정 회장에 대한 믿음이 두터웠다.

　　그러나 11월14일 KCC 측은 논란에 쐐기를 박듯 현대그룹 인수를 공식적으로 선언한다. 경험이 없을 뿐 아니라 정씨가 아닌 현 회장에게 현대가의 적통을 잇게 할 수 없다는 것이 명분이었다. 현정은 회장이 경영권을 뺏기고 일선으로 물러서는 것은 시간문제로 보였다. 그러나 11월17일 현 회장 측은 현대그룹 국민기업화 선언을 하며 정면 돌파를 시도한다. 국민주 1천만 주를 공모를 통한 유상증자로 현대그룹을 국민기업화하겠다는 선언이었다. 국민주 발행이 차질 없이 추진되고 증자가 마무리된다면 KCC 정상영 명예회장과 KCC의 지분율은 31.25%에서 11.2%로 줄어든다. 범현대가를 포함한 지분도 44.39%에서 15.95%로 낮아지고 현 회장측 지분도 28.30%에서 10.17%로 떨어진다. 그러나 우리사주에 신주 20%가 우선 배정됨에 따라 현 회장측 지분은 신주 상장 예정일인 12월19일 우리사주 지분 12.81%를 포함해 22.98%를 보유하게 되어 KCC 정상영 명예회장측 지분을 압도하게 된다. 현대그룹 국민기업화 선언으로 KCC측에 대항한 경영권 사수 의지를 내비친 것이다.

그러나 이 계획은 KCC가 신주발행금지 가처분신청을 내면서 무산되었다. 법원은 현대엘리베이터의 신주 발행 계획은 기존 대주주 및 현 이사회의 경영권 방어 목적으로 이루어졌다고 볼 수 있다며 KCC의 손을 들어주었다. KCC에 유리해지는 듯 보였으나 2004년 2월 금융감독위원회 산하 증권선물위원회는 KCC가 주식 대량 보유·변동 보고 의무(5%룰)를 위반해 현대엘리베이터 지분을 매입했다고 보고 사모펀드(12.91%)와 3개 뮤추얼펀드(7.87%)를 통해 매입한 현대엘리베이터 지분 20.78%를 모두 처분하도록 명령했다. 또 지분 매입 과정에서 5%룰을 위반한 정 명예회장과 KCC를 검찰에 고발했다.

이후로도 현 회장과 KCC 측은 수개월에 걸쳐 갈등을 이어갔다. 그리고 이듬해인 2004년 3월 현대엘리베이터 주주총회에서 현 회장측이 완승을 거두며 8개월 만에 경영권 분쟁에 종지부를 찍었다. 애초 고 정상영 KCC 명예회장은 현대그룹의 경영권 방어를 위한 '백기사'였다. 외국계의 적대적 인수합병을 우려해 한국프랜지와 금강종합건설, 울산화학, 현대백화점 등 범현대가 9곳과 협의해 현대그룹의 지주회사격인 현대엘리베이터 지분

16.2%를 사들이며 현대그룹의 경영권 방어를 도왔던 정 회장이 돌연 현대그룹의 적대적 M&A를 시도하면서 현대엘리베이터 주가는 2,000원대에서 무려 59,000원까지 급등했다.

끝나지 않는 시련,
'시동생의 난'

끝이 아니었다. 현정은 회장은 2년 뒤인 2006년 시동생이자 현대중공업 대주주인 정몽준 아산재단 이사장과 또 한 번 경영권 분쟁을 겪는다. 현대중공업그룹이 현대상선(현 HMM, 당시 현대그룹 소속) 지분 28.68%를 매입하면서 '시동생의 난'이 시작된다. 현대그룹은 2000년 왕자의 난으로 시작해 2003년 KCC 측과의 분쟁에 이어 벌써 세 번째 경영권 분쟁에 휘말리게 된다.

당시 현대그룹의 주력사인 현대상선은 현대엘리베이터와 현정은 회장 등 최대 주주 지분율이 20.53%에 불과했지만 케이프포춘(10%), 우리사주(2%), 기타(4%) 등 우호지분을 더하면 37.2%나 되기 때문에 적대적 M&A 위협은 사실상 적은 상황이었다. 그런데 현대중공업과 현대상호중공업이 골라 LNG계열의 제버란트레이딩이 보유한 현대상선 주식 26.88%(2,750만 주)를 주당 1만 8,000원에 시간 외 대량거래 방식으로 매입하면서 정몽준 이사장의 현대중공업이 최대 주주자리에 오른 것이다. 정몽준 이사장 측은 경영권에 관심을 두지 않은 단순 투자이며 외국 자본으로부터 현 회장의 경영권을 보호하기 위한 일종의 '백기사'임을 주장했다. 그러나 블록세일은 통상 시가보다 낮은 수준에서 사는 것이 상식인데 현대중공업은 제버란이 보유한 현대상선 주식을 시가보다 20%가량 높은 가격에 사들였다. 20%의 프리미엄은 경영권과 연결지어 해석될 수밖에 없는 상황이다.

현대그룹의 핵심이면서 우호지분을 제외한 현정은 회장의 지분이 적은 현대상선은 현대중공업에게 상당히 매력적이었다. '현대상선 → 현대증권 → 현대엘리베이터'로 이어지는 현대그룹 순환출자 구조의 특성상 현대상선만 장악하면 현대그룹 전체를 장악할 수 있다. 또 2000년 현대그룹 유동성 위기로 채권단에 넘어간 현대건설이 곧 M&A 시장에 매물로 나올 것으로 예정되면서 현대상선이 공공연히 인수 의지를 밝힌 상황이었다. 즉, 현대상선을 장악하는 것은 현대 가문의 적통을 이어받는 포석이 될 수 있었다.

현정은 회장은 '시동생의 경영권 찬탈'이라는 표현까지 써가며 강력하게 비난의 목소리를 냈다. 우호지분을 포함해 현대상선 지분 33.17%를 보유한 현대그룹이지만 현대중공업이 바짝 쫓아

오고 있다. 이미 2년 전 시숙의 난으로 분쟁을 겪은 KCC가 현대상선 6.26% 지분을 가지고 있는 만큼 현대중공업 손을 들어준다면 상황은 언제든 달라질 수 있기 때문이다. 이에 현정은 회장은 유상증자와 우호지분 확대를 통해 적극적으로 경영권을 방어하며 현대상선을 지켜낸다.

뭉칫돈 50억 원과
비밀 장부의 충격

고 정주영 회장이 세상을 떠나면서 한국 최대 재벌이었던 현대그룹은 현재의 현대그룹(현정은, 5남 정몽헌 회장 부인), 현대자동차그룹(차남 정몽구), 현대중공업(6남 정몽준), 현대백화점(정지선, 3남 정몽근 회장 장남), 현대해상화재보험(7남 정몽윤), 현대기술투자(8남 정몽일) 등으로 갈라져 버렸다. 현대그룹의 적통을 이어받은 현대그룹이 시련의 시간을 보내는 동안 정몽구 회장이 이끄는 현대자동차그룹은 계열분리 이후 쾌속 순항을 이어나갔다. 2002년 한일 월드컵과 유로 2000 후원사로 선정되면서 세계적 위상을 높인 정몽구 회장의 현대자동차는 어느새 재계 서열 2위에 오른다. 그러던 2006년 3월 글로비스에 대한 전격 압수수색에서 비밀 금고에 보관 중이던 50억 원의 뭉칫돈과 비밀 비자금 장부가 드러나면서 현대차 비자금 사건이 수면 위로 떠올랐다.

2006년 현대자동차그룹은 후계 구도 작업을 위해 현대·기아차의 운송계열사인 글로비스를 통해 수백억 원대의 비자금을 조성한 사실이 밝혀지며 검찰 조사를 받았다. 조사 결과 정몽구 현대차 명예회장의 지시로 현대차 본사 460억, 글로비스 등 5개 계열사 750억, 해외펀드 운용에 따른 거래차익 176억, 조세 피난처에 있는 페이퍼컴퍼니 펀드 청산 금액 7억 원 등 모두 1,390억여 원에 달하는 거액의 비자금이 조성된 사실이 드러났다. 이뿐만 아니라 채무 과다로 부실해진 기업의 유상증자에 계열사들을 참여시켜 막대한 손해를 끼친 사실도 수사 과정에서 밝혀졌다. 정 회장은 현대우주항공 채무에 대한 본인의 연대보증 책임을 면하기 위해 1999년과 2000년 현대우주항공 유상증자에 계열사들을 참여시켰다. 이 과정에서 현대차와 현대정공, 고려산업개발이 손해를 입었다. 또 자금난을 겪던 현대강관이 유상증자를 진행하자, 역외 펀드를 설립해 계열사 자금을 증자에 참여하도록 지시했다. 손실이 충분히 예상되는 상황에서도 증자에 참여한 현대차와 현대중공업은 각각 3,900만 달러와 1,000만 달러에 달하는 거액의 손실을 입는다. 재벌 총수 주머니로 들어간 1,390억 원의 회삿돈과 4,000억여 원에 달하는 배임 사실은 천문학적인 금액만큼이나 사회적으로 큰 충격을 주었다.

현대차그룹의 비자금 사건은 정의선 기아차 사장의 경영권 승계 비리로 확산되기 시작했다. 검찰은 현대 오토텍이 본텍을 흡수합병하는 과정에서 주식의 가치가 의도적으로 높게 산정된 부분에 주목했다. 본텍의 가치가 높게 평가된 만큼 대주주인 글로비스의 기업 가치가 상승했고 이 과정에서 정몽구 부자가 수천억 원의 평가 차익을 얻게 되었기 때문이다. 글로비스는 정몽구 회장이 2001년 설립한 회사로 정의선 당시 기아차 사장이 최대주주로 있었다. 현대·기아차의 자동차 물류사업 등 그룹 내 물류와 유통 사업을 도맡아 급성장을 거듭했다. 자동차 회사에서 운송과 물류는 필수적인 거래인만큼 글로비스는 안정적인 매출처를 확보하고 있다.

현대차그룹은 '현대차(38.67%)→기아차(18.19%)→현대모비스(14.59%)→현대차'로 이어지는 순환출자구조다. 이 중 한 회사의 경영권만 장악해도 후계 승계는 이루어질 수 있었다. 설립 당시 정몽구 회장이 40%, 정의선 회장이 60% 지분을 보유한 글로비스는 탄생부터 경영권 승계 의혹이란 꼬리표를 달고 태어난 셈이다. 정의선 기아차 사장은 글로비스 주식을 주당 5천원씩 총 59억 7723만 원에 취득해 상장 4일 만에 6천 272억 원의 평가 차익을 올렸다. 검찰이 주목한 현대오토넷과 본텍도 같은 맥락이다. 본텍은 기아차가 40%, 글로비스가 30% 지분으로 과반수를 차지하고 있었다. 합병 결의에 따른 우회상장으로 글로비스 최대주주인 정의선 기아차 사장이 가장 큰 혜택을 보게 된 것이다. 검찰은 이처럼 비상장사를 우량화하거나 합병을 통해 가치를 상승시킨 다음 여기서 얻은 자금으로 기아차 등 그룹의 지배구조와 관련된 기업 지분을 늘리는 형태로 승계 작업이 이루어졌다고 판단해 정몽구 부자의 수천억 원대 평가 차익에 집중해 수사를 펼쳤다.

현대차그룹의 비자금 조성 사건은 정몽구 회장의 법원 판결로 마무리되었다. 이후 현대차와 기아차, 현대글로비스 지분 구도 변화가 본격적으로 이루어지면서 정의선을 중심으로 한 현대차그룹 오너 3세 후계구도 확립과 지배구조 변화가 이루어졌다.

비상장 회사가 만든
후계 구도의 마법

재벌기업의 승계 작업에는 공식처럼 비상장 회사가 등장한다. 이미 상장한 회사를 더 키워서 넘겨주는 것보다 관심도 적고 상대적으로 알려지지 않은 비상장 회사를 이용하면 소리 소문 없이 적은 돈으로도 지분승계를 효과적으로 완성할 수 있기 때문이다. 삼성그룹이 비상장회사의 전환사채와 신주인수권부사채 등 유가증권을 이용해 이재용 부회장 중심의 3세 승계 발판을 마련했다면 현대차그룹은 비상장회사를 설립한 후 계열사 일감 몰아주기를 통해 기업을 키워 넘겨주는 방식으로 진행되었다.

정몽구 회장에서 정의선 현재 현대자동차그룹 회장으로 이어지는 후계 구도 전략은 2001년과 2002년 두 차례에 걸친 현대글로비스 투자로 시작되었다. 글로비스의 전신은 한국로지텍이다.

2001년 2월 설립된 로지텍은 2003년 글로비스로 사명을 변경했다. 8년이 지난 2011년 3월 한 번 더 상호를 바꾸며 현재 현대글로비스의 모습을 갖추게 된다.

한국로지텍의 역사는 2000년 3월 이익치 현대증권 회장의 인사문제에서 불거진 현대그룹 왕자의 난으로 거슬러 올라간다. 현대그룹 경영권 분쟁에서 밀려난 정몽구 회장은 그해 9월 공정거래위원회의 승인을 받아 현대자동차 등 자동차 분야 계열사 10개를 이끌고 현대그룹으로부터 독립한다. 신생 현대자동차그룹은 물류와 전산을 맡을 새로운 자회사가 필요했다. 2001년 3월 정몽구 회장은 자본금 12억 5,300만 원으로 한국로지텍을 설립한다. 정의선 회장이 59.85%, 정몽구 명예회장이 40.15% 지분을 보유했다. 부자가 합해서 100% 지분을 가지고 있는 한국로지텍은 사실상 현대차그룹 계열사 물량을 독점하며 급성장한다. 그리고 오토에버닷컴을 설립해 현대정보기술이 맡았던 현대차와 기아차의 전산 관리를 이관했다.

한국로지텍의 성장세는 그야말로 대단했다. 이미 설립 첫해 매출이 2천억 원, 영업이익은 100억 원에 육박했다. 그리고 유가증권시장에 상장한 2005년, 불과 5년 만에 매출은 7배(1조 5,408억), 영업이익은 8배(785억)로 껑충 뛰었다. 단기간에 급성장할 수 있었던 비결은 정의선 회장의 지분과 당시 현대차그룹의 지배구조에 있다.

현대자동차그룹이 현대그룹에서 독립한 2년 후인 2002년 7월 당시 현대차그룹의 지배구조는 '현대차→기아차→현대모비스→기아차'로 이어지는 순환출자 구조였다. 정몽구 현대차 회장이 현대차 지분 4.08%, 현대모비스 지분 7.96%를 보유하고 순환출자 구조를 통해 핵심 계열사에 대한 지배력을 키웠다. 반면 정의선 회장이 보유한 지분은 비상장회사인 본텍(30%)과 한국로지텍(60%)이 전부였다. 먼저 본텍을 통한 핵심 계열사 지분확보에 나선다.

본텍은 자동차부품을 현대기아차에 납품하는 회사로 정의선 회장이 최대주주로 있는 로지텍 지분 30%를 보유하고 있다. 모비스와 본텍이 합병하면서 정의선 회장은 자연스럽게 모비스 지분 1%가량을 확보하게 된다. 현대모비스는 현대자동차그룹의 주력회사인 현대차 지분 11.4%를 보유하고 있어 사실상 지주회사 역할을 하고 있다. 정몽구 회장 역시 현대 모비스의 대주주로 전체 계열사를 장악하고 있는 만큼 본텍은 정의선 당시 전무의 계열사 지분확보 신호탄이었던 셈이다. 그러나 이것만으로 현대차그룹을 지배하기엔 턱없이 부족했다. 여기서 정의선 부회장이 최대주주로 있던 한국로지텍이 본격적으로 등장한다.

2003년 한국로지텍은 글로비스로 사명을 바꾼 후 오토에버닷컴이 가지고 있던 중고차 경매사업을 인수하며 유통업에 진출한다. 2005년 중고차 전문 브랜드 오토와이즈를 출시한 후 그해 12월 증권거래소에 성공적으로 데뷔한다. 글로비스는 해외시장 진출에도 박차를 가했다. 유럽과 인도 시장 진출을 시작으로 체코, 터키, 홍콩과 미국 조지아 등에 법인을 세우며 세계로 사업을 확장했다. 자동차 해운사업까지 사업 영역을 넓힌 글로비스는 어느새 현대글로비스라는 새 이름을 달고 종합물류 사업과 유통판매 사업으로 영업을 확장했다.

현대글로비스가 성장할수록 정의선 부회장이 보유한 지분의 가치 또한 자연스럽게 높아졌다. 2004년 정의선 회장은 자신의 지분 20%와 정몽구 명예회장 지분 5%를 더해 25%를 노르웨이 해운사 빌헬름센에 1억 달러에 매각한다. 이때 정 회장 지분은 39.85%, 정 명예회장은 35.15%로 낮아졌다. 이 매각대금은 이듬해인 2005년 2월 기아차 주식 1%(337만 주)를 매입하는데 사용되고, 글로비스는 2005년 12월26일 유가증권시장에 상장된다. 300만 주였던 주식을 3천만 주로 액면분할하고 750만 주를 공모했다. 이때 공모주 발행으로 정의선 회장 지분은 31.88%, 정 명예회장의 지분은 28.12%로 내려갔다.

주식시장에 상장한 글로비스는 거래 시작과 동시에 '따따상'으로 직행했다. 2만 1천 원이던 공모가는 상장 첫날 공모가 두 배에 시초가를 형성한 뒤 이틀 연속 상한가(당시 15%)를 기록했다. 순식간에 5만 6,200원까지 뛰어올라 시가총액 2조 원을 넘었고, 정의선 회장의 지분가치 역시 6천억 원을 넘었다. 글로비스가 향후 후계구도에서 큰 역할을 할 것으로 예상되는 만큼 주가는 끊임없이 우상향해 2006년 1월 9만 1천 원까지 오른다. 그러나 1년 후인 2007년 1월 2만 1,300원까지 급락하며 크게 출렁였다. 그러나 2011년 3월30일 현대글로비스로 사명을 변경하더니 4월 4일부터 본격적인 상승하기 시작, 2014년 9월 33만 7,000원까지 급등하며 강력한 시세를 분출했다.

10년 만에 돌아온
'왕자의 난' 2차전

2000년 현대그룹 경영권을 둘러싼 형제간 갈등으로 각자의 길을 걷게 된 현대그룹과 현대차그룹이 10년 만에 다시 만났다. 시가총액 7조 원, 순자산 가치 10조 5,000억 원, 매출과 시공능력에서 한때 국내 1위를 자랑했던 현대건설을 두고 현대그룹과 현대차그룹이 인수전에 뛰어든 것이다.

고 정주영 명예회장이 '현대토건사'라는 이름으로 1947년 처음 문을 연 이후 현대건설은 한국 경제의 발전과 맥락을 같이하며 40여 년간 국내 1위 건설사를 놓치지 않았다. 한순간 채권단에 넘어가 매물로 표류하는 신세가 되었지만 창업자의 혼과 정신이 고스란히 담겨있는 만큼 현대건설 인수는 단순한 기업 M&A 이상의 상징적 의미가 있었다.

현대그룹의 정통성을 간직한 현대건설이 2006년 워크아웃(기업개선작업)을 졸업한 뒤부터 현대그룹은 강하게 인수 의지를 밝혀왔다. 현정은 회장은 직접 공식석상에서 현대건설에 대한 포부를 밝힐 정도로 현대그룹 측은 오랜 기간 드러내놓고 인수를 준비해왔다. 반면, 현대차그룹은 공식 언급을 자제하며 물밑에서 현대건설 인수전을 준비했다. 정몽구 회장은 장자로서 고 정주영 명예회장이 닦아놓은 그룹의 터전인 현대건설을 책임져야 한다는 적통성 논리를 앞세웠다. 현대그룹은 워크아웃에 들어가기 직전 현대건설이 고 정몽헌 회장 소유였던 만큼 제자리로 돌려놔야 한다며 반박했다. 현대건설이 현대의 정통성을 상징하는 만큼 두 그룹은 한 치도 물러서지 않았다.

표면적으로는 적통과 전통성을 내세우고 있지만 정몽구 회장이 인수전에 뛰어든 진짜 이유는 따로 있었다. 정몽구 회장은 건설을 자동차와 제철에 이은 제3의 성장축으로 만들 계획이었다. 자동차 사업이 해외시장에서 안정화 단계에 들어선 현대차그룹이 현대제철 일관 제철소 완성을 이룬 상황에서 현대건설을 인수한다면 현대차그룹은 친환경 발전사업, 주택용 충전 시스템, 친환경 주택, 하이브리드 자동차, 전기차 등 점차 중요성이 높아지고 있는 친환경 비즈니스 그룹으로 도약할 준비를 마치게 된다. 현대차의 친환경차 개발, 철강 분야의 친환경화, 그린시티와 친환경 빌딩, 원전 등으로 이어지는 에코 밸류 체인Eco Value Chain을 완성하겠다는 구상의 마지막 퍼즐이 현대건설 인수였던 셈이다. 또 전

세계 150여 개국 8,000여 곳에 글로벌 생산 설비 및 판매 거점을 확보하고 있는 현대·기아차의 해외 네트워크를 활용한다면 현대건설을 글로벌 회사로 도약시킬 수 있어 그룹 계열사 간 시너지 효과도 충분히 기대할 수 있었다. 결국 실리에 명분까지 더해진 현대건설 인수전에 현대차그룹은 반드시 참여해야만 했다.

현대그룹도 마찬가지였다. 끊임없는 경영권 분쟁을 겪어왔던 현대그룹은 경영권 방어를 위해 현대건설이 반드시 필요했다. 현대건설이 보유한 8.3%의 현대상선 지분 때문이었다. 범현대가가 보유한 현대상선 지분은 현대중공업 25.5%, KCC 5.1%, 현대차가 0.5%였다. 현정은 회장과 현대엘리베이터가 44.2%를 소유하고 있어 안정적으로 경영권을 방어하고 있긴 했지만 현대건설 몫의 현대상선 지분이 현대중공업에 넘어가기라도 한다면 현 회장의 경영권은 또다시 위태롭게 된다. 현대그룹의 정통성 외에도 안정적인 경영권을 위해 현대건설 인수 성공이 누구보다 간절했다.

먼저 승기를 잡은 것은 현대그룹이었다. 11월 16일 우선협상 대상자로 선정된 현대그룹은 외환은행과 양해각서를 체결하고 현대건설 인수를 위한 단계를 밟아 나간다. 그런데 50일 만에 상황은 역전되었다. 채권단이 현대그룹에서 제출한 프랑스 나티시스 은행 대출계약서의 문제점을 발견하고 인수 자금의 성격을 문제 삼으면서 현대그룹은 우선협상자 지위를 박탈당했다. 그 후 현대차그룹은 우선협상자로 선정되고, 2011년 2월 26일 현대건설을 품에 안았다. 현대차그룹은 처음 인수가로 제시한 5조 1,000억 원보다 적은 4조 9,601억 원에 현대건설 지분 35%를 보유하면서 현대건설 인수전에 종지부를 찍었다. 이 과정에서 현대그룹과 현대차그룹 감정의 골은 더욱 깊어졌다.

현대그룹은 현대건설 인수의향서를 제출한 직후부터 현대차그룹을 겨냥해 TV와 라디오, 신문을 통해 대대적인 여론전을 펼쳤다. 정주영 명예회장과 정몽헌 회장이 나란히 선 영상과 함께 "현대건설, 현대그룹이 지키겠습니다"라는 메시지를 TV와 라디오를 통해 전달하면서 현대건설에 대한 적통성을 주장하며 감성적으로 호소했다. 반면 신문에서는 "비상장기업과 합병하지 않겠습니다", "시세차익을 노리지 않겠습니다", "경영권 승계 도구로 쓰지 않겠습니다" 등 현대차그룹을 자극하는 내용으로 치열한 신경전을 펼쳤다. 현대그룹은 계속해서 광고를 내보냈지만 현대차그룹은 철저히 무대응으로 임했다. 당시에는 현대그룹의 여론전이 친족간의 진흙탕 싸움과 흠집 내기로 비쳤다. 그러나 현대그룹의 광고 카피를 잘 확인해본다면 현대건설 인수에 참여한 현대차그룹의 진짜 속마음과 인수 후 정의선 중심의 지배구조 개편 시나리오 방향을 눈치챌 수 있었을 것이다.

당시 정몽구 회장의 아들 정의선 회장은 글로비스 31.9%와 현대엠코 25%를 보유한 대주주였다. 그러나 그룹 주력 계열사인 현대차와 기아차 지분은 거의 없었던 만큼 차세대 총수로 그룹을 지휘하기 위해서는 현대차그룹 지배구조 변화와 경영권 승계 작업이 필수적인 상황이었다. 현대차그룹이 현대건설을 인수한 다음 비상장회사인 현대엠코와 합병시킨다면 자연스럽게 정의선 회장 중심의 경영권 승계를 이룰 수 있다.

또한 현대엠코 우회상장을 통해 대주주인 정몽구, 정의선 부자는 막대한 자금까지 챙길 수 있는 구조가 된다. 현대그룹의 공격적인 광고 카피 이면에는 현대차그룹의 '현대건설 인수 후 현대엠코와 합병' 시나리오가 숨겨져 있는 것이다. 현대그룹은 이렇게 현대건설 인수를 위해 온 힘을 다해 광고전과 여론전에 총력을 기울였지만 결국 현대건설은 현대차그룹의 품으로 들어갔고 두 그룹은 또 한 번 상처를 주고받으며 각자의 길을 걸어가게 된다.

쪼개고 합쳐
정의선 체제로

당시 현대차그룹은 '현대차→기아차→현대모비스→현대차'로 이어지는 순환출자 구조였다. 현대차가 33.9% 지분으로 기아차를 지배하고 있으며 기아차는 16.9%의 현대모비스 지분을 보유하고 있었다. 현대모비스는 20.8% 지분으로 현대차를 지배했다. 그룹의 핵심계열사인 현대차를 지배하는 현대모비스가 지배구조 정점에 있기 때문에 현대모비스가 보유하고 있는 기아차 지분 16.9%를 정의선 회장이 인수하면 현대차는 물론 현대차를 통한 기아차까지 지배력을 확대할 수 있다. 순환출자 고리도 한 번에 끊을 수 있는 묘수지만 현대모비스 지분을 직접 매수하기 위해서는 대규모 현금이 필요하다는 게 문제였다. 여기에서 정의선 회장의 개인 지분에 주목해야 하는 이유가 나온다.

정의선 회장의 지분이 큰 계열사는 현대엠코(31.9%), 현대글로비스(25.1%), 이노션(40%)이 있다. 그룹의 핵심계열사 지분도 가지고 있지만, 기아차 1.74%와 현대차 6,445주(0.1% 미만)로 비중이 크지 않다. 그런데 현대차는 현대글로비스 지분은 4.9%를 보유하고 있고, 현대글로비스와 기아차, 현대모비스가 현대엠코 지분을 각각 나누어 25%, 20%, 20%씩 보유하고 있다. 정의선 회장의 지분이 높은 현대엠코의 기업 가치가 올라가면, 현대글로비스의 가치도 덩달아 높아지는 구조인 셈이다. 정의선 회장이 경영권 승계 작업을 진행하기 전 현대엠코 가치 높이기에 나설 가능성이 높았고 실제 그렇게 진행되었다.

2014년 현대차그룹은 한해 동안 4건에 달하는 계열사 합병을 진행했다. 1월 현대제철의 현대하이스코 냉연부문 합병을 시작으로 4월 현대엠코와 현대엔지니어링 합병, 11월 자동차 부품 단조 및 가공을 맡은 현대위스코와 자동차용 주물업체 현대메티아가 현대위아에 합병되었다. 또 비슷한 시기 현대차그룹의 시스템통합을 담당하는 현대오토에버가 건설전문 IT컨설팅 및 시스템 운용업체 현대C&I와 합쳤다. 쪼개고 합치는 작업 가운데 다이나믹한 변화를 겪게 된다.

2014년 4월1일 현대엠코와 현대엔지니어링의 통합법인이 새롭게 출범했다. 정의선 부회장이 현대엠코 지분 25.06%를 보유하고 있는 만큼 현대엠코가 현대엔지니어링을 흡수하는 방식으로 합병이 진행될 것으로 시장은 예상했다. 현대엠코는 2002년 현대차 그룹이 자동차·제철 등의 그룹 공사를 위해 설립한 회사다. 현대엔지니어링은 현대건설의 자회사로 설립된 플랜트 전문 건설업체로 현대건설이 지분 72.5%를 보유하고 있었다. 시공 능력평가 순위로 보면 현대엠코가 13위, 현대엔지니어링이 54위로 단순 시공 능력만 본다면 현대엠코의 가치가 훨씬 높다. 그러나 실제 현대엔지니어링의 가치가 더 높게 책정되면서 현대엔지니어링과 현대엠코의 합병비율이 1대0.18로 결정되었다. 현대엔지니어링이 현대엠코를 흡수하는 형태로 합병되며 매출 6조, 자산규모 4조 원이 늘어났다. 국내 건설사 중 시공능력 10위, 매출기준 8위권 회사가 탄생하게 된 것이다.

단순히 기업의 규모가 커졌을 뿐 아니라 현대엔지니어링 지분 72.55%를 보유한 현대건설이 현대엔지니어링 합병법인 지분 38.62%를 보유한 최대주주로 부상했다. 정의선 부회장이 보유했던 현대엠코 지분 25.06%는 새로워진 현대엔지니어링 지분 11.7%로 바뀌었다. 현대글로비스 역시 현대엠코 24.96%가 11.7%로 바뀌면서 합병회사의 지분을 확보했다. 두 회사의 합병 결과 현대엔지니어링과 현대글로비스의 기업 가치는 더욱 높아졌고 정의선 회장은 그룹 순환출자구조의 핵심인 현대모비스 지분 확보에 한 발짝 더 가까이 다가가게 되었다.

그해 11월 자동차 부품 단조 및 가공을 맡은 현대위스코와 자동차용 주물업체 현대메티아가 현대위아에 합병되었다. 표면적으로는 부품 계열사와 단조·주물 계열사를 통합하고 IT계열사 간 합병으로 시너지를 높이는 경영 효율화 작업으로 보인다. 그러나 이 모든 과정의 공통 분모에는 정의선 회장이 있는 만큼 단순한 계열사 정리가 아닌 본격적인 후계 구도 확립을 위한 현대차그룹의 사전 작업으로 볼 수 있다. 이 사실은 정의선 회장의 지분 변화를 통해 확인할 수 있다. 합병이 진행되면서 정의선 회장이 보유한 현대위스코 지분 57.9%가 현대위아로 바뀐다. 이 과정에서 정의선 회장은 총자산 5조 5,169억 원에 달하는 현대차그룹 핵심 부품사의 지분 1.95%를 확보하게 된다. 유사 계열사 간 통합에 따른 시너지를 감안하면 현대위아의 기업가치는 합병 이후 더욱 커질 가능성이 높다.

현대오토에버와 현대 C&I도 마찬가지다. 특히 현대오토에버는 합병을 통해 건설 IT부문까지 사업 영역을 확장했다. 삼성 SDS나 SKC&C처럼 그룹의 시스템통합 업체로 성장할 가능성이 크다. 기업 가치가 높아질수록 주가는 상승하게 되고 이는 곧 정의선 회장의 자산가치로 연결된다. 정의선 회장은 합병 전 현대오토에버 지분 20.1%를 보유하고 있었고 합병 후에도 19.5%라는 상당한 지분을 확보하게 되었다.

공정거래법을 피하라

현대자동차그룹은 현대차와 기아차, 현대제철과 현대모비스가 순환출자 방식으로 연결되어 있었다. 그룹의 상징인 현대차 지분 20.78%를 현대모비스가 소유하고 있었다. 정의선 회장이 현대차그룹의 경영권을 물려받기 위해서는 순환출자구조 꼭대기에 있는 현대모비스의 지분을 확보해야 했다. 2014년 한 해 동안 4차례에 걸친 계열사 합병으로 정의선 체제를 위한 준비를 했지만 여전히 충분하지 않았다. 유가증권시장 상장과 변경 상장을 거치며 크게 상승한 현대글로비스 지분을 블록딜 형태로 매각한 다음 순환출자의 핵심 현대모비스 지분을 매입해보려고도 했으나 뜻대로 되지 않았다.

현대차그룹의 지배구조개편 시나리오는 다른 방향으로 진행되었다. 2015년 공정거래위원회는 공정거래법 및 시행령 개정을 통해 자산 5조 원 이상의 대기업그룹 총수 일가가 상장 계열사 지분 30%(비상장사 20%)를 보유한 상태에서 200억 원 이상의 일감 몰아주기를 금지했다. 처벌 대상에는 이익제공기업과 수혜기업, CEO, 오너 등 특수 관계인까지 포함되는데 정몽구 명예회장과 정의선 회장이 보유한 현대글로비스 지분 43.39%가 문제였다. 두 사람은 블록딜을 통해 보유하고 있는 현대글로비스 주식 13.39%를 매각하는 데 성공한다. 지분율은 대기업 일감몰아주기 처벌 기준 30%에서 0.01% 모자란 29.99%로 기가 막히게 맞추면서 공정거래법 적용대상에서 빠져나올 수 있었고 동시에 1조 1,000억 원 정도의 현금을 확보하게 된다.

글로비스 지분을 성공적으로 매각하면서 정의선 체제로 한 발짝 다가간 듯 보였다. 시장에서는 정의선 회장이 현대·기아차그룹의 지주사격인 현대모비스 지분 확보에 매각 자금을 사용할 것이라고 예측했다. 그러나 상황은 예상과 전혀 다른 방향으로 흘러갔다. 현대중공업이 재무구조 안정을 이유로 현대차 지분 매각을 결정한 것이다.

2015년 9월 정의선 회장은 현대중공업이 매각하기로 한 현대차 주식 440만 주 가운데 316만 4,550주를 주당 15만 8,000원에 매입한다. 현대글로비스 매각 대금을 활용해 개인 자격으로 현대차 주식을 인수하면서 정의선 회장의 보유 지분은 1.44%(317

만 995주)로 높아졌다. 그리고 현대중공업이 보유한 현대차 지분은 0.6%(123만 5,450주)로 낮아졌다. 중장기적 경영 승계 과정에서 현대차 지분 인수는 정의선 체제를 공고히 하는 포석이라고 볼 수 있다. 그러나 현대모비스 지분 확보라는 한 가지 숙제가 여전히 남아 있었다.

현대차그룹의 내부거래 비중이 높은 회사가 또 하나 있다. 현대차그룹의 정보시스템 운영 개발은 물론 네트워크, 보안솔루션 등을 담당하는 시스템통합 업체 현대오토에버다. 현대차, 기아차, 현대모비스는 물론이고 현대제철, 현대카드, 현대캐피탈, 현대글로비스, 현대엔지니어링 등 그룹의 거의 모든 계열사와 거래를 하는 만큼 내부거래 비중도 크다. 2012년 80%였던 내부거래 비중이 2018년 91.5%, 2019년 94%, 2020년은 95.9%로 매년 커졌다. 전신이던 오토에버닷컴 시절인 2001년 485억 원에 불과했던 매출이 20년 만에 1조 원이 넘어 20배 이상 급성장한 것이다. 사업 특성상 내부거래 비중이 높은 현대오토에버는 오너 일가 지분이 20%를 넘기며 공정거래위원회의 일감몰아주기 규제 대상에 이름을 올리고 있었다. 그러나 2015년 정몽구 회장이 보유 지분 9.68%(20만 주)를 주당 34만 5,000원씩 총 690억 원에 SC금융계열 투자회사에 전량 처분하면서 오너 일가 지분은 19.46%(20만 2,000주)로 낮아졌다.

공정래위원회 규제 대상에서 벗어난 현대차그룹은 내부거래를 통해 본격적으로 그룹 시너지 창출에 나섰다. 현대오토에버 기업 가치가 높아질수록 정의선 회장의 지분가치도 자연스럽게 커져갔다. 이후 2019년 3월 28일 현대오토에버는 주식시장에 상장했고, 이 과정에서 정의선 회장은 보유지분의 절반가량인 201만 주를 965억 원에 처분하면서 총수 일가 지분을 9%로 끌어내리며 다시 한번 일자리 몰아주기 규제에서 벗어났다. 총수 일가 일감몰아주기 논란을 해소하면서 동시에 정의선 회장은 695억 원의 현금을 챙겼고 잔여지분에 대해 965억 원의 평가익을 기록했다.

현대차그룹의 역사와 주가

현대차그룹의 역사는 주가에 어떻게 반영되었을까. 현대그룹에서 독립한 후 세계시장과 국내시장에서의 선전에 힘입어 현대차 주가는 2005년 10만 원을 기록한다. 그러나 갑자기 터진 비자금 사건 여파로 2007년 8월 5만 8,000원까지 하락하며 반토막난다. 비자금 사건이 해결국면으로 들어서며 다시 반등해 9만 1,400원을 터치하자 주가가 회복세를 이어가는 듯 보였다. 그러나 2008년 11월 유럽발 금융위기에 다시 주저앉아 3만 5,700원까지 하락한다. 이후 주가는 3만 원과 7만 원 사이에서 횡보하는 답답한 모습을 보였다. 그러나 2008년 11월을 저점으로 현대차 주가는 단숨에 20만 원을 돌파한다. 3만 원까지 빠졌던 주가는 2011년 25만 7,000원, 2012년 27만 2,000원, 2013년 10월 26만 9,000원 등 세 번의 고점을 기록하며 단숨에 박스권 상단을

27만 원대로 끌어올렸다.

2010년 시작된 그리스 재정위기, 2011년 미국 신용등급 강등, 2012년 유럽재정위기로 세계 경기가 위축되었던 상황에서 보인 쾌거였다. 당시 전차군단과 차화정으로 대두되는 자동차, 화학, 정유 업종은 2008년 글로벌 금융위기 이후 위축되었던 우리나라 증시를 견인했다. 그리고 그 중심에 현대차와 자동차 3인방으로 불리던 기아차, 현대모비스가 있었다. 그러나 27만원대에 세 번의 고점을 찍은 현대차는 30만 원 돌파에 대한 기대감을 뒤로 하고 추세하락으로 돌아선다. 2013년 10월 고점 이후 무려 7년 동안 내리 하락한 주가는 2020년 3월 코로나 팬데믹 영향으로 6만 5,000원까지 하락한다.

2013년부터 2020년까지 현대차가 긴 추세하락을 보인 이유는 산업구조의 변화에 있다. 전기차의 대표주자 테슬라는 2005년과 2013년까지 주당 4~20달러 사이에서 주가를 형성하고 있었다. 2019년 초반까지는 20~77달러 사이에서 움직이던 주가는 2020년 3월 주당 70달러 저점으로 2021년 1월 주당 900달러까지 상승하며 '천슬라'라는 별명까지 얻게 된다. 2013년 현대차가 고점을 기록한 시점과 맞물려 화석연료를 사용한 기존의 전통적 산업구조가 전기차, 이차전지, 태양력, 화력 등으로 대표되는 신재생에너지로 변화하기 시작했다.

2020년 3월 코로나로 인한 저점을 기록한 현대차는 2021년 1월 28만 9,000원까지 급등한다. 1년도 안 되는 시간동안 단숨에 30만 원 근처까지 상승한 것이다. 그 첫 번째 원동력은 애플카를 비롯한 수소차, 전기차 모멘텀이었다. 현대차도 새로운 산업구조에 발빠르게 맞춰가며 세계 시장에서 두각을 드러내고 있다. 2010년 현대건설 인수전에서 이미 자동차, 건설, 제철 세 개 축으로 하여 친환경 비즈니스로 도약하겠다는 의지를 내비쳤을 만큼 현대차그룹은 10년 전부터 전기차, 하이브리드카 등 친환경 차에 대해 관심을 갖고 미래를 준비했다. 미래 먹거리와 산업구조의 변화를 미리 파악하고 준비한 덕분에 세계적인 ESG 트렌드에 도태되지 않고 빠르게 따라갈 수 있었던 것이다. 두 번째 원동력은 정의선 체제에 대한 기대감이다. 국내를 넘어 세계적인 자동차 회사로 현대차그룹을 이끈 정몽구 시대가 서서히 막을 내리고 정의선 시대가 밝아오고 있었다.

오너 3세
정의선 시대 개막

　정몽구 회장은 이정화 여사와 슬하에 1남3녀를 두었다. 첫째인 정성이는 현대자동차그룹의 주력 광고 계열사 이노션 고문으로 있다. 남편 선두훈 영훈의료재단선병원 이사장은 인공관절을 개발·제조·판매하는 의료벤처기업 코렌텍의 공동대표로 있다. 둘째 정명이 현대커머셜 총괄대표는 정태영 현대카드 대표와 함께 현대카드, 현대캐피탈, 현대커머셜을 이끌고 있고 셋째 정윤이 사장은 해비치호텔앤드리조트를 운영하고 있다.

　전통적으로 장남 상속을 무조건 우선시해온 현대차그룹 특성상 유일한 아들 정의선 회장이 공식적인 후계자로 거론되어왔다. 그러나 지분구조를 살펴보면 과거 정주영 창업주 시절 현대그룹이 '1인 지배 체제'를 지켜온 것처럼 현대차그룹의 지배구조도 정몽구 회장 1인 중심 체제를 고수하고 있었다. 그런데 2020년 현대차그룹에 변화의 바람이 분다. 건강 이상설이 돌던 정몽구 현대차그룹 회장이 22년 만에 이사회 의장에서 물러난 것이다. 정몽구 명예회장이 경영일선에서 공식적으로 물러나면서 현대차그룹은 20년 만에 총수 교체가 이뤄졌다. 정의선 현대차그룹 부회장은 2020년 10월 14일 현대차그룹 회장으로 공식 취임하며 본격적인 '정의선 시대' 개막을 알렸다.

정의선 회장은 고려대 경영학과를 졸업한 뒤 1994년 현대정공(현대모비스 전신) 과장으로 입사했다. 이후 현대모비스 부사장, 기아자동차 대표이사 사장 등을 거쳐 2009년부터 현대차 부회장을 맡았고 2018년 9월 그룹 수석 부회장에 승진해 실질적으로 현대차그룹을 이끌었다. 부회장 취임 후 모빌리티 서비스 솔루션 기업이 되겠다고 천명한 정의선 회장은 다양한 모빌리티 혁신을 추구하며 친환경차 시장 확대에 박차를 가하는 등 현대·기아차를 세계 4위권 전기차 브랜드로 성장시켰다. 현대차그룹은 세계 최초 수소전기트럭 양산에 성공하며 '수소차 기술은 세계 최고'라는 평가를 받고 있다. 이 모든 성과의 중심에는 정의선 회장이 있었다.

현대차그룹의 오너 3세 시대 개막은 가족 간 경영권 분쟁이나 승계 지연에 따른 불확실성 없이 빠르게 진행되었다. 회장 선임 전, 정몽구 회장은 가족들이 모두 모인 자리에서 정의선 부회장에게 회장직을 맡으라는 뜻을 전달했다. 현대차 정관에 따르면 현대차의 주요 경영진 선임은 정몽구 회장의 지시에 따르도록 되어 있는 만큼 정몽구 회장의 결단으로 현대차그룹의 승계문제는 조기에 해결될 수 있었다. 그러나 정의선 회장이 보유한 핵심계열사 지분은 현대차 2.62%, 기아차 1.74%, 현대모비스 0.32%로 턱없이 부족하다.

정의선 회장이 보유한 현대차 지분은 2.62%에 불과하다. 그룹 지배에 핵심적인 현대모비스 지분도 0.32%에 불과하다. 그런데도 그룹 지배가 가능한 비결은 현대차그룹 4개의 커다란 순환출자 고리에 있다. 현대제철과 현대모비스, 현대차와 기아차는 서로의 주식을 많게는 수십 %씩 보유하고 있다. 5%도 안 되는 지분만으로도 정의선 회장이 그룹 전체를 장악할 수 있는 이유다. 그러나 흔들림 없는 정의선 회장 시대를 위해서는 그룹 차원의 순환출자 고리를 끊고 핵심계열사에 대한 지분 확보가 필수적인 상황이다. 여기서 정의선 회장 개인 지분을 높이기 위한 전략이 실행된다.

2020년 10월 14일 현대차그룹 회장으로 취임한 지 한 달도 되지 않은 10월 26일 현대·기아차는 3분기 영업손실 3,138억 원이 발생했다고 밝혔다. 현대차가 국제회계기준IFRS을 도입한 이후 처음으로 영업적자를 기록한 것이다. 그러나 이 부분은 세타2 GDI 엔진 등 품질비용을 3분기에 반영한 '빅베스Big Bath'였다. 빅베스는 통상 최고 경영자 교체기에 나타난다. 이전 경영진이 회사를 경영하면서 누적되었던 부실을 현재의 회계장부상에서 최대한 털어버리는 것으로 새로운 CEO가 깨끗하게 원점에서 기업을 경영하기 위해 이전 부실을 전임 CEO에게 넘기는 셈이다. 현대자동차는 코로나19 직격탄에서도 2020년 1분기 8,645억 원, 2분기 5,929억 원의 영업이익을 냈다. 3분기는 품질비용 충당금이라는 빅베스로 3,138억 원의 영업손실을 기록했다. 기아차 역시 전년 동기 대비 33% 줄어든 1,952억 원의 영업이익을 기록했다.

그러나 빅베스 발표 직후에도 주가는 출렁이지 않았다. 2019년 3분기와 비교해 적자전환 했지만 미리 알려진 품질비용 2조 1,000억 원을 제외한 조정 영업이익은 현대차 1조 8,000억 원, 기아차 1조 2,000억 원으로 시장의 예상을 크게 뛰어 넘었다. 애초 시장은 현대차가 품질비용을 반영하지 않은 상황에서 3분기 1조 원 초반대 영업이익을 낸 것으로 추정했다. 4,424억 원의 영업이익 전망과 달리 3,138억 원의 적자가 발생했지만 3분기 이익은 기대치를 웃돈 결과가 나온 것이다. 빅베스로 몸의 때를 한꺼번에 씻어내듯 잠재 비용을 모두 떨고 출발선을 정비한 정의선 회장은 자율주행과 전기차, 수소차 등의 신사업에 기업의 핵심 역량을 집중할 수 있는 기반을 만들었다.

회장님 지분이 핵심

　정의선 회장이 현대차그룹 경영 전면에 나섰지만 정 회장은 현대차그룹 지배력의 원천인 현대모비스, 현대차, 기아차 등에 대한 지분을 충분히 갖고 있지 않다. 현대차그룹의 실질적인 지주회사 역할을 하는 현대자동차의 지분은 현대모비스 21.43%, 정몽구 명예회장 5.33% 정의선 회장 2.62%, 자사주 6.13%, 국민연금공단 8.79%다. 그룹을 장악하기 위해서는 현대모비스 장악이 필요하지만 정의선 회장의 지분은 0.3%에 불과하다. 아버지 정몽구 명예회장이 소유한 7.1%를 전부 상속하면 상황이 나아지지만 50%에 이르는 상속세를 내고 나면 실질적으로 얼마나 남을지 의문이다. 정몽구 회장의 현대차그룹이 정의선의 현대차그룹으로 오롯이 변화하기 위해서는 현대모비스 장악을 위한 지배구조 개편이 불가피하다.

정몽구 명예회장은 현대모비스 7.13%와 현대차 5.33% 지분과 '현대모비스→현대차→기아차→현대모비스'로 이어지는 순환출자 구조로 현대차그룹을 지배했다. 정의선 회장 역시 자신이 보유하고 있는 지분을 중심으로 새로운 현대차그룹 지배구조를 만들어야 한다. 여기서 정의선 회장 개인 지분을 살펴보면 힌트를 얻을 수 있다. 정의선 회장은 현대글로비스 23.29%, 현대엔지니어링 11.72%, 현대오토에버 9.57%와 그룹 핵심 계열사인 현대차 2.62%, 기아차 1.74%, 현대모비스 0.32%를 보유하고 있다. 정의선 회장이 현대자동차그룹의 지배력을 확보하는데 가장 큰 관건은 보유 자산 중 가장 큰 비중을 차지하는 '현대글로비스 지분가치 극대화'다.

현대차그룹은 지난 2018년 현대글로비스를 이용해 지배구조 개편을 추진한 바 있다. 현대모비스의 핵심부품 사업과 모듈·AS 부품 사업으로 나눈 뒤, 모듈·AS 부품 부문을 현대글로비스와 합치는 방안이었다. 합병 후 정의선 회장 등이 보유하게 될 합병 현대글로비스 지분과 현대모비스 투자 부문 지분을 교환하면 순환출자 고리를 끊고 '정몽구·정의선 회장→존속 현대모비스→현대차→기아차'로 지배구조를 간소화할 수 있다. 정의선 회장의 지배력을 강화시키면서 동시에 순환출자도 해소할 수 있는 방법이었다. 그러나 기관투자자와 소액주주들이 주주권익 훼손 우려 등의 문제점을 제기하면서 취소됐다.

현대차그룹이 정의선 회장의 지배권 강화와 안정적 승계를 위해 지배구조 개편 작업에 속도를 낸다면 정의선 회장의 지분가치가 높은 계열사 위주로 가치 높이기 작업이 이루어질 가능성이 높다. 아무리 대기업 회장님이라도 현찰 부자는 없다. 대부분 주식으로 보유하고 있기 때문에 담보가치를 높여 자금을 융통하는 형태로 지분확보와 투자가 이루어진다. 예를 들어 현대글로비스가 10만 원이고 은행에서 담보가치를 50% 반영해준다면 '발행주식수 x 10만 원 x 50% x 보유지분'만큼을 담보로 맡길 수 있다. 만약 주가가 20만 원이 된다면 담보가치는 2배 높아진다. 융통된 자금은 채권을 발행하거나 다른 지분을 매입하는 등 다양하게 활용할 수 있다.

정의선 회장 입장에서는 보유지분이 높은 계열사의 가치가 높아질수록 더욱 많은 자금을 융통할 수 있게 된다. 정의선 회장 취임과 함께 현대글로비스 주가가 단숨에 7만 원에서 22만 원까지 급등한 것은 지배구조 개편에 대한 기대감뿐 아니라 정 회장의 개인 지분이 가장 높기 때문이었다. 실제 투자전략을 세울 때도 정의선 회장 개인 지분가치가 높은 순으로 전략을 세웠다면 큰 수익을 낼 수 있었다.

실제 정의선 회장 취임 날 상황을 보면 이런 징후를 확인할 수 있다. 2020년 10월 14일 취임식 날 현대글로비스, 현대제철, 현대모비스, 현대위아, 기아차 등 현대차그룹 계열사와 현대백화점, KCC 등 범현대가 주식이 일제히 오르며 KOSPI200 상승률 상위 종목에 이름을 올렸다. 특히 정의선 회장의 지분이 가장 높은 현대글로비스는 이날 10%나 급등하며 16만 5,000원에 거래를 마쳤다. 현대글로비스는 이후 상승폭을 더욱 키우며 10월 20일 22만 2,000원을 기록할 때까지 끊임없이 우상향하며 주가 상승을 이어간다.

현대글로비스 주가를 일봉으로 살펴보면 정몽구 명예회장이 현대차 등기이사와 의장직에서 물러난 2020년 3월 19일 상승 초입인 것을 알 수 있다. 당시 코로나 팬데믹 영향으로 국내증시가 전체적인 조정을 받은 상황에서 택배 등 물류 관련주가 관심을 받으며 글로비스도 빠르게 반등하기 시작했다. 9만 6,000원과 12만 8,000원 사이에서 8개월 동안 횡보하던 주가는 8월 28일 다시 한번 11% 급등하며 힘을 보여주었다. 특이한 점은 이날 현대오토에버 7.18%, 현대차 5.2%, 현대모비스 4.15%, 현대위아 2.21%, 현대건설 2% 등 현대자동차그룹 계열사 주가가 전반적으로 상승했다는 사실이다. 특히 정의선 회장의 지분이 높은 현대글로비스와 현대오토에버의 상승률이 높았다는 사실로 볼 때 코로나로 인한 물류 산업 확대 기대감이 아닌 현대차그룹 지배구조에 대한 기대감이 현대글로비스 주가 상승의 핵심이란 것을 알 수 있다.

정의선 회장의 지분 높이기 게임이 시작되었다면 정 회장의 개인 지분이 높은 순으로 게임이 진행될 가능성이 높았다. 현대글로비스(23.29%) 다음 타자는 9.57% 지분을 보유하고 있는 현대오토에버다. 3월 19일 2만 1,350원을 저점으로 3만 6,000원과 4만 5,000원 사이에서 박스권 횡보하던 현대오토에버는 9월 9일 8% 급등한 이후 본격적인 시세분출을 시작한다. 정의선 회장이 취임한 10월 14일 6만 6,500원에 종가를 형성한 후 2021년 1월 8일 16만 1,500원까지 급등하며 엄청난 상승세를 보여주었다.

세 번째로 많은 지분을 보유한 현대엔지니어링(11.72%)은 비상장이다. 그룹 핵심 계열사인 현대차(2.62%)와 기아차(0.32%)도 상승세를 이어갔다. 현대차는 3월 20일 6만5000원 저점 이후 10월 14일 취임식 날 17만 8,000원을 기록했고, 2021년 1월 11일 28만 9,000원까지 오르며 30만 원의 벽을 두드렸다. 기아 역시 강했다. 3월 23일 2만 1,500원 저점 이후 천천히 시동을 걸기 시작해 취임식날 4만 9,150원으로 다른 계열사보다 오름폭이 크지 않았다. 그러나 더 길게, 더 높게 상승했다. 2021년 2월 3일 10만 2,000원까지 상승하며 1998년 이후 23년 만에 10만 원의 벽을 뚫었다.

정의선 회장의 지분가치가 높은 종목들 중심으로 주가 상승이 나타나면서 같은 기간 동안 현대제철, 현대위아 등 정의선 회장의 개인지분이 없는 현대차그룹 계열사 역시 함께 상승했다. 2020년 12월 14일 기준으로 현대차그룹주 주가 상승률을 확인해보면 3월 저점대비 100% 넘게 올랐다. 현대글로비스 120.8%, 현대오토에버 171.8%, 현대차 105%, 기아차 108%, 현대제철과 현대위아가 각각 91.5%, 54.9% 상승률을 기록했는데 정의선 회장 지분이 높은 현대글로비스와 현대오토에버의 상승세가 단연 돋보인다. 2020년부터 2021년 초까지 이어진 현대차그룹의 주가 상승은 언제든 재현될 수 있다. 그러나 그 상승에 앞서 정의선 회장 중심의 지배구조개편이라는 한 가지 조건이 필요하다.

정의선 회장의
현대차그룹

경영권 승계가 큰 차질 없이 마무리되면서 그룹 총수에 오른 정의선 회장은 현대차그룹을 미래 모빌리티 기업으로 전환하는 데 속도를 내고 있다. 기아차는 2021년 3월 정기주총에서 사명을 '기아자동차주식회사'에서 '기아 주식회사'로 변경했다. 기아자동차에서 기아로 사명을 변경하는 것은 곧 업의 확장을 의미한다. 차량을 제조하고 판매하는 내연기관차 중심 기업에서 전기차와 미래 모빌리티 솔루션 기업으로 전환하겠다는 의지를 내비친 만큼 현대차그룹의 지배구조개편 작업에 더 눈길이 쏠린다.

지배구조개편이라는 큰 과제를 마무리해야 신사업을 추진하는데 필요한 안정적인 경영권을 확보할 수 있기 때문이다. 더욱이 ESG 경영 시대 기업 지배구조는 최대 이슈로 자리 잡고 있는 만큼 순환출자 구조 해소와 그에 따른 지배구조 개선 작업은 더 이상 미룰 수 없다. 현대차그룹은 총수 일가가 가진 계열사 지분율이 매우 낮다. 더욱이 10대 그룹 중 유일하게 순환출자 고리를 끊지 못했다. 경영권 승계를 마무리한 삼성이나 지주회사 체제로 전환한 SK, LG, 롯데와 달리 큰 과제를 안고 있는 셈이다.

정의선 회장의 현대차그룹이 큰 변화를 완성하는 디데이는 2026년에 완공되는 현대차 신사옥 GBC(글로벌 비즈니스 센터) 완공에 맞춰질 것으로 예상된다. GBC는 서울 강남구 삼성동 옛 한국전력 부지에 현대기아자동차그룹 통합 사옥으로 건립될 마천루다. 현대차그룹이 사옥을 삼성동으로 옮기며 사령탑의 중심을 세울 때, 현대차그룹의 핵심은 기아가 될 것으로 보인다.

정의선 회장이 경영권을 강화하기 위해서는 개인 보유지분의 가치를 높이는 동시에 정몽구 명예 회장이 보유한 지분을 상속받아야 한다. 현대차그룹의 지분 현황을 보면 정몽구 회장은 현대차 5.33%, 현대모비스 7.19%, 현대제철 11.81%, 현대글로비스 16.71%, 현대엔지니어링 4.68%를 보유하고 있다. 정의선 회장의 개인지분은 현대차 2.62%, 기아 1.74%, 현대글로비스 23.29%, 현대엔지니어링 11.72%, 현대오토에버 9.57%다. 현대차그룹 핵심 계열사 중 정몽구 명예회장의 개인 지분이 없는 기아를 중심으로 기아가 현대모비스를 지배하고, 현대모비스가 현대차를 지배하는 구조로 완성한다면 지분 상속에 따른 출혈을 최소화하면서 정의선 체제를 완성시킬 수 있다.

또 현대차그룹의 발목을 잡는 순환출자고리도 단번에 해결할 수 있다. '현대차→현대제철→현대모비스→현대차'로 이어지는 고리만 끊어주면 된다. 현대제철의 최대주주는 기아(17.27%)다. 그리고 정몽구 회장(11.81%)과 현대차(6.87%), 국민연금(8.18%), 자사주(1.42%)가 주주로 올라있다. 여기서 현대차가 보유하고 있는 현대제철 지분 6.87%를 끊어내면 ESG 경영 시대에 맞게 지배구조를 개선할 수 있다.

이러한 구조가 만들어지기 위해 현대차와 현대모비스 주가 상승세는 제한될 전망이다. 정몽구 회장이 보유한 현대차와 현대모비스 지분을 상속받아야 하는 만큼 주가를 눌러 더 싼 가격에 정의선 회장이 가져올 수 있는 구도를 만들 것으로 예상되기 때문이다. 이와 동시에 1.7%에 불과한 기아 지분이 얼마나 커질지 추세적으로 체크 할 필요가 있다. 가장 먼저 현대글로비스 지분을 활용해 기아, 현대차, 현대모비스 등 핵심계열사 지분을 확보할 가능성이 높다. 여기서 2018년 시도했던 현대글로비스와 현대모비스 합병 시나리오가 재개되는지 확인할 필요가 있다.

현대차그룹은 2018년 3월 현대모비스를 그룹 최상위 지배 회사로 만들어 순환출자 고리를 모두 해소하는 내용의 지배구조 개편안을 내놓았다. 현대모비스의 핵심 사업을 현대글로비스와 합친 뒤 총수 일가가 가진 글로비스 지분을 매각한 자금으로 모비스 주식을 매입하는 방법이었다. 순환출자고리를 해소하면서 주요 계열사에 대한 총수 일가 지분을 높여 지배력을 강화할 수 있는 시나리오였지만 사모펀드 엘리엇과 국내외 의결 자문회사들이 총수 일가 외 주주 이익에 반한다고 반대해 무산되었다. 정의선 회장이 최대주주로 있는 글로비스 지분을 적극적으로 활용할 것으로 예상되는 만큼 분할과 합병 비율을 재조정하는 방식 등으로 주주들을 설득해 지배구조개편 작업이 이뤄질 가능성은 충분히 있다.

기아는 '차'를 제거하고 '기아'로 거듭나면서 혁신적인 모빌리티 제품과 서비스를 통해 사업 영역을 확장하고 이를 통해 지속 가능한 모빌리티 솔루션을 제공하겠다고 밝혔다. 정의선 시대에 새롭게 이름을 바꾼 기아가 수소 경제의 핵심이 될 수 있을지 앞으로의 진행 과정을 동태적으로 추적해 보아야 한다. 또 '기아→현대모비스→현대차'로 이어지는 구조를 위해 기아와 현대차가 보유하고 있는 현대제철 지분을 어떻게 할지 확인할 필요가 있다. 그리고 기아를 중심으로 한 지배구조개편 과정에서 현대글로비스의 역할을 중심적으로 짚어보아야 한다. 현대글로비스와 합병하는 계열사가 현대차일지, 현대모비스일지 알 수 없지만 분명한 것은 현대차그룹 순환출자 구조 해소와 정의선 체제 구축의 핵심 열쇠는 정 회장의 지분이 절대적인 현대글로비스이기 때문이다.

지배권 강화와 미래사업 투자:
두 마리 토끼를 잡아라

정의선 회장은 미래기술에 대한 투자를 확대하고 그룹 내 소프트웨어 개발 역량을 통합하는 등 지배권을 강화하려는 작업을 순차적으로 진행하고 있다. 기업 가치가 11억 달러(약 1조 2,563억 원)에 달하는 세계적인 로봇 전문 업체 '보스턴다이내믹스' 인수가 대표적이다. 취임 후 첫 대규모 인수합병으로 2020년 12월 본계약을 체결한 후 2021년 6월 인수를 마무리했다. 현대차그룹이 로봇 업체를 인수한 것은 전통 완성차 기업에서 모빌리티 솔루션 기업으로 도약하려는 정 회장의 의지를 잘 보여준다. 보스턴다이내믹스는 정의선 회장이 사재 2,400억 원을 투자해 확보한 지분 20%를 비롯해 현대차 30%, 현대모비스 20%, 현대글로비스 10% 등으로 구성되어있다. 현대차그룹이 총 80% 지분을 확보했다. 인수에 참여한 현대차그룹 3사는 보스턴다이내믹스 인수를 통해 로봇 중심의 새로운 밸류체인을 형성할 수 있을 것으로 보인다.

　로보틱스 기술은 자율주행차와 전동화 차량 등 미래 모빌리티 뿐 아니라 물류와 운송, 서비스 사업 분야에서도 활용될 수 있어 그룹 차원의 새로운 시너지 효과가 기대된다. 현대차는 자율주행차와 도심항공모빌리티UAM, 목적기반모빌리티PBV 등에 로봇기술을 적용할 계획이다. 현대모비스는 로봇기술을 적용한 스마트 물류 시스템을 구축해 서비스 경쟁력을 강화하고 현대모비스는 AS부품 공급에 로봇 배송을 활용할 수 있다. 장기적으로는 현대모비스와 현대글로비스가 함께 로봇 분야 종합 솔루션 사업에 나설 계획으로 다양한 분야에서 로봇이 제어와 관리, 정비 기능을 수행하는 사업 기회를 모색할 수 있다.

　현대차그룹은 보스턴다이내믹스 인수를 통해 완성차제조업체에서 벗어나 스마트 모빌리티 솔루션을 제공하는 모빌리티 종합서비스업체로 전환하는 계획을 앞당길 수 있다. 또한 보스턴다이내믹스가 미래 모빌리티 분야 로봇기술주로 시장의 주목을 받아 성공적으로 상장한다면 현대차그룹의 지분가치 역시 크게 상승할 수 있다. 보스턴다이내믹스 지분은 정의선 회장 개인적으로도 중요한 의미를 갖고 있다. 현대차그룹 주요 계열사 중 정 회장이 20% 이상 보유한 계열사가 현대글로비스 한 곳에서 두 곳으로 늘어나게 되었다. 정의선 회장의 현대글로비스 지분이 현대차그룹 지배구조개편 혹은 이후 지분 승계 과정에서 자금줄 역할을 할 것으로 여겨지는 가운데 보스턴다이내믹스 지분도 비슷한 역할을 할 가능성이 있다. 일단 상장에 흥행한다면 정 회장이 보유한 보스턴다이내믹스 지분가치는 1조 원이 훌쩍 넘을 것이라는 분석이 있는 만큼 4~5년 내 상장을 통해 상당한 현금을 확보할 수 있을 것으로 기대된다.

또 현대차그룹은 2021년 4월 그룹의 IT서비스 계열사인 현대오토에버와 현대엠엔소프트, 현대오트론 일부 사업부 합병법인을 출범했다. 현대오토에버는 전산시스템을 유지보수하고 클라우드 등 정보인프라를 제공하는 SI_{System Integrator} 업체다. 현대오트론은 차량용 전기·전자 아키텍처 및 기반SW 등 차량용SW 사업을, 현대엠엔소프트는 차량용 내비게이션 솔루션 사업을 한다. 각 분야별 강점이 있지만 중복되는 부분을 하나로 합쳐 중복투자를 없애고 시너지를 만들겠다는 것이 합병의 주된 이유다. 현대오토에버 합병법인 출범으로 글로벌 모빌리티 SW 등 미래차 사업 경쟁력을 강화할 수 있다.

그러나 현대오토에버가 주목받는 이유는 그뿐만이 아니다. 정의선 회장은 7.33% 지분을 보유한 현대오토에버에서 4대 주주다. 현대차 중 특수관계인 지분을 합칠 경우 75%에 달한다. 현대오토에버의 기업가치가 커질수록 지배구조개편 과정에서 선택지가 넓어진다. 차세대 먹거리에 관심이 많은 정 회장은 현대오토에버를 미래 모빌리티 사업의 핵심 기업으로 키울 수 있다. 이렇게 되면 현대오토에버 기업가치는 지금보다 훨씬 높아질 수 있다. 정 회장이 보유한 지분은 향후 그룹 지배력 강화를 위한 실탄으로 쓰일 가능성도 있다. 현대오토에버 지분을 팔아 자금을 마련할 수도 있고 지분을 현대모비스에 현물 출자하는 식으로 지배력을 확보할 수도 있다.

현대오토에버는 정의선 회장 지분 외에 현대자동차 31.59%, 기아차 16.24%, 현대모비스 20.13%가 각각 보유하고 있다. 지배구조 하단에 위치하지만 정의선 회장이 7.33%를 보유하고 있다. 그리고 정의선 회장이 현대글로비스, 현대엔지니어링 다음으로 많은 지분을 가진 회사인 만큼 현대차그룹 내에서 현대오토에버의 존재감이 커질 것으로 예상할 수 있다.

정의선 체제 완성형을 위해서는 순환출자 해소를 위한 지배구조개편과 기업 승계를 위한 지분확보라는 두 가지 조건이 필요하다. 기업의 미래를 위한 투자를 진행하면서 동시에 개인 지분 확대라는 두 마리 토끼를 잡기 위해 정 회장은 취임 후 바쁜 행보를 보였다. 여기에 현대엔지니어링 IPO까지 더해지면서 정의선 회장의 지분가치는 더욱 높아질 것으로 보인다.

현대엔지니어링 상장 작업이 발 빠르게 진행되고 있었다. 패스트트랙(우량기업 심사 간소화)을 통한 예비심사를 거쳐 2021년 연내 상장을 목표로 삼았다.[1] 시장이 추산하는 현대엔지니어링의 몸값은 대량 10조 원 안팎이다. 지분 11.72%를 가지고 있는 정의선 회장은 상장 후 약 1조 2,000억 원의 자금을 확보할 수 있다. 이 자금은 경영권 승계 작업에 활용될 가능성이 높다. 현대엔지니어링이 높은 가치를 인정받아야 지분 매각으로 높은 차익을 거둘 수 있는 만큼 시장 상황을 지켜보며 기업가치를 최대한 인정 받을 수 있는 적기를 노려 상장을 진행할 것으로 예상됐다.

---

[1]   2022년 1월 현대차그룹은 수요예측 실패를 이유로 돌연 현대엔지니어링 상장을 철회했다.

현대차그룹의 미래

정의선 회장 체제의 완성은 GBC타워 완공에 맞춰 속도를 내고 있다. 정몽구 명예회장의 지분을 가져와야 하는 정의선 회장은 현대차와 현대모비스 주가를 눌러 싸게 가져오는 작업을 GBC타워가 완성되는 약 3년간 진행할 것으로 예상된다. 그 사이 현대엔지니어링과 보스턴다이내믹스 상장 일정 및 진행과정을 확인하며 정의선 회장 지분 높이기 과정을 추적해 봐야 한다. 정 회장이 상장을 통해 확보한 자금을 어떻게 사용할지 추적해 보면 현대차그룹 지배구조 변화와 지분승계 방향에 대한 실마리를 찾을 수 있을 것이다.

2020년 현대차그룹 주가는 어느 그룹주보다 시세를 강하게 분출했다. 6월과 7월 저점으로 12월 14일 기준 주가의 위치를 확인해보면 현대오토에버가 171%로 가장 큰 상승세를 보였다. 그 뒤로 현대글로비스 120.8%, 애플카 모멘텀까지 더해진 기아가 104%, 현대차와 현대제철이 각각 102%, 91.5% 오르며 높은 수익률을 기록했다. 폭발적인 대세 상승 이후 현대차, 현대모비스, 기아 등 현대차그룹 핵심계열사 주가는 한동안 횡보할 가능성이 높다. 먼저 정의선 회장이 충분한 실탄을 확보한 다음 정몽구 명예회장의 보유지분을 가져오는 순서로 작업이 진행될 것이다. 정의선 회장이 싼 가격에 더 많은 주식을 가져오기 위해서는 현대차, 현대모비스 주가가 상승하면 안된다. 이에 최대한 주가를 누를 것이고 주가 상승은 제한적인 상황에서 올라가면 떨어지고, 떨어지면 다시 오르는 박스권 움직임이 예상된다. 지배구조 하단에 있는 현대오토에버나 현대제철, 현대위아도 100% 안팎의 상승을 한 만큼 가격적인 매력이 없다.

현대차그룹에서 다음 타자로 수익률 게임을 할 종목을 찾아보기 위해서는 상대속도 개념에서 상승이 아닌 하락에 있는 종목들이 어떤 회사인지 확인할 필요가 있다. 2020년 6~7월 대비 두 배 이상 상승한 종목들 사이로 현대로템과 현대건설이 보인다. 12월 4일 기준 현대로템은 2만 원에서 오히려 1만 5,600원까지 하락하며 22% 밀려났고, 현대건설은 4만 1,900원에서 3만 6,600원까지 빠지며 12.6% 하락했다. 현대차그룹 계열사의 순환매 장세에서 수소경제 핵심인 두 종목이 아직 시동을 걸지 않은 것이다. 이후 각각 현대로템과 현대건설은 각각 2만 6,600원(6월 14

일), 6만 1,900원(7월 6일)까지 오르며 뒤늦게 주가 상승에 동참했다.

수소 경제 활성화와 탄소중립 실현을 위한 움직임은 ESG의 핵심이다. 정부 역시 수소경제를 전면에 내세우는 상황에서 현대 차, SK, 포스코, 한화 효성 등 5개 그룹사가 모였다. 국내 모빌리 티와 에너지 분야 대표 그룹 CEO가 직접 주도하는 수소기업협 의체가 2021년 9월 출범하면서 아직 초기 단계에 있는 수소에너 지 생태계 구축에 더욱 속도가 붙을 것으로 보인다. 현대차그룹 은 이미 수소 관련 사업을 그룹 차원에서 진행 중이다.

현대차는 수소전기차와 발전용 수소연료전지 시스템을, 현대 모비스와 현대제철은 수소연료전지 통합모듈과 수소전기차용 금 속분리판과 수소를 각각 생산하고 있으며, 현대글로비스는 수소 를 중심으로 물류체계를 구축해나가고 있다. 그런데 현대차그룹 이 지향하는 수소인프라 사업의 핵심은 현대로템과 현대건설이 다. 수소를 이용한 모든 시스템에서 수소충전 인프라는 필수적이 다. 현대로템이 이 부분을 맡고 있으며 수소전기 철도차량과 수 소 트램을 만드는 일에도 역량을 발휘할 것으로 보인다. 또 현대 건설 인수는 이미 2010년 친환경 주택과 빌딩, 그린시티를 염두 에 두고 이루어졌던 만큼 아파트에 에너지를 제공하는 지역난방 과 연계해 수소그린시티 사업을 진행할 것으로 보인다.

친환경 주택과 빌딩이 지어지고, 수소 트램과 트럭이 도로 위를 달리며 언제 어디서든 손쉽게 수소충전을 할 수 있는 스마트 시티는 현대차그룹의 미래다. 현대차그룹은 정부 정책 방향성과 미래 사업의 방향성을 일치시키며 GBC타워에 수소 인프라를 집중시킬 것이다. 현대차그룹이 수소경제의 기반을 잡을 때 현대로템과 현대건설이 큰 축이 될 것으로 보인다. 정의선 회장은 미래 구상을 마쳤다. 수소사업을 미래 먹거리로 삼고 그 방향으로 나아가면서 지배구조를 튼튼히 하며 지분 승계 작업을 어떻게 마무리할지 지켜보자.

갈 길 먼 현대차그룹 지배구조개편,
정의선의 선택은?

2021년 현대자동차그룹의 건설 계열사인 현대엔지니어링의 상장 추진 소식에 시장의 관심은 한 곳에 쏠렸다. 정의선 현대차그룹 회장의 보유지분이다. 정 회장은 현대엔지니어링 지분 11.7%를 보유한 2대 주주인 만큼 상장 후 보유 지분을 현금화해 현대차그룹 지배구조개편에 쓸 것으로 예상됐다. 정 회장은 현대자동차 최대주주인 현대모비스 지분을 통해 경영권을 확보해야 한다. 이를 위해 정 회장이 지분을 보유한 비상장 자회사 현대엔지니어링의 IPO는 자연스러운 수순으로 받아들여졌다. 4월 코스피 상장을 공식화한 현대엔지니어링의 시가총액은 7조 5,000억 원 수준이었다. 이후 상장 프리미엄 등으로 시세가 더욱 오르며 2021년 연말 시가총액은 9조 원대 중반까지 올랐다. 시장 안팎에서는 이를 근거로 현대엔지니어링의 상장 후 기업가치는 10조 원에 달할 것으로 점쳐졌다. 이대로라면 정의선 회장은 1조 원의 실 탄을 확보할 수 있었다.

　　그러나 승계 구도의 핵심 자금줄로 거론되던 현대엔지니어링 이 2022년 연초 기업공개를 철회하면서 정의선 회장의 오랜 숙원 인 지배구조개편 작업에도 제동이 걸렸다. 현대엔지니어링은 총 1600만 주를 공모할 예정으로 이 중 75%는 구주매출로 구성됐 다. (구주매출은 대주주나 일반주주 등 기존 주주가 이미 보유하고 있는 주식 지분 일부를 일반인에게 공개적으로 파는 것을 말한다.) 정 회장이 당초 계획대로 자기 보 유분 890만3270주의 60%(532만 1,962주)만 매각해도 3,093~4,044억 원을 확보할 수 있었던 것이다.

　　앞서 정 회장은 연초 시간 외 대량매매(블록딜) 방식으로 현대 글로비스 지분 23.29% 중 3.29%에 해당하는 123만 2,299주를 칼라일그룹 특수목적법인 '프로젝트 가디언 홀딩스 리미티드' 에 매각해 2,000억 원 이상의 현금을 손에 쥔 상태였다. 당시 정 몽구 현대자동차그룹 명예회장도 6.7% 지분 전량을 처분해 1,404 억 원가량을 현금화했다. 세금 납부나 지분 매입 등 정 회장의 승 계에 사용될 것으로 예상되었던 현금은 두 회사 지분 매각 자금 을 합해 1조 원이 넘는다. 2월 유가증권시장 상장을 목표로 지난 해 12월 증권신고서를 제출해 국내외 기관투자자를 대상으로 수 요 예측까지 마치며 상장 막바지 단계에 들어섰지만 1월 28일 돌 연 기업공개 철회신고서를 제출하며 상장 계획을 연기했다. 기관

투자자 수요 예측 경쟁률이 100:1에도 못 미치며 흥행에 실패했고 코스피가 2,600선까지 무너지는 등 국내주식 시장 급락에 따른 투자심리 악화가 주된 요인으로 작용했다. 또 높은 구주매출 비중 역시 부담이 됐다. 공모로 조달된 자금이 대부분 신사업 투자 재원 등 회사 성장에 쓰이기보다 기존 주주에게 돌아가는 것도 상장 철회에 영향을 줬다.

현대차그룹의 지배구조개편은 실타래가 꼬여 있어 쉽지 않은 과제다. 현대차그룹은 10대 대기업 집단 가운데 유일하게 순환출자 구조를 유지하고 있다. 현대모비스→현대차→기아→현대모비스로 이어지는 순환구조에서 현대모비스는 현대차 21.4%, 현대차는 기아 33.9%, 기아는 현대모비스 17.3%를 유지하고 있다. 주요 3사의 1대 주주가 서로 얽혀있지만 정 회장이 보유한 핵심 3사 지분율은 낮은 편이다. 정의선 회장이 보유한 지분은 현대차 2.62%, 기아 1.74%, 현대모비스 0.32%다. 정몽구 명예회장이 가진 현대모비스 지분은 7.15%를 모두 물려받아도 정 회장의 지분은 7.47%에 불과하다. 지배구조 근간이 순환출자로 되어있는 탓에 개편 작업이 없다면 정 회장의 지배력은 약해질 수밖에 없다.

정의선 회장이 안정적으로 경영권을 승계하기 위해서는 순환출자 고리를 끊으면서 동시에 지배력을 강화해야 하는 이중 과제를 안고 있는 셈이다. 이를 해결하기 위해서는 실질적인 지주회사 역할을 하는 현대모비스 지분 확보가 필요하다. 2월 3일 기준 정 명예회장(4조 6,000억 원)과 정 회장(4조 원)이 보유한 주요지분 가치는 8조 6,000억 원이다. 지분 거래를 감안한 정 회장 부자의 보유재원은 세전 약 1조 2,000억 원으로 추정된다.(정 명예회장 8,943억 원, 정 회장 3,146억 원) 정 회장 부자의 주요 재원인 배당금은 2010년 이후 주요 계열사 누적 배당금 기준 세전 약 1조 6,000억 원으로 예상된다. 같은 날을 기준으로 기아가 가진 현대모비스 지분을 매입하려면 3조 8,000억 원, 현대제철이 가진 현대모비스 지분을 확보하려면 1조 3,000억 원가량이 필요하다. 물론 여기에 상속·증여 재원도 추가된다.

천문학적인 금액에 달하는 승계 자금을 마련하기 위해 현대차그룹은 그간 여러 시도를 해왔다. 2018년 3월 시배구조 개편으로 지주사격인 현대모비스를 투자·핵심부품 사업과 모듈·AS 사업으로 분리한 뒤, 모듈·AS 사업을 정 회장 지분이 많은 현대글로비스와 합병하는 방안이었다. 이후 정 회장이 보유할 합병 현대글로비스 지분과 현대모비스 투자·핵심부품 사업 지분을 교환해 정의선 회장의 지배력을 강화하고 계열사 순환출자를 해소하는 계획이었다. 그러나 현대차와 현대모비스, 기아 주식 총 1조 원가량을 보유한 미국계 헤지펀드 운용사 '엘리엇매니지먼트'의 반대로 무산됐다. 그 뒤 4년이 지나 현대엔지니어링 상장으로 조 단위 자금을 확보하고 현대글로비스 지분 매각 대금을 더해 현재의 순환출자고리 일부라도 끊으려던 현대차그룹의 지배구조개편 계획은 다시 원점에 놓였다. 그러나 대주주 입장에서는 순환출자

해소와 현대모비스 지분 확보가 가장 중요한 과제인 만큼 현대차의 지배구조개편 작업은 조만간 재개될 것으로 보인다.

유력한 시나리오는 현대모비스 모듈·AS 부품 사업을 인적분할해 현대글로비스와 합병한 후 총수일가가 기아·현대제철·현대글로비스의 현대모비스 지분을 매입하는 방안이다. 현대차와 현대모비스 각각 존속회사와 사업회사로 분할한 뒤 존속회사는 존속회사끼리, 사업회사는 사업회사끼리 합병해 '총수일가→현대차·현대모비스 존속회사→현대차·현대모비스 사업회사'로 재편하는 방안도 거론된다. 또 정 회장 일가가 직접 계열사가 보유한 현대모비스 지분을 매입하는 방안도 있다. 그러나 수조 원의 재원 마련이 필요한 만큼 다른 방식으로 풀어나갈 가능성이 높다. 가장 큰 변수는 정몽구 명예회장의 건강으로, 상속 문제가 발생하기 전 경영권 승계를 마무리할 것으로 보인다.

분할과 합병 없이 정 회장이 현대모비스 지분을 늘리기 위해 활용할 카드는 직접 보유한 핵심 계열사 지분이다. 현대글로비스 19.99%, 현대차 2.62%, 기아 1.74%, 현대오토에버 7.33%, 현대모비스 0.32%, 현대위아 1.95%, 이노션 2.0% 지분은 총 3조 2,752억 규모에 달한다. 여기에 상장을 철회한 현대엔지니어링 지분 11.7%는 추후 회사 평가에 따라 약 1조 원의 가치가 있을 것으로 관측되는 가운데 정 회장 자금 동원력이 어떻게 활용될지 지켜볼 필요가 있다. 2022년 3월 현대엔지니어링은 사령탑을 전격 교체했다. 3년간 현대엔지니어링을 이끌었던 김창학 대표는 고문으로 위촉되고 홍현성 부사장이 새로 지휘봉을 잡았다. 대차그룹 오너가의 구주매각과 투명한 배당정책이 풀어야 할 과제로 대두된 가운데 새롭게 부임한 홍 대표가 IPO에 대한 정 회장의 기대를 충족시키고 현대엔지니어링 성장도 이뤄낼 수 있을지 행보가 주목된다.

2021년 12월 미국 라스베이거스 만달레이베이 컨벤션센터에서 열린 세계 최대 전자제품 박람회 'CES 2022'에 정의선 현대자동차그룹 회장이 등장했다. 로보틱스(로봇기술)와 메타버스(3차원 가상세계)를 결합한 '메타모빌리티' 개념을 제시하고 현대차그룹의 새로운 성장 방향을 알리기 위함이었다. 무대에 오른 정의선 회장 옆에는 로봇개 '스팟'이 함께했다. 2021년 현대차그룹이 일본 소프트뱅크로부터 인수한 미국 로봇 전문기업 보스턴다이내믹스가 개발한 4족 보행 자율형 로봇이었다. 정 회장은 이날 로보틱스를 미래 신성장 동력으로 꼽고 그룹 차원에서 대규모 투자를 이어갈 뜻을 밝혔다. 일각에서는 현대차그룹의 보스턴다이내믹스 밀어주기가 과거 현대엠코와 현대엔지니어링 사례와 비슷하다는 지적이 나온다.

정의선 회장은 현대차그룹이 소프트뱅크가 가진 보스턴다이내믹스 지분 80% 인수과정에서 20%를 개인 지분으로 확보했다. 나머지 지분은 현대차(30%), 현대모비스(20%), 현대글로비스(10%)가 보유하고 있다. 현대차그룹은 보스턴다이내믹스가 4~5년 내로 상장하지 않으면 소프트뱅크가 보유한 20% 지분을 현대차가 매입하는 조건으로 계약을 체결했다. 보스턴다이내믹스가 상장하면 정의선 회장이 가진 지분 가치는 천문학적 수준으로 치솟을 수 있다. 결국 CES에서 보여준 쇼맨십에는 기업의 방향과 함께 보스턴다이내믹스 몸값을 높여 그룹 승계 자금을 마련하려는 목적도 숨겨져 있음을 짐작할 수 있다. 보스턴다이내믹스는 나스닥 상장 가능성이 거론되고 있다. 현대엔지니어링처럼 구주 매출을 통해 막대한 자금을 확보할 수 있는 만큼 정의선 회장의 개인 지분 20%도 함께 추적하며 정의선 회장의 현대모비스 지분확보 과정을 따라가 보면 현대차그룹의 거버넌스 게임에 함께할 수 있을 것이다.

현대차그룹의 순환출자 고리를 풀기 위한 핵심은 정의선 회장의 현대모비스 지분확보 방식이다. 이 부분을 2022년 현대엔지니어링 상장으로 조달되는 자금으로 해결하려고 했으나, LG에너지솔루션의 기업분할과 기업공개문제로 시장여론이 부정적으로 전개되자 2022년 초 현대엔지니어링 기업공개 계획을 철회한다. 그 후 칼라일과 블록딜을 맺으면서 새로운 방향으로 전개되고 있다.

원래 플랜 A로 가려고 했으나, 다양한 환경의 변화와 난관이 생기면서 플랜 B로 갔다. 이는 나중에 다른 상황이 발생하면 플랜 C와 D로도 변화될 수 있음을 보여준다. 경로는 다양하게 변하더라도 지향하는 목표는 순환출자고리를 해결하면서 정의선 회장의 지배구조를 확고하게 하는 데 있는 것이다.

현대차그룹의 지배구조를 해결하려면 고차방정식을 풀어야 한다.

첫째는 현대차-기아-현대모비스-현대차로 연결되는 순환출자고리

둘째는 현대차-기아-현대제철-현대모비스-현대차로 연결되

는 순환출자고리

셋째는 현대차-현대글로비스-현대모비스-현대차로 연결되는 순환출자고리

넷째는 현대차-현대제철-현대모비스-현대자동차

여기서 세 번째 방정식에 세계 3대 사모펀드 중에 하나인 칼라일그룹이 2022년 2월 초 정몽구 명예회장 지분 6.7%와 정의선 회장의 현대글로비스 3.3% 합해서 지분 10%를 주당 16만 3,000원 총 6,113억 원에 인수한 것이다.

이번 거래의 일차목표는 현대글로비스의 일감몰아주기와 규제회피 목적으로 판단된다. 법률이 변경되면서 그동안 규제대상이 최대주주가 지분 30% 이상을 보유한 회사였는데 2022년부터 20% 이상 보유한 회사로 규제가 강화되었기 때문이다. 칼라일이 지분을 매수하면서 정 회장 일가의 현대글로비스 지분율이 29.9%에서 19.9%로 내려가서 그동안 주가를 짓누르던 오버행(잠재적 매도물량) 우려가 해소된 것이다.

현대차그룹의 순환출자방정식에서 가장 핵심은 현대차-기아-현대모비스-현대차로 연결되는 순환출자고리를 어떻게 끊어내는가에 달려있다. 2018년에 현대모비스를 존속모비스와 모듈 및 AS사업을 분할해서 현대글로비스와 합병하는 전략을 시도했는데 사모펀드 엘리엇과 국내외 의결자문 회사들이 총수일가 외 주주이익에 반한다고 반대하면서 무산됐다. 그 이후 현대엔지니

어링 비상장 기업을 상장시켜 자금을 만들고 그것을 통해서 현대모비스 지분확보전략으로 가려했으나 이것도 뜻대로 되지 않았다.

그렇다면 다음 수순은 어떤 경로로 가게 될 것인가?

결론은 정의선 회장의 개인이 마음대로 할 수 있는 자금을 만들어 그 자금을 갖고 현대모비스 지분을 확보하는 것이다. 그런데 이것이 만만치 않다는 것이 걸림돌이다. 순환구조를 끊는데 적어도 1조 많게는 4~5조의 자금이 필요하기 때문이다.

이번에 현대엔지니어링 구주매출방식으로 정의선 회장이 1조 자금을 확보해서 현대모비스-현대글로비스 간의 순환출자고리부터 끊어버리려고 했는데 그것이 실패한 것이다.

여기서 칼라일 사모펀드가 등장한다. 칼라일 사모펀드는 대한민국과 아픈 투자역사를 갖고 있다. 외환은행 불법매각의 중심에 칼라일 사모펀드가 있었는데 현대차그룹의 현대글로비스 개인지분 인수자로 칼라일이 다시 등장한 것이다. 그렇다면 왜 정의선 회장은 칼라일을 지배구조 문제 해결사로 등장시켰는가 생각해봐야 할 것이다.

여기에는 이것을 설계하는 설계자가 있을 것이다. 그들의 목표는 정의선 회장의 순환출자구조를 해결해주면서 자신의 이득을 키우는 것일 텐데, 과연 그 방식이 어떻게 전개될 것인지 생각해야 한다. 여기서 접근방식을 'follow the man, follow the money'라는 개인적인 견해를 제시해 본다. 아주 단순 무식한 방법으로 돈도 제일 많이 들겠지만, 현대모비스가 보유한 현대차 21.43%를 끊어버리면 된다.

2022년 4월 10일 기준으로 현대모비스 4,578만 주, 주가 17만 6,000원의 가치는 8조 57억 원이 되는데 현재 현대차그룹 상황에서는 거의 불가능한 방법이니 다음과 같은 방법을 먼저 생각해 본다. 현대모비스로 연결되는 연결고리부터 끊어버리는 것이다. 그렇다면 현대모비스의 주주현황을 살펴보자.

우선 돈이 적게 들어가는 약한 연결고리부터 끊어보자.

현대모비스 지분 중 기업 지분으로는 기아 17.37%, 현대제철 5.82%, 현대글로비스 0.69% 수준이다. 개인 지분으로는 정몽구 명예회장 지분이 많은 7.17%나 되는데 이 부분은 나중에 상속받거나 재단 출자가 가능하다. 여기는 상속세 재원이 문제가 될 것이다. 그렇다면 현대제철이 보유한 현대모비스 5.82%와 현대글로비스 0.69%부터 먼저 해결하는지 동태적으로 추적해보자.

현대제철의 보유지분 5.82%는 주식수로 550만 주 정도인데, 2022년 9월 30일 시점으로 현대모비스의 주가 18만 9,500원 기준으로 1조 422억 원 정도 계산이 된다. 이것을 보스턴다이내믹스의 정의선 회장 20% 지분과 정의선 회장의 현대차그룹 개인지분 담보가치 높이기 게임에서 확보할 것으로 판단된다.

1조 이상 드는 규모지만 이 연결고리를 끊어버리면 기아-현대제철-현대모비스로 연결되는 순환출자고리가 끊어지게 된다. 그렇다면 순환출자고리의 4차방정식 중 현대제철이 빠지면서 단순하게 된다. 이 자금을 확보하는 것이 정의선 회장 거버넌스의 핵심이 될 것이다

현대차-기아-현대모비스-현대차 → 현대차-현대모비스-현대차. 여기서 고민이 생긴다. 정의선 회장은 차를 뺀 기아를 어디에 놓을 것인가? 기아-현대모비스-현대차-기아의 순환출자고리를 어떻게 끊어낼지가 가장 핵심이 될 것이다.

각자 지배하는 지분비율이 크기 때문에 개인자금으로 지분 인수 방식이 불가능해지면서 기업 분할 혹은 합병 시나리오가 등장하는 것이다.

여기서 제일 중요하게 생각하는 변수가 정몽구 명예회장의 건강상태다. 정의선 회장의 지배구조-순환출자고리가 정몽구 명예회장의 생전에 이루어질지, 그렇지 않을지도 가장 중요한 변수로 작동하기 때문이다.

또한 정의선 회장 개인지분의 에너지를 측정하는 것이 중요하다. 개인적 이기심으로 보면 제일 지배구조의 핵심 종목인 현대차와 현대모비스, 기아 주가가 낮아지는 상황에서 개인이 보유한 지분가치가 커지면서 합병이나 분할을 통해 교통정리하고 그 과정에서 개인지분이 높은 주가를 올려서 지분교환을 하거나 제3자를 동원시켜 파킹(칼라일 지분인수, ○○○인베스트먼트 사모펀드 지분인

수 혹은 ○○○재단이 지분인수방식)시키는 방식으로 연결고리를 끊어내는지 체크해야 할 것이다. 이를 위해서는 정의선 회장의 개인지분과 정몽구 명예회장의 개인지분구조를 수시로 파악하는 것이 중요하다.

먼저 생각되는 것은 현대오토에버 정의선 회장의 보유지분가치를 높이기 위한 모멘텀을 용산 공작창 개발과정에서 원효대교 옆에 있는 현대차 정비소부지와 과거 현대오토에버 사옥을 사용하는지 체크하고, 여기를 50~70층 모빌리티 중심 센터로 만드는지 체크해볼 생각이다.

오세훈 서울시장이 용산 공작창 부지에 과거 한강르네상스 프로젝트 재건 작업을 실행할 것으로 보이는데, 여기는 용산-여의도 연계된 대규모 프로젝트로 차기 대권행보를 위한 상징성을 만드는지 추적해볼 생각이다.

그다음 보스톤다이내믹스의 나스닥 상장 혹은 현대로템에 보스턴다이내믹스 에너지를 흡수시키는지 체크해 볼 생각이다.

자율주행, 인공지능 시스템, 로봇, 모빌리티라는 단어가 사업 비즈니스의 핵심이 될 것으로 보이는데 그 과정에서 현대오토에버, 현대로템, 현대글로비스가 핵심 거버넌스 종목으로 선정될 것으로 판단되고 그 담보가치 높이기 게임이 시작된 것으로 판단된다.

현재 세계경제 흐름에 따라 정의선 회장의 거버넌스 전략이 우호적으로 바뀌고 있다. 우크라이나-러시아 전쟁이 K-방산의 시대를 열었고 그 중심에 현대로템의 폴란드 K-2 전차 수주 성공이 있다.

앞으로도 K-방산의 수주는 확산될 것으로 판단되는데 또 하나 러시아의 에너지 패권전쟁 속에 유럽의 에너지 확보 전쟁과 사우디 네옴시티 건설계획으로 현대건설-현대엔지니어링의 새로운 도약이 가능해지는 상황으로 전개되고 있다는 것이다.

앞으로 10년 동안 이런 세계적 환경의 흐름을 최대한 활용해서 한전 부지에 핵심 거점의 GBC타워를 건설하고, 세계적인 원전 공사와 사우디 네옴시티의 스마트시티 건설 계획에 참여하면서 이 흐름이 대한민국의 용산-여의도 스마트시티 건설과 연계해서 현대건설과 현대엔지니어링의 담보가치 높이기 전략으로 가동될 것으로 판단된다.

따라서 현대건설, 현대로템, 현대오토에버, 현대글로비스에 집중적으로 투자하는 전략이 우선시 되고, 그것이 완성되는 과정에서 현대모비스 분할과 현대차와의 쪼개고 합치는 전략이 가동되지 않을까 생각된다.

3

SK그룹

**ESG의 선두주자
SK그룹**

최근 ESG가 사회적 키워드로 대두되고 있다. ESG란 기업의 비재무적 요소인 환경Environment·사회Social·지배구조Governance의 머리글자를 딴 단어로 친환경적인 경영활동과 사회적 책임경영, 지배구조 개선을 기업의 재무적인 요소와 함께 고려한다는 철학을 담고 있다. ESG가 세계적 트렌드로 자리잡으면서 개별 기업을 넘어 자본시장과 한 국가의 성패를 가를 화두로 부상하면서 국내 굴지의 대기업들이 앞다투어 ESG 경영의 중요성을 강조하고 있다. 지속가능한 경영 전략이 글로벌 트렌드로 떠오른 가운데 일찍이 ESG 경영을 강조하며 주도했던 선봉장이 있다. 바로 SK그룹 최태원 회장이다.

SK그룹은 기업활동에 ESG 관련 사항을 가장 적극적으로 반영하고 있다. 최근 SK그룹 내 8개 계열사가 한국 최초로 'RE100'에 가입한 것이 대표적이다. 'RE100'은 재생에너지 Renewable Energy 100%의 약자로 2050년까지 기업이 사용하는 전력의 100%를 풍력·태양광 등 재생에너지 전력으로 조달하겠다는 일종의 약속이다. 다국적기업인 구글과 애플, 이케아 등 전세계적으로 263개 기업이 가입해 있다. 그 외에도 폐기물업체인 EMC 홀딩스를 인수하며 친환경 사업을 강화하고 화학 사업 중심의 포트폴리오를 모빌리티와 반도체, 친환경 분야에 집중하는 행보를 보이고 있다.

누구보다 발빠르게 친환경사업 포트폴리오를 확대하며 ESG 물결을 주도하는 SK그룹은 2020년 SK바이오팜 상장을 시작으로 2021년 SK바이오사이언스와 SK아이이테크놀로지(SKIET)를 연달아 상장시키며 기업 내부적인 변화도 빠르게 진행하고 있다. 그리고 SK팜테코와 SK건설, SK실트론, SKE&S, SK루브리컨츠, SK매직, SK플라즈마 등 아직도 상장을 기다리고 있는 조단위 비상장 계열사가 다수 존재한다. 그동안 SK그룹은 기존 상장사를 인수하거나 SK그룹 계열사를 분할상장하는 우회 방법으로 상장을 진행했다. 그랬던 SK그룹이 2020년 SK바이오팜 상장을 시작으로 달라진 모습을 보이며 IPO 시장의 물주로 존재감을 드러내고 있다. 또 상장 소식은 관련 자회사와 계열사의 상승 모멘텀이 되어 주가 급등을 이끌어내는 등 그룹 내부적으로도 선순환 움직임으로 이어지고 있다.

외부적으로 세계적 트렌드 ESG를 주도하면서 동시에 내부적으로는 지배구조를 다듬어나가는 SK그룹은 시대의 변화에 빠르게 반응한 것처럼 보이지만 사실은 몇 년 전부터 차근히 준비한 결과물이다. 물려줄 자식과 책임질 사람이 많은 최태원 회장의 바쁜 행보, 그 시작은 2015년 세계일보에 최 회장이 보낸 한 통의 편지에서 시작된다. 그룹 총수의 이혼 공포와 함께 새롭게 등장한 김희영 T&C이사장과 어린아이의 존재는 이전과 다른 방향을 향해 나아갈 수밖에 없는 SK그룹 변화의 초기조건이었고, 5년이 지난 2020년부터 서서히 드러나기 시작한 셈이다.

최태원 회장과 노소영 관장 사이에는 최윤정, 최민정, 최인근 세 자녀가 있지만, 자녀들이 보유하고 있는 SK그룹 지분은 거의 없다. 향후 후계구도가 정해져 있지 않은 가운데 최태원 회장의 지분이 T&C재단 이사장과의 자녀에게 넘어가는 시나리오도 가능한 셈이다. 최태원 회장은 숨길 수도 있었던 김희영 T&C이사장과의 관계를 공식적으로 거론했다. 이것은 어쩌면 SK그룹이 창업주 고 최종건 회장의 뿌리가 아닌 2대 회장 최종현 회장의 뿌리로 이어졌듯 최태원 회장의 SK그룹의 뿌리도 이동할 수 있다는 의미가 아닐까. 최태원 회장의 결정과 그룹의 방향이 어디를 향하게 될지 예측하기 위해서는 SK그룹의 과거로 시간여행을 떠나보자.

"우연히 마음의 위로가 되는
한 사람을 만났습니다"

2015년 12월 29일 세계일보는 최태원 회장이 보낸 편지를 공개했다. A4 3장 분량의 편지에는 그간의 결혼생활이 순탄치 않았으며 이혼에 대한 논의를 이어가던 중 우연히 마음의 위로가 되는 한 사람을 만났으며, 수년 전 아이가 태어났다는 이야기가 쓰여 있었다. 그리고 "이제 노 관장과의 관계를 잘 마무리하고 보살핌을 받아야 할 어린아이와 아이 엄마를 책임지려 한다."는 이혼고백으로 마무리 된다.

최태원 회장의 이혼 선언은 당시 큰 이슈가 되었다. 불륜과 혼외자라는 자극적인 부분을 넘어 재계 순위 3위 SK그룹 총수의 고백이 가지는 무게 때문이다. 계획적으로 이루어진 이혼 선언과 김희영 T&C이사장의 존재는 SK그룹의 지배구조와 지분 관계

문제를 넘어 후계 구도 변화를 예고하는 듯했다.

혼외자 고백과 이혼 입장 표명은 사생활을 철저히 숨기는 여느 재벌가의 행보와는 동떨어져있다. 혼인 파탄 책임이 있는 유책배우자가 되면서까지 최태원 회장이 불륜과 혼외자를 공개한 이유가 무엇일지 알 수 없으나 엄청난 모험인 것은 분명하다. SK 최태원 회장이 그리는 미래의 모습을 예측하기 위해서는 과거 SK그룹의 역사를 살펴볼 필요가 있다. 그리고 과거 사건들 사이의 연결고리를 통해 현재의 SK그룹과 미래의 방향성을 그려볼 수 있다.

SK 다이아몬드
역외 펀드 사건

1997년의 화두는 세계화였다. 모든 정부 정책이 세계화를 모토로 집중되었고 이는 주식시장도 예외가 아니었다. 자본시장 세계화를 위해 금융실명제와 외국인 한도 확대 등 모든 정책의 방향성이 세계화에 발맞춰 진행되고 있었다. 그해 2월 SK증권은 조세회피지역 말레이시아 라부안에 역외 펀드를 설립한다. 다이아몬드 펀드는 SK증권이 200억 원, 한남투신과 LG금속에서 각각 50억 원을 마련해 300억 원 규모(3,400만 달러)의 출자금을 조성한다. JP모건의 자회사와 신용파생상품의 일종인 총수익스왑Total Return Swap: 이하 TRS 거래를 통해 5,300만 달러를 차입하면서 펀드 자금은 총 8,700만 달러 규모로 조성된다.

이때 JP모건은 일본 엔화와 태국 바트화로 연계된 자금을 조

달하며, 그 자금을 인도네시아 루피아 채권에 전량 투자하는 조건을 내걸었다. 당시 원/달러 환율은 1,400원 수준이었고 루피아 채권이 연이자 20.15%로 고금리를 유지하고 있었기 때문에 SK증권은 고금리 상품 투자로 인한 높은 수익과 정부의 세계화 정책에 앞장서 해외 금융시장에 진출했다는 명분까지 얻을 수 있는 일거양득의 기회였다. 그러나 결과는 예상과 정반대로 진행되었다. 1997년 태국에 외환위기가 오면서 바트화 가치가 폭락했다. 그리고 불씨가 되어 동남아시아 전체의 금융위기로 번져갔다.

태국 바트화 폭락이 동남아권으로 확산되면서 도미노처럼 루피아 가치도 폭락했다. 루피아/달러 환율은 3배 이상 치솟았다. 다이아몬드펀드는 계약 조건대로 루피아 채권에 투자를 하고 있었는데 이자와 원금을 달러가 아닌 루피아로 결제하도록 계약하면서 손해는 눈덩이처럼 불어났다. 루피아 채권에 투자한 총 원금 8,650만 달러 중 7,590만 달러가 사라지고 고작 1,060만 달러만 간신히 손에 쥐게 된다. 그런데 이게 끝이 아니었다. JP모건에서 조달한 달러의 차입 조건에서 엔화와 바트화로 기준 통화를 설정한 것이 또 한 번 발목을 잡았다. 바트화 폭락으로 차입금 중 1억 1,000만 달러의 손해가 발생하고 만 것이다.

야심찬 시작과 달리 루피아 채권에 투자한 원금 8,650만 달러 중 7,590만 달러, JP모건에서 차입한 금액 중 1억 1,000만 달러의 손실이 합쳐져 1억 8,300만 달러의 손실이 발생했다. 레버리지를

일으킨 탓에 출자금 300억 원의 몇 배에 달하는 규모로 손해가
커졌다. 당시 환율로 계산해 보면 약 2,600억 원에 달하는 엄청
난 금액이다. 이 사건으로 SK그룹은 피해 금액이 기하급수적으
로 늘어나면서 그룹 전체가 해체될 수도 있는 극한 위기상황으로
내몰린다.

1997년 JP모건은 동남아시아 금융시장에서 바트화, 루피아화
등에 대해 높은 포지션을 보유하고 있었다. 이미 1986년 태국에
진출해 10년 동안 고금리로 10% 이상의 바트화 국채에 투자하
면서 막대한 수익을 내고 있었다. 그런데 1996년 태국의 GDP 성
장률이 -6%를 기록하면서 바트화 국채 투자 수익구조가 점차
손실로 바뀌게 된다. JP모건 전략기획본부는 태국 시장에서 출
구전략을 검토하게 된다. 문제는 보유하고 있는 바트화 국채를 매
각할 대상이 없다는 점이었다. 이때 기가 막히게 SK증권이 JP모
건에 노크를 한 셈이다.

JP모건은 토털 리턴 스왑(신용위험과 시장위험을 모두 이전시키는 신용파생
상품)을 만들어 세계화에 첫발을 내딛은 순진한 한국 같은 나라
에 상품을 매각한다. 전통적인 헤지 방법은 아니더라도 JP모건은
다이아몬드 펀드를 통해 효율적으로 헤지를 한 셈이다. 상품 구
조를 자세히 들여다보면 바트화가 절상되면 다이아몬드 펀드가
이익을 보고, JP모건이 손실을 보는 구조이지만 다이아몬드 펀드
가 이익을 보는 경우에도 JP모건의 손실액은 5,300만 달러로 제

한되어 있다. 반대의 경우에도 마찬가지인데 바트화가 하락하면 다이아몬드 펀드 손실규모에는 제한이 없다. JP모건의 위험은 일정 규모로 제한하면서 상대방의 손실은 무제한으로 만든 기형적인 구조다.

세계화를 전면에 내세웠지만 파생상품의 이면까지 파악하고 리스크를 찾아낼 수 있는 전문가가 없었던 시절이다. 표면적으로 보이는 수치를 순진하게 믿고 투자했다고 하기엔 너무도 비싼 값을 치렀다. SK증권 국제부는 이 사건으로 해체되고 위험고지 의무를 성실하게 이행하지 않았다며 SK증권은 JP모건을 국제재판소에 제소하게 된다. 그리고 1999년 9월 JP모건과 SK증권은 법적 타협을 도출한다.

"JP모건이 신주 2,212만 주를 액면가(2,500원)에 20%를 할증한 값으로 인수하기로 했다." 구체적인 합의금 규모에 대해서 공개하지 않았으나 당시 발표만 보면 SK증권에 상당히 유리한 조건으로 분쟁이 마무리됐다. JP모건과 주택은행, 대한투신 등이 증자에 참여해 SK증권에 신규자금 3,200억 원이 들어왔는데 이는 다이아몬드 펀드에서 손해를 본 금액보다 더 많은 액수다. IMF 외환위기 상황에서 대규모 유상증자 자금이 한국에 유입된다는 소식은 호재였으며 각종 뉴스에서는 SK증권의 승전보를 전하는데 여념이 없었다. 그러나 3년 만에 JP모건의 증자는 잘 짜인 한편의 사기극으로 판명된다.

내부고발자가 검찰에 해당 사실을 고발하면서 SK와 JP모건 사이의 이면계약 내용이 세상에 드러났다. JP모건이 액면가보다 20%나 비싼 가격에 인수하기로 합의한 SK증권 주식을 SK글로벌이 JP모건으로부터 되사주기로 한 것이다. 이면계약을 실행하기 위해 SK글로벌은 막대한 인수자금이 필요했고 이 과정에서 분식회계를 저지른 사실이 밝혀졌다. 또 최태원 회장이 경영권을 강화하기 위해 워커힐 주식을 고평가한 뒤 SK 주식과 맞바꾼 사실도 검찰 조사결과 드러나면서 최태원 회장은 구속 수감된다.

시장에는 SK그룹이 곧 해체될 것이라는 루머가 파다하게 퍼졌다. 그룹 총수가 SK글로벌 분식회계 사건으로 구속되면서 주가와 그룹의 미래는 예측 불가능한 상황으로 번졌다.

SK그룹이 최대 위기에 빠졌을 때, 그 틈을 노리고 들어오는 헤지펀드가 있었다. 소버린이 주인 없는 SK 주식을 매집하기 시작한 것도 이 무렵이다. 소버린 자산운용사는 지배구조가 취약하고 저평가되어 있는 기업을 찾아 투자대상으로 삼는다. 단순히 투자로 인한 수익을 목적으로 하지 않고 경영에 참여하며 주주로서의 영향력을 행사한다. 기업 구조나 사업에 대한 변화를 강요하는 방식으로 홍콩과 브라질, 러시아, 일본 등에서 수십억 달러의 재산을 모았다. 소버린에게 주인 없는 SK그룹은 최고의 먹잇감으로 보였을 것이다.

2003년 3월부터 소버린은 SK 주식을 사모으며 지속적으로 지분을 확대한다. 자신들의 투자스타일 그대로 공격적인 주식 매집을 시작했고 20여 일 만에 1,900만 주의 물량 매집에 성공한다. 지분율 14.8%로 단숨에 SK 2대 주주로 올라선 소버린은 막대한 지분을 무기로 회사를 마음대로 휘젓기 시작한다. 제일 먼저 최태원 회장이 SK그룹 기업가치를 훼손시켰다며 이사직 사퇴를 요구한다. 기업지배구조 개선을 명분으로 주주총회를 두 차례 개최하는 등 공격적으로 경영권 탈취를 시도한다. SK그룹은 기업지배구조 개선 약속을 통해 주주들을 설득해 나갔고 하나은행 등을 통해 우호지분을 늘리는 방어 노력 끝에 소버린의 경영권 탈취 시도를 막아낸다.

경영권 장악에 실패한 소버린은 단순 투자로 투자 목적을 변경하고 주식을 전량 매도하고 SK그룹을 떠난다. 이때 소버린이 사들인 주식의 평균 매수단가는 9,300원이다. 5만 2,700원에 매도하고 떠나면서 9,000억 원 이상의 막대한 시세차익을 얻었으니 소버린 입장에서는 아쉬울 것 없는 투자, 애초에 밑질 것 없는 장사였다. 아니 어쩌면 처음부터 경영권보다는 주가 상승이 진짜 목적이었을지도 모른다.

소버린이 20여 일 동안 1902만 주를 사모으며 자산순위 4위 재벌에게 경영권을 내놓으라며 협박할 수 있었던 것은 그룹의 위기와 총수의 부재 때문이었다. 최태원 회장이 구속된 후 그룹을 맡은 손길승 회장 역시도 2003년 9월 SK해운 분식회계 및 비자금 조성 사건으로 구속된다. 연일 계속되는 악재 속에 SK 주가는 1만 3,000원대에서 7,000원대로 반토막났다. 적대적인 인수합병을 노리는 세력들에게 SK그룹은 좋은 먹잇감이었고, 노련한 외국계 해지펀드 소버린이 기회를 놓치지 않았을 뿐이다.

행복날개를 달고 날아

다이아몬드 펀드 사건부터 SK글로벌 분식회계, 최태원 회장과 손길승 회장의 구속과 소버린 사태까지 SK그룹은 앞이 보이지 않는 암흑 속을 걷는듯했다. 그러나 그 과정에서 지배구조에 대한 눈을 뜨고 순환출자고리 해소를 위한 계획을 세운다. 소버린 사태가 완벽하게 해결된 2005년 7월부터 최태원 회장의 법적 구속이 끝나는 2008년 5월까지 3년간 SK그룹은 기업 이미지 쇄신과 기업가치 제고를 위해 온 힘을 집중한다.

먼저 딱딱하고 다소 무거운 느낌을 주던 볼드체 스타일의 로고에 변화를 주었다. 부드럽고 유연한 글자체 위로 새로운 심볼인 행복날개를 더하며 SK그룹의 새로운 경영이념인 '행복경영'을 상징적으로 표현했다. 연과 통신위성을 모티브로 만든 행복날개는 에너지화학과 정보통신에서 '따로 또 같이' 비상하는 두 날개를 형상화했고, 글로벌시장을 향해 비상하는 SK그룹의 경영이념 수 펙스 정신을 반영했다.

재미있는 사실은 SK에 날개를 달아준 사람이 바로 이혼소송 의 당사자, 노소영 아트센터나비관장이라는 점이다. 아트센터나 비의 관장이면서 서울예술대학 디지털아트학부 조교수로 있던 노 관장의 내조로 날개를 단 SK그룹은 내부적으로 구조조정과 지분 변화 작업을 하나씩 진행해간다. 소버린 사태에서 경영권 방어를 위해 약속한 기업지배구조 개선의 결과는 SK C&C 상장 으로 이어진다.

그동안 SK글로벌 사태와 최태원 회장의 구속 등 겹겹이 쌓인 악재의 홍수 속에 SK 주가는 2003년 2~3월 5,000원대까지 급 락했다. 이후 소버린의 공격적인 지분 확보 소식과 경영권 분쟁 으로 확산되는 과정에서 2004년 7월 무려 7만 원까지 급등하는 양상을 보인다. 곧 망할지도 모른다는 흉흉한 소문이 파다하던 2003년, 주가가 5천 원까지 곤두박질칠 때 소버린과 비슷한 시각 으로 접근한 역발상 투자자가 있다면 엄청난 수익을 얻었을 것이 다. 기업의 지배구조와 이슈를 함께 체크하다 보면 대시세의 수 익을 낼 것으로 만들 수 있는 기회가 분명 찾아온다.

그런데 SK의 주가 상승은 이게 끝이 아니었다. 행복날개를 달고 훨훨 날아가고 싶은 그룹의 의지와 바람이 담겼기 때문일까. 2005년 날개를 단 SK그룹은 제대로 비상하기 시작한다. 소버린 사태가 마무리된 2005년 7월 한국증시는 대세 상승기로 접어든다. 2007년 11월 종합주가지수가 2,000p를 돌파하고 상승 흐름을 주도한 차·화·정(자동차, 화학, 정유)의 흐름에 탑승해 1주당 29만 원대까지 올라선다. 이후 2008년 전 세계적으로 확산된 유럽발 금융위기 여파로 SK 주가는 다시 5만 3,000원 선으로 내려오며 다이나믹한 움직임을 보인다. 그러나 기업분할과 지배구조 정책에 힘입어 주가는 다시 급등, 20만 원대로 올라선다.

터널 끝에 또 터널,
또 한 번의 금융위기

//

고생 끝 행복 시작일 것만 같았던 SK그룹의 주가는 2008년 금융위기 속에 출렁거리게 된다. 다이아몬드 펀드의 악몽과 함께 금융위기의 트라우마가 다시 한번 SK그룹을 삼키기 전에 최태원 회장이 먼저 움직였다. 소버린 사태 이후 지배구조의 중요성과 지분율 확보의 필요성을 누구보다 절실하게 체감한 SK그룹은 지배구조에 눈을 뜨고 순환출자고리 문제를 해결하기 위한 장기 플랜을 가동한다.

최태원 회장의 지분 가치를 높여 그룹의 구조조정 담보가치로 활용하는 전략을 세운다. 여기에서 SK C&C가 새롭게 등장한다. 당시 SK는 하이닉스라는 안정적인 캐시카우가 없던 상황이다. 그룹 자체의 규모나 위상으로 치면 2021년 현재와는 비교할 수 없을 정도의 규모일뿐 아니라 부채상황도 좋지 않아 자금을 확보할 수 있는 방법이라면 SK C&C 상장밖에 없었다. 마치 2014년 삼성의 이건희 회장이 쓰러지면서 삼성그룹이 에버랜드와 삼성SDS를 연달아 상장시켜 10조 규모의 자금을 확보하고 이재용 부회장 중심의 지배구조를 완성한 것처럼 SK그룹에서는 SK C&C 상장이 그 역할을 했다.

SK그룹은 그동안 SK C&C가 SK를 지배하고, SK가 SK네트웍스와 SK텔레콤을 지배하며, SK텔레콤과 SK네트웍스가 다시 SK C&C를 지배하는 순환출자구조를 가지고 있었다. 간단하게 말해서 SK C&C의 경영권을 가지고 있으면 그룹 전체를 지배할 수 있는 구조다. 그런데 상장 과정에서 SK네트웍스가 SK C&C 지분을 공모 물량으로 내놓으면서 순환출자고리가 끊어졌다. 사실상 SK의 지분 31.82%를 보유하고 있는 SK C&C가 실질적인 지주회사가 되며 SK→SK텔레콤/SK네트웍스로 이어지는 수직 계열화 구조가 만들어진 것이다. 이 말인즉슨 SK C&C 44.5%의 지분을 가지고 있는 최태원 회장이 그룹 전체를 지배하는 구조가 되었다는 의미다.

2009년 11월 11일 SK C&C 주식 총 1,800만 주가 코스닥 시장에 상장되었다. 상장 첫날 공모가 3만 원을 웃돌며 3만 5,650원으로 거래를 마쳤고 브레이크 없이 10만 원을 돌파하는 기염을 토했다. 상장과 흥행 모두 성공하며 담보가치를 키운 SK그룹은 운명처럼 하이닉스를 만나 인수합병에 성공하게 된다. 지금이야 SK그룹을 대표하는 명실공히 효자 회사지만 인수 당시만 해도 '미운 오리 새끼' 취급을 받았다. 매각 금액이 3조 원에 달했고 인수 후에도 매년 수조 원의 설비 투자금을 쏟아야 했기 때문에 글로벌 금융위기 이후 자금 상황이 좋지 않았던 국내 그룹들에게 그닥 매력적인 투자상대가 아니었던 것이다. 그러나 SK C&C 상장 성공에 힘입어 SK텔레콤이 인수하는 형태로 하이닉스에도 행복날개를 달게 된다.

SK C&C의 상장을 통해 최태원 회장의 지분 가치를 높였고, 순환출자 연결고리를 끊었으며 그 과정에서 하이닉스를 가져오게 된다. 그야말로 1석 3조의 묘수였다. 특히 상장 이후 SK C&C의 주가가 고공행진을 보이면서 주식을 상당수 보유하고 있던 최태원 회장의 지분 가치도 더불어 늘어나게 된다. 상장 이후 보호예수 기간으로 지정된 6개월 동안 SK C&C는 계속해서 우상향하며 시장의 관심을 한몸에 받는다. 이와는 반대로 SK 주가는 가격 조정을 거치며 9만 원에서 7만 원까지 점진적으로 하락한다. 이때 SK그룹 일부 계열사에서 지분 변동이 발생한다. SK네트웍스와 SK텔레콤이 보유하고 있던 SK C&C 지분을 고가에 매각하고, SK는 SK케미칼이 보유한 SK건설 34% 지분을 4,140억 원에 인수한다.

합치고 쪼개고

합치고 쪼개고

SK는 2007년부터 2011년까지 분할과 흡수합병을 수없이 반복했다. 그 중 가장 중요한 변화는 2007년 7월 1일 SK가 회사를 지주사 SK와 사업회사 SK에너지로 분할한 사건이다. SK에너지의 전신은 1962년 설립한 대한석유공사다. 정부 민영화 방침에 따라 1980년 선경이 경영권을 인수하면서 1982년 사명을 유공으로 변경한다. 그리고 15년 뒤인 1997년 다시 한번 사명을 SK로 변경하면서 SK와 SK에너지로 분할하게 된다.

SK에너지는 석유, 화학, 윤활유, 해외자원개발, 연구개발 등 에너지와 화학에 관련된 모든 사업을 하고 있었다. 그런데 규모가 커지면서 기업의 경쟁력을 키우고 사업의 전문성과 독립성을 더욱 강화하기 위해 2009년 10월 1일 윤활유사업 부문을 물적분할하기로 결정한다. 그렇게 SK에너지의 100% 자회사인 SK루브리컨츠가 탄생한다.

글로벌 경영 환경이 급격하게 변화하는 가운데 SK에너지는 회사의 지속적인 경쟁력 확보를 위해 과감하면서도 혁신적인 변화를 이어간다. 2009년 윤활유사업 분할에 이어 2011년 1월 석유사업과 화학사업을 추가적으로 떼어내면서 SK에너지는 SK이노베이션으로 바뀐다. 그리고 SK이노베이션 아래에 석유와 화학사업을 영위하는 신설회사 SK에너지와 SK종합화학을 둔다. 이제 SK이노베이션은 SK루브리컨츠, SK에너지, SK종합화학의 지분을 100% 소유한 모회사인 동시에 자원개발과 연구개발사업을 영위하는 사업지주사의 역할을 맡게 된다.

SK그룹의 다이나믹한 변화는 2015년 4월 SK C&C와 SK의 합병을 끝으로 일단락된다. SK그룹의 지배구조는 '최태원 회장-SK C&C-SK'의 구조에서 '최태원 회장-SK'의 형태로 단순화되었다. 그리고 일련의 과정에서 SK이노베이션은 SK그룹의 양대축인 에너지화학과 정보통신 사업 중 에너지화학을 맡으며 확실한 중간지주사로 자리매김한다.

SK그룹의 시작과 사촌경영

    SK그룹은 반도체, 통신, 정유를 넘어 바이오와 에너지, 렌탈과 가전까지 광범위한 사업구조를 가지고 있다. 경기민감주(반도체)와 방어주(통신)의 성격을 모두 가지고 있을 뿐 아니라 전통적인 먹거리 산업인 정유와 미래 사업인 바이오가 공존하며 시대 흐름을 타고 있으며 모든 계열사가 지주사 SK의 지배를 받는 구조다. 구조적으로 탄탄해 보인다. 그런데 속을 들여다보면 2개의 지주사로 나뉜 '사촌 경영'체제로 운영되고 있기 때문에 최태원 회장의 SK그룹과 사촌인 최신원·최창원 회장의 SK로 나누어 살펴보아야 한다.

    SK그룹의 창업주 고 최종건 회장은 한국 전쟁 직후인 1953년 일본인 재산으로 지정되어 정부에서 관리 중이던 선경직물을 인수해 오늘날 SK그룹의 토대를 만든다. 1973년 워커힐호텔을 인수하며 관광업에 진출하고 선경유화를 설립해 석유화학과 정유 분야로 사업을 확장했지만 그 해 폐질환으로 사망하면서 동생인 최종현 회장이 선경그룹 회장에 오르게 된다. 1980년대 재계 10위권인 선경그룹은 고 최종현 회장의 주도 하에 대한석유공사 인수에 성공했고 정보통신과 물류, 금융업에 진출하며 1994년 민영화된 한국이동통신(현 SK텔레콤)을 인수하기에 이른다. 최종현 회장의 리더십으로 재계 순위 5위 이내의 대기업으로 성장했기 때문일까. 최종현 회장의 급작스런 별세에도 경영권 분쟁 없이 최태원 회장이 단독으로 상속을 받으며 승계자로 확정된다.

고 최종건 창업자는 세 아들을 두었는데 세상을 떠난 최윤원 전 SK케미칼 대표이사 회장과 최신원 SK네트웍스 회장, SK가스 대표이사 겸 SK케미칼 대표이사 부회장을 맡고 있는 최창원 회장이다. 고 최종현 2대 회장 역시 세 자녀를 두었다. 최태원 SK그룹 회장과 최기원(행복나눔재단 이사장)·최재원 SK그룹 수석 부회장이다. 이렇게 SK그룹은 1대의 형제 경영이 2대의 사촌 경영으로 자연스럽게 이어졌다. 최태원 SK 회장이 지주사인 SK를 통해 반도체, 통신, 정유를 핵심으로 그룹 전반을 책임지고 있다면 최종건 창업자 삼남인 최창원 부회장은 SK디스커버리로 바이오와 에너지 사업을 주도하고 있다. 그리고 그룹 계열사인 SK네트웍스는 둘째 아들 최신원 회장이 맡고 있다.

일반적으로 오너 기업은 친족간 경영권 분쟁을 줄이기 위해 장자가 그룹 경영권을 이어받고 형제들은 계열 분리로 독립해 새로운 대기업 집단을 형성하는 경우가 많다. 삼성그룹은 신세계·CJ·한솔 등으로 일찍이 갈라졌고, 2018년 LG 구본무 회장이 별세하면서 구광모 회장이 경영권을 승계하는 대신 동생인 구본준 회장이 LX로 독립한 것을 사례로 들 수 있다. 따라서 최태원 회장의 사촌동생 최창원 부회장의 SK디스커버리 계열 분리 가능성도 계속해서 거론되고 있지만 실현 가능성은 높지 않다는 관측이 지배적이다.

SK그룹은 2017년 SK케미칼을 중간지주사인 SK디스커버리와 사업회사 SK케미칼로 분리했다. 최창원 부회장과 관련지분이 47.5%이고 그 아래 SK케미칼과 SK가스를 지배하는 사실상 독자 경영 체제라 굳이 SK 브랜드를 떼어내고 새로 브랜딩을 하면서까지 계열 분리에 나설 필요성이 크지 않다. 최창원 부회장의 형 최신원 SK네트웍스 회장이 SKC 경영을 함께 맡고 있던 2011년 계열분리 필요성을 언급하기도 했다. 그러나 2015년 SKC 대표이사 및 등기임원에서 물러나면서 SKC와 SK텔레시스 등 주요 계열사 지분을 줄여나갔고 자연스럽게 계열 분리와 관련된 논의는 수면 아래로 내려갔다. 최태원 회장을 중심으로 한 SK그룹 지배체제는 잡음 없이 단단하다. 그러나 노소영 관장과의 이혼소송은 언제, 어떤 방식으로든 지배구조 리스크를 키울 수 있다.

이혼하겠어요.
재산 분할은…

최태원 회장은 2015년 혼외 자녀의 존재를 세상에 드러내며 노소영 관장에게 이혼 의사를 밝히고 2017년 법원에 이혼 조정을 신청했다. 그러나 노소영 관장은 가정을 지키겠다며 이혼을 거부했다. 그러던 노 관장이 2019년 4월 이혼소송에 맞소송을 제기한다. 이혼을 받아들이는 대신 위자료 3억 원과 최태원 회장이 소유한 SK지주회사 주식 지분 중 42.3% 분할을 요구한다. 노 관장이 SK지주회사 지분을 미리 확보해 세 자녀의 SK 지배력 기반을 마련해주려는 의도가 다분하다. SK그룹의 정점에 SK(주)가 있고 세 자녀 모두 SK 지분을 보유하지 않고 있다.

실제 최태원 회장과 노소영 관장이 결혼한 1988년 이후 SK 그룹은 굵직한 인수전에 참여해 그룹 확장에 속도를 내게 된다.

1994년 한국이동통신과 2011년 하이닉스 인수에 잇따라 성공하며 현재 그룹의 핵심인 SK텔레콤과 SK하이닉스를 품에 안았다. 물론 SK그룹이 노소영 관장과 결혼할 당시 이미 재계 5위였고, 이동통신 인수가 김영삼 정부 시절 진행되었기 때문에 장인 노태우 전 대통령의 지원을 받았다는 사실을 증명하기는 쉽지 않다. 그러나 추후 노 관장의 자녀들과 김희영 이사장 자녀 사이에서 SK그룹 경영권을 둘러싼 갈등이 벌어질 수 있기 때문에 노 관장은 어떻게든 결혼 후 SK 성장에 기여했다는 사실을 증명하는데 힘쓸 것으로 보인다.

2021년 7월 기준 최태원 회장을 비롯한 특수관계자가 보유한 SK 지분은 28.52%다. 최태원 회장이 가장 많은 18.44%를 보유했고 최신원 SK네트웍스 회장을 비롯한 16명의 최종건 일가가 보유한 지분은 1.62%로 경영권을 위협할 만큼은 아니다. 그러나 노 관장의 요구대로 최태원 회장이 보유한 주식 42.3%를 분할한다면, 최 회장은 10.7%, 노 관장은 7.74% 지분을 갖게 되며 노 관장이 2대 주주로 부상하게 된다. 동시에 최 회장의 우호지분이 21%대로 떨어지는데 향후 3세 경영 시기가 왔을 때 형제·사촌 간 지분 다툼이 벌어질 경우 우호지분 비율이 10%대로 떨어질 수도 있다. 그만큼 최태원 회장의 지배력이 약해질 수 있다는 의미다. 최대주주의 지분율이 줄어들면 행동주의 헤지펀드의 공격대상이 되기 쉬운 만큼 2003년 제2의 소버린 사태가 언제든 재현될 수는 상황! 최태원 회장은 어떤 선택을 할까.

최태원 회장의 미래:
SK 바이오

최태원 회장은 창업주 최종건 회장의 조카지만 유지에 따라 형제와 사촌 간의 지분 분쟁 없이 순조롭게 SK그룹 총수가 되었다. 형제·사촌 간의 우애가 좋아 20년 넘게 경영권 분쟁도 없었다. 오히려 반발 없이 총수 자리를 양보해준 고 최종건 일가에 개인 지분을 일부 양도하며 고마움을 표현할 정도였으니 흔한 재벌 가족 간의 지분싸움과 경쟁은 남의 일이었다. 그러나 이제는 상황이 달라졌다. 언제든 그룹의 위험요인이 될 수 있는 지분경쟁의 불씨를 안고 있는 최태원 회장은 SK 기업과 자신의 지분가치를 높일 수 있는 일에 역량을 집중해야 한다. 그러기 위해서는 두 가지 조건이 필요하다. 최태원 회장의 지분 비율이 높은 비상장 회사이면서 세계적인 미래 먹거리 사업과 궤를 같이할 수 있는 사업이어야 한다. 여기서 SK바이오팜이 등장한다.

앞으로 10년, 그 이상을 책임질 수 있는 미래 먹거리 사업인 바이오는 그룹 차원에서 포기할 수 없는 트렌드다. 일찍이 1993년 SK그룹의 차세대 성장동력 발굴을 위한 신약연구개발 프로젝트를 출발점으로 SK그룹은 지속적으로 바이오·제약을 신성장 동력으로 삼고 투자를 하고 있었다. 2011년 4월 SK의 라이프 사이언스 사업에서 물적분할해 SK바이오팜이 설립되었다. 2015년 SK바이오팜 내부 사업 부문을 다시 물적분할하며 SK바이오텍이 탄생한다. 2020년 SK바이오텍 등 자회사로 거느린 의약품생산회사 통합법인 SK팜테코를 설립하는 등 최태원 회장은 주요 사업 부문 분사를 통해 바이오 계열사 지평을 꾸준히 확장했다. 사촌인 최창원 SK디스커버리 부회장 역시 SK케미칼에서 계열 분리를 하는 방식으로 SK바이오사이언스, SK플라즈마를 차례로 설립하며 그룹 전체의 제약·바이오 사업의 포트폴리오를 강화시켰다.

SK바이오팜은 복제약을 들여와 파는 것에 주력했던 기존 제약사와 달리 신약개발만을 목적으로 탄생한 회사다. 기면증 치료제 '솔리암페톨'은 미국 FDA 시판 허가를 받았으며 뇌전증 치료제인 '세노바메이트'는 FDA 판매허가를 기다리고 있다. 국내 바이오 기업 중 유일하게 미국 FDA가 승인한 혁신 신약을 두 종이나 보유하고 있으며 30년 가까이 추적해온 중추신경계 치료 관련 데이터를 기반으로 소아 희귀 뇌전증, 희귀 신경 질환, 집중력 장애, 조현병, 조울증 등에 관한 임상 시험도 활발하게 진행하고 있다. 경쟁력이 높은 파이프라인과 함께 시장요소를 고려할 때 상장 이후에도 전망이 밝은 만큼 단번에 2020 IPO 시장 최대어로 떠오른다.

바이오 사업은 현재보다 미래의 가치를 더욱 키울 수 있는 신사업이면서도 기존의 전통적인 SK그룹 사업 영역으로부터 어느 정도 독립되어 있다. SK그룹 지분을 확보하려는 노소영 관장과의 관계에서도 상대적으로 자유롭기 때문에 SK바이오팜 상장을 통해 자금을 창출하고 새로운 에너지를 만들어 낼 것으로 보인다. 삼성그룹이 삼성바이오로직스 상장 이후 최대한 가치를 키우는 동안 기업의 중심인 삼성전자는 그대로 두었던 것처럼 SK그룹의 최태원 회장 역시 제2의 SK하이닉스 에너지만큼 SK바이오팜을 키워낸 다음 특유의 쪼개고 합치는 신공으로 구조를 재편할 가능성이 크다.

제2의 SK C&C,
SK바이오팜

    2019년 4월 SK바이오팜은 NH투자증권과 한국투자증권을 상장 주관사로 선정하면서 본격적인 시동을 건다. 그리고 2020년 7월 2일 SK바이오팜은 공모가 4만 9,000원보다 두 배 상승한 9만 8,000원에서 시초가가 결정됐다. 상장 첫날 상한가를 직행하며 공모가 대비 160% 넘는 상승세를 보이며 유가증권시장에 성공적으로 데뷔한다. 이후 주가는 3거래일 연속으로 상한가를 기록한 후 4거래일째인 7월 7일 26만 9,500원을 최고점으로 찍고 21만 6,500원에 거래를 마친다. 거침없는 질주 속에 SK바이오팜의 주가는 상장 4거래일 만에 공모가의 4배 이상으로 치솟으며 시가총액 17위 자리를 단번에 꿰찼다. 지금 같은 속도라면 수일 내로 SK그룹 지주사인 SK의 시총(18조 3,640억 원)도 추월할 만큼 대단한 기세였다.

SK바이오팜의 흥행 대잔치는 사실 어느 정도 예상 가능한 시나리오였다. 공모가 진행되었던 2020년 6월 한 달간 증권업계에서 쏟아진 SK바이오팜 관련 분석 보고서만 100개가 넘었다. 그야말로 '사기만 하면 며칠 내로 몇 배 이득을 볼 수 있는 초단기 대박 투자'라는 소문이 퍼지면서 증권사는 퇴직금을 들고나온 60~70대 노인들부터 마이너스 통장을 만들어 '영끌(영혼까지 끌어모은) 대출'로 자금을 만든 30~40대 직장인들로 북새통을 이뤘다. 그 결과 최종 경쟁률은 323.02대1, 무려 30조 9,889억 원의 청약 증거금이 모이며 대흥행을 일으켰다. 2014년 12월 제일모직이 상장할 때 기록한 최고 기록 30조 649억 원보다 9,000억 원 이상 큰 규모였다.

SK바이오팜 흥행 성공의 중심에는 유동성이 있다. 코로나19 사태 이후 경제 불확실성이 커지면서 한국은행은 기준금리를 0.5%까지 낮췄다. 이에 시중 은행들도 예금 금리를 0%까지 조절하면서 은행에 묶여있던 예·적금은 썰물처럼 빠져나가기 시작했다. 투자처를 찾지 못한 유동 자금 중 상당한 금액이 주식시장과 부동산으로 흘러들었다. 2020년 6월 말 기준 개인 투자자들의 증권계좌에 예치되어있는 자금은 47조 원을 넘어섰다. 돈의 힘으로 주식시장이 올라가는 유동성 장세가 펼쳐진 것이다. 언제든 주식을 매수할 수 있는 매수대기자금이 풍부하게 준비되어있는 가운데 주식시장에서 한걸음 물러나 예·적금 위주의 안정적인 투자를 하던 보수적인 투자자들의 자금까지 더해지면서 폭발적인 상승의 기폭제가 되었다.

또한 코로나19 사태로 제약·바이오에 대한 관심이 높아진 상장이 진행되면서 시장의 분위기를 타고 흥행몰이를 이어나갈 수 있었다. 2020년은 제약·바이오주들이 코로나 백신 개발 기대감으로 순환매 양상을 보이며 급등세를 보였다. 대부분의 바이오 관련 회사 주가는 연저점 이후 30~40% 이상 상승하면서 연일 특징주로 등장했다. 이러한 분위기 속에 코로나 백신을 개발하지 않는 SK바이오팜도 간접적으로 영향을 받으며 동반적인 상승효과를 보았다.

마치 최태원 회장이 위기의 상황에서 SK C&C 상장을 통해 숨통을 틔우고 하이닉스 인수의 교두보를 마련한 것처럼 SK바이오팜의 상장 과정에서 SK는 3,070억 원의 현금을 확보하게 된다. 100% 지분 중 25%를 매각한 구주매출로 확보한 자금은 SK그룹이 2019년 한 해 동안 벌어들인 총순이익 1조 6,072억 원의 19.1%에 달하는 큰 금액이다. SK가 지분을 50%만 남긴다고 할지라도 3조 원 상담의 현금을 확보할 수 있어 최태원 회장 입장에서는 앞으로 사업을 확장하고 기업을 키우기 위한 든든한 재원을 확보한 셈이다.

SK바이오팜 상장
그 나비효과

FDA 승인을 받은 신약 개발 라인 외에도 다양한 파이프라인을 갖춘 SK그룹의 바이오 전문 회사라는 사실만으로도 충분히 매력적이다. 그런데 SK바이오팜은 코로나19의 대대적인 수혜를 받으며 상장되었고 강력한 유동성이 더해지면서 SK그룹주의 주가는 크게 탄력을 받았다.

가장 직접적인 수혜는 SK바이오팜의 지분을 보유하고 있는 SK로 예상할 수 있지만 SK바이오랜드가 먼저 움직였다. 2020년 5월 6일 갭상승으로 2만 5,600원에서 출발하며 장중 26%까지 오르더니 5월 18일 상한가에 마감, 또다시 하루 뒤인 5월 19일 27%까지 시세를 뽑으며 52주 신고가 4만 8,850원을 기록했다. 그런데 재미있는 것은 SK바이오팜과 SK바이오랜드는 사업상으로 아무 관련성이 없다는 사실이다.

SK바이오랜드(2020년 현대백화점 계열사로 편입, 현대바이오랜드로 사명 변경)는 전체 매출의 57.7%가 화장품 원료에서 나오는 화장품 원료 생산업체다. 의약품 원료도 생산하고 있지만 매출 비중이 약 3% 수준으로 미미하다. SK 계열 자회사지만 현대HCN에 지분 매각을 논의 중인 만큼 두 회사가 전략적 시너지를 낼 것으로 기대하기도 어렵다. 단순히 이름이 비슷하다는 이유만으로 주가가 상승하는 묻지마 투자가 나타난 사실만 봐도 시장이 얼마나 SK바이오팜에 열광하고 있었는지 알만하다.

자회사인 SK바이오팜의 상장이 가까워지면서 SK그룹 계열사도 시동을 걸기 시작했다. 5월 18일 SK바이오랜드 주가가 상한가까지 치솟았고 지주사인 SK(10.99%), SK우(12.21%), SK디스커버리(5.05%), SKC(4.31%), SK이노베이션(2.54%), SK네트웍스(2.15%)가 함께 강세 흐름을 보였다. 특히 지주사인 SK 주가가 연일 급등세를 보이며 꾸준히 상승했다. 6월 16일 장중 33만 2,000원까지 상승하며 시가총액 22조 원을 넘어섰다. 거의 한 달 사이 50% 정도의 가파른 상승을 하며 시가총액 순위도 9위까지 뛰어올랐다.

그야말로 SK바이오팜과 조금의 연결고리라도 있다면 주가가 바로 상승세로 돌아섰다. 2018년 SK그룹에서 계열분리된 SK증권 역시 SK바이오팜 상장 인수단에 참여한다는 이유와 SK증권 계좌로 공모주 청약이 가능하다는 점이 부각되었다. 6월 12일 654원에 거래를 마친 이후 6월 15일과 16일 각각 상한가와 26%까지 상승한 다음 7월 2일 장중 1,315원까지 오르며 짧고 강한 상승세를 마감한다.

공통점이 있다면 SK바이오팜 상장 전 강하게 상승했던 SK그룹주는 2020년 7월 2일 SK바이오팜을 디데이로 고점을 찍었다는 사실이다. 그리고 자금들은 SK바이오팜에 집중되어 상장과 동시에 3거래일 연속 상한가를 기록하며 공모가 대비 337.7%라는 놀라운 기록을 쓰게 된다. 그리고 불꽃 상승을 터트렸던 SK바이오팜 역시 7월 8일 주가가 종가기준 21만 7,000원으로 고점을 찍은 뒤 외국인들이 팔자에 나서면서 긴 조정에 들어갔다.

SK바이오팜은 단순한 바이오 회사 하나가 아니다. 앞으로 최태원 회장이 꿈꾸는 미래 SK그룹의 한 축이면서 동시에 후계 구도를 그리는 첫 단추일 수 있기 때문이다. 최태원 회장 중심의 그룹 지배력 확보와 순환출자고리 해소, 자금 융통이란 세 마리 토끼를 한 번에 잡으며 최태원 회장 부활의 신호탄이 되어준 SK C&C처럼 SK바이오팜도 SK그룹의 시가총액 순위를 끌어올리며 새로운 도약을 할 수 있는 기회를 만들어 준 셈이다. SK C&C가 상장 이후 쪼개고 합치는 기업재편 과정에서 SK그룹 속에 퐁당 빠져들었듯이 SK바이오팜 역시 미래 어느 시점에 어떤 회사와 합병되어 새롭게 재편될 수도 있다는 가능성이 있다.

SK 사촌 경영
시너지 시나리오

SK디앤디

최 회장은 현재 SK바이오팜 주식을 단 한주도 가지고 있지 않다. 그러나 SK는 SK바이오팜의 지분을 75% 가지고 있고, 최 회장은 SK의 지분 18.44%를 소유하고 있는 대주주이기 때문에 'SK바이오팜→SK㈜→최태원 회장'순으로 자연스럽게 지배력을 행사할 수 있다. 물론 이익 회수 역시 당연하기 때문에 SK바이오팜 상장의 최대 수혜자는 결국 SK 최태원 회장이 된다. 삼성이 그룹의 핵심인 삼성전자를 두고 삼성바이오로직스를 상장시키며 사이즈를 키운 것처럼 SK그룹도 같은 길을 갈 것으로 보인다. 다만 최 회장 중심의 SK그룹 내부보다는 최종건 창업주의 아들들과 손을 잡으면서 방향성을 찾을 것으로 보인다.

그룹 승계 과정에서 이견 없이 최태원 회장이 SK그룹을 물려받게 되었지만 창업주의 아들로서 최신원·최창원 두 형제가 느끼는 설움도 분명 있었을 것이다. 최태원 회장 시대에 사촌들과 협력해서 기업을 더 키우고 지분을 나누어 갖는 방법으로 비즈니스를 만들지 않을까. 지금이야 경영권 분쟁 가능성이 크지 않지만 최태원 회장과 노소영 관장이 이혼 과정에 있고 최윤정·최민정·최인근 세 자녀와, 김희영 이사장 사이에서 낳은 딸을 둘러싼 구조 속에 우호지분은 언제든 바뀔 수 있다. 자식들 간의 경영권 분쟁이 충분히 예상되는 가운데 최태원 회장은 회사를 키우되, 노소영 관장의 감시로부터 한 발 떨어진 곳에서 시작할 수 있는 방법을 찾을 것이다.

최 회장의 이러한 상황은 SK그룹과 분리 가능성이 언제든지 열려있는 최신원·최창원 회장의 니즈와도 일치한다. 2021년 현재 SK그룹 오너 일가 지분을 살펴보면 최태원 회장(18.44%), 최기원 행복나눔재단 이사장(6.85%), 최재원 SK그룹 수석부회장(1.52%) 다음으로 많은 0.62%를 최성환 기획실장이 보유하고 있다. SK네트웍스 회장의 장남인 그는 2020년 23차례에 걸쳐 지분을 매입하며 현재 그룹 3세 중 가장 많은 지분을 보유하고 있다. 지금 당장은 아니겠지만 SK네트웍스 계열 분리 가능성도 언제든지 열려있다고 볼 수 있다.

사업 구조로 봤을 때 최신원 회장의 SK네트웍스보다는 최창원 회장의 SK디스커버리-SK케미칼-SK디앤디를 하나의 축으로 예상해본다. SK디앤디 지배구조를 살펴보면 SK가스가 27.56%를 보유하고 있다. SK가스는 SK디스커버리가 72.2%를 가지고 있는데, SK디스커버리 최대주주가 바로 최창원 부회장이다. 최태원 회장이 SK바이오팜의 지분을 한 주도 가지고 있지 않지만 'SK바이오팜→SK(주)→최태원'으로 이어지는 구조를 통해 실질적으로 소유하는 것과 거울처럼 닮았다. 사촌과 함께 손을 잡고 시너지를 내며 최창원 회장의 지분 증대를 이룰 수 있어야 한다. 또한 시대적 방향과 일치해야 한다.

SK디앤디는 2015년 6월 23일 코스피 상장되었다. SK그룹의 부동산 개발업체(디벨로퍼)로 2004년 설립되어 부동산 개발서비스부터 상업시설, 사무실, 도시형 생활주택, 지식산업센터와 비즈니스호텔로 개발 사업 영역을 확장해왔다. 2008년 사업 영역을 다각화하며 태양광, 풍력발전, ESS 등 신재생 에너지 개발에 진출했다. 친환경 기업으로 'Green Developer'로서의 위상을 이어가는 SK디앤디의 사업 방향은 정부가 추진하는 그린 뉴딜과 기본적인 포트폴리오가 일치한다. 앞으로 SK디앤디의 사업 부분에서 전통적으로 매출을 확보했던 그린 디벨로퍼 부분은 점차적으로 줄어들고 원격진료와 비대면, 스마트시티와 연결될 그린 디벨로퍼의 영역이 커질 것으로 전망하는 이유다.

그린 뉴딜과 그린 디벨로퍼, '그린'으로 연결되는 미래에는 부동산과 영리병원 플랫폼이 하나의 연결고리로 이어지지 않을까. 다양한 아이디어를 접목시켜 볼 필요가 있다. 중요한 것은 부동산과 접목시킨 그린이 녹지를 조성하는 형태가 아니라 4차산업의 중심인 스마트시티, 스마트홈, 스마트보안 등 전혀 새로운 세상의 모습과 연결될 것이라는 점이다. 이러한 투자 아이디어로 관심을 가진 SK디앤디의 주가는 이미 상승한 SK그룹주 사이에서 투자할만한 매력적인 가격대에 머물러 있었다.

그린 디벨로퍼와 연결되는 SK바이오팜의 미래지도로 관심을 가진 SK디앤디는 정부의 그린뉴딜 테마를 타고 생각보다 빨리 움직였다. 2020년 7월 정부가 발표한 그린 뉴딜과 디지털 뉴딜을 주요 내용으로 하는 '한국판 뉴딜'의 핵심에 풍력과 태양광 수소가 핵심으로 거론되었다. 정부 발표에 따라 풍력 발전 관련 사업을 운영하는 SK디앤디가 탄력을 받았다.

6월 말 기준 2만 3,000원대에 머물던 주가는 9월 7일까지 꾸준히 상승해 6만 300원을 터치하며 신고가를 새로 썼다. 신재생에너지 사업자로서의 성장성을 가진 그린 디벨로퍼와 그 속에 SK바이오팜의 바이오 기술이 접목된 형태의 영리병원 아이디어 실현까지는 단기간에 이루어지지 않을 것이다. 그러나 눈에 보이기 시작했을 때는 이미 SK바이오팜과 SK디앤디의 규모는 지금과는 비교도 못 할 만큼 커져 있을 것이다. 친환경을 품은 그린 디벨로퍼, SK디앤디와 SK바이오팜이 어떻게 연결될지, 그린 뉴딜의 정부 정책 속에서 계속해서 추적해볼 필요가 있다.

SK바이오사이언스

최태원 SK그룹 회장과 시너지를 기대할 수 있으면서 최창원 SK디스커버리 회장이 효과적으로 키울 수 있는 회사가 또 하나 있다. SK바이오사이언스다. SK바이오사이언스는 2018년 7월 7일 SK케미칼에서 백신 사업 부문을 분사하면서 신설된 회사다. 자궁경부암 백신후보물질이 해외임상 1·2상을 마무리하며 최초로 국산 자궁경부암용 백신 개발에 박차를 가하고 있으며 독감 백신과 폐렴구균백신 등 다양한 백신 파이프라인을 가지고 있다. SK바이오팜이 성공적인 데뷔전을 마치며 최태원 회장 중심의 바이오 한 축이 세워졌다면, SK그룹 최종건 창업주 라인에서 세울 수 있는 바이오 쌍두마차는 SK바이오사이언스다. SK그룹의 바이오 계열사라는 공통분모 외에도, 고 최종건 회장과 고 최종현 2대 회장의 2세로 이어지는 SK그룹 내부의 지분관계와 지배구조를 살펴본다면, 향후 SK그룹의 바이오 사업 포트폴리오와 사업 확장 등에서 사촌경영이 시너지를 낼 가능성이 크다는 것을 알 수 있다.

최종건 창업주의 삼남인 최창원 SK디스커버리 부회장은 SK디스커버리 지분 40.18%를 보유한 최대주주다. 최창원 회장의 우호지분을 47.5%를 제외한 나머지 지분은 국민연금공단(6.97%)과 자사주(0.06%)로 구성되어 있다. 사실상 SK디스커버리는 지주사

SK와 지분 관계가 없는 독립적인 지주사다.

SK디스커버리는 2020년 7월 SK바이오사이언스 상장 이전을 기준으로 SK케미칼 지분 33.47%를 가지고 있으며, SK케미칼은 SK바이오사이언스 지분 98.04%를 보유하고 있다. 사실상 'SK바이오사이언스→SK케미칼→SK디스커버리'의 지배를 받는 구조다. 따라서 SK바이오팜 상장 과정에서 SK의 지분가치가 주목받고 시세를 분출했듯이 SK바이오사이언스는 SK디스커버리 최창원 부회장의 지분과 연결되는 SK디스커버리, SK디스커버리우, SK케미칼, SK케미칼우에 강한 상승 모멘텀이 될 것을 미리 예상할 수 있었다.

기회는 생각보다 빨리 왔다. 백신 제조사인 SK바이오사이언스가 코로나19 백신 후보물질을 생산하기로 하면서 SK바이오팜 상장 이후 사그라드는 듯 보였던 불씨가 다시 한번 당겨졌다. 7월 22일 SK케미칼의 자회사인 SK바이오사이언스가 다국적 제약사 아스트라제네카와 코로나19 백신 후보물질인 'AZD1222'의 의약품위탁생산^{CMO} 계약을 체결하고 백신 공급에 참여하게 되었다는 소식이 전해졌다. 당시 여름이 되면서 코로나19 확산세가 거세지기 시작하던 때라 해당 뉴스는 빠르게 시장에 영향을 주었고 SK바이오사이언스 모멘텀으로 백신주와 바이오주들이 강한 상승세를 보였다. 당연 1등 수혜주와 특징주는 SK케미칼과 SK디스커버리, 우선주였다.

코로나19 종식에 대한 기대감으로 SK케미칼은 7월 22일 장 시작과 동시에 최고가인 23만 2,000원을 찍으며 상한가로 거래를 마쳤다. 다음날 2021년 상장을 추진한다는 소식까지 더해지며 상승세는 더욱 강해졌다.

SK케미칼은 7월 27일 마이크로소프트 창업자인 빌 게이츠가 SK바이오사이언스를 언급했다는 소식에 힘입어 장중 35만 원까지 치고 나가는 저력을 보여준다. 단기 급등에 대한 조정으로 5거래일 동안 횡보하던 주가는 8월 4일 다시 급등하기 시작한다. SK바이오사이언스가 아스트라제네카와 맺은 코로나19 백신위탁생산 계약에 이어 두 번째로 미국 바이오기업 '노바백스'와 CMG 계약을 체결했다는 소식이 전해진 8월 14일, 46만 6,000원까지 시세를 분출한다.

SK바이오사이언스 지분가치가 가장 부각되는 SK케미칼과 품절주 성격인 SK케미칼 우선주가 가장 강하게 움직였지만 SK디스커버리와 SK디스커버리 우선주 역시 동시다발적으로 뛰어 올랐다. 상장 후 매물 소화 구간에 있던 SK바이오팜과 SK 주가도 단기 반등의 기회로 삼으며 상승했다. 바이오와 전혀 상관없는 화장품 원료생산업체 SK바이오랜드까지 SK그룹이 쏘아 올린 바이오 훈풍으로 하락장에서도 상승할 만큼 그 위력은 대단했다.

SK바이오사이언스는 2021년 상반기 공모주 대어로 꼽히며 3

월 18일 상장한다. SK바이오팜 상장의 학습효과로 역대 최다인 63조 6,195억 원의 청약 증거금이 몰리며 공모주 시장의 신기록을 갈아치웠다. SK바이오사이언스의 주요주주 구성에는 SK케미칼이 단독으로 올라있으며 상장과정에서 보유지분은 종전의 98.04%에서 68.43%로 조정되었다.

뜨거운 관심 속에 상장한 3월 18일 SK바이오사이언스는 첫날 '따상'(공모가 두 배 상장 후 상한가 진입)을 기록했지만 다음날인 19일 장중 19만원까지 오른 뒤 따따상 실패로 인한 매물출회로 상승세를 지키지 못하고 하락한다.

2020년 SK바이오팜의 성공적인 데뷔전을 시작으로 SK바이오사이언스의 아스트라제네카, 노바백스 백신 CMO 선정 호재와 상장으로 이어진 1년의 여정은 SK그룹의 바이오 사업을 각인시키기 충분했다. 바이오가 반도체에 이어 SK그룹의 미래를 담당하는 또 다른 중심축이 될 것으로 전망되는 가운데 최태원 회장의 'SK그룹-SK바이오팜'과 최창원 부회장의 'SK바이오사이언스-SK디스커버리'가 각각의 포트폴리오를 강화시키며 경쟁력을 키운 다음 어떻게 협력하며 조율하게 될지 살펴봐야 한다.

SK그룹의 제약·바이오 계열사의 상장 가능성이 계속 제기되는 만큼 비상장 바이오 회사를 하나씩 상장하는 방식으로 새로운 투자자금 확보에 나설 가능성도 있다. SK그룹의 제약·바이오

계열사는 현재 최태원 회장이 주도하는 SK바이오팜과 SK팜테코, 최창원 부회장의 SK케미칼과 SK바이오사이언스, 혈액제제 전문 기업인 SK플라즈마로 나뉘어있다.

현재 비상장계열사인 SK팜테코와 SK플라즈마가 제2의 SK바이오팜-SK바이오사이언스가 된다면 2010~2011년의 SK그룹주 연쇄 상승장이 다시 반복되어 나타날 수 있다. 또한 그 과정에서 가장 큰 수혜는 최태원 회장과 최창원 부회장에게 돌아갈 것이 분명하다. SK그룹의 바이오 사업은 시대적 흐름에 따라 점점 커질 것이고 기업의 핵심으로 자리매김할 것이다. 여기서 따로 또 같이 사촌 간의 협업이 이루어지는지 체크하면서 SK그룹 지배구조의 변화와 미래 먹거리 사업이 현실화되는 과정을 지켜보자.

전기차 배터리:
친환경 ESG

바이오에 이어 신성장동력으로 꼽히는 배터리 사업은 최태원 회장의 SK에서 빼놓을 수 없는 부분이다. SK이노베이션은 배터리 사업 부분 강화를 위해 지분 100%를 보유하고 있는 SK아이이테크놀로지 상장 작업에 들어간다.

SK아이이테크놀로지^{SKIET}는 2019년 4월 1일 SK이노베이션의 사업 부문을 물적분할해 신설된 법인이다. 전기차용 2차전지의 핵심 소재로 꼽히는 '리튬이온 배터리 분리막^{LIBS}'과 폴더블폰과 같은 플렉서블 디스플레이어의 유리를 대체하는 '플렉서블(접히는) 커버 윈도우^{FCW}'를 생산한다. SKIET가 생산하는 분리막은 음극재·양극재·전해질과 함께 전기차 배터리의 4대 핵심 소재로 꼽히는데 SKIET는 2004년 국내 최초이자 세계에서 세 번째로 LiBS

생산기술을 독자적으로 개발했다. 2007년에는 세계 최초로 축차 연신 공정을 완성하고 세계 최초로 5μm 박막 제품을 개발했고 양면 동시 코팅 상업화 등 높은 기술력을 갖추고 있다. 전기차 배터리 시장이 커지면서 분리막 수요가 덩달아 급증하고, 매출이 증대하면서 여기에 투자할 자금이 필요했다.

또 SK이노베이션이 LG에너지솔루션과 벌여온 배터리 관련 영업비밀 침해 및 특허 침해 관련 소송 합의금도 내부적인 이슈였다. 모회사인 SK이노베이션은 LG에너지솔루션에 합의금 2조 원을 지급하는 조건으로 2년간의 분쟁을 마무리했는데 2021년과 2022년에 각각 5천억씩 총 1조 원을 현금으로 지급해야 했다. 나머지 1조 원은 2023년부터 SK이노베이션 배터리사업 매출액에 따라 로열티로 지급할 계획이라 시간을 벌었다고 하지만 당장 그룹 차원에서는 현금 마련이 절실했던 셈이다. 이런 상황에서 SKIET 상장은 향후 배터리 사업 투자를 위한 자금 확보와 소송 비용 해결을 한 번에 해결해 줄 수 있는 가장 좋은 방법이었다.

SKIET 공모수량 2139만 주 중 구주매출은 1,283만 4,000주다. 신주와 구주매출 비중이 4:6정도로 구주매출이 신주보다 많은 것은 이례적이다. 구주매출 비중이 더 많다는 것은 2,139만 주를 팔아 확보할 1조 6,668억 원~2조 2,459억 원 중 최소 1조 원(공모가 7만 8,000원 기준)~1조 3,475억(공모가 10만 5,000원 기준)이 기존 주주인 SK이노베이션에게 돌아간다는 의미다. 따라서 SKIET 상장은 SK이노베이션에게 든든한 실탄이 되는 셈이다.

상장 자체로 인한 효과는 주가에 먼저 반영되기 시작했다. 청약에 대한 기사가 쏟아지기 시작하면서 3월 말부터 SKIET 주식을 100% 보유하고 있는 SK이노베이션의 차트가 돌아서기 시작했다. 배터리 분쟁이 해소국면에 들어갔다는 기사도 상승세에 긍정적인 힘을 보탰다. 그리고 SK바이오팜 상장 이후 흘러내리며 조정을 거치던 지주사 SK 주가도 흐름이 바뀌었다. SK는 SK이노베이션을 33.4% 보유하고 있는 대주주다. 두 종목 모두 지분가치 부각으로 상승세를 보이다 청약이 시작되는 4월 27일을 기준으로 SK가 먼저 하락하기 시작했다. 그리고 SK이노베이션은 옆으로 횡보하다가 5월 3일 SKIET가 따상에 실패하고 시초가 대비 20% 넘게 급락하자 함께 5%대 밀려나며 거래를 마친다. 따상에는 실패했지만 4거래일 만에 저점(13만 8,000원)을 찍은 SKIET는 2차전지 소재주의 대장주로 평가받으며 52주 신고가를 새로 쓰기도 했다.

SKIET 상장 후 2021년 7월 SK이노베이션은 배터리 사업부 분할을 공식화했다. 이는 정유사를 넘어 배터리, 소재 기업으로 나아가기 위한 행보로 해석된다. ESG가 글로벌 사업의 중요한 가치로 인식되면서 기존의 석유화학 사업도 친환경적인 전환을 목표로 하는 만큼 신사업 진출과 해외 생산시설 확장을 위한 투자금 확보가 필요한 상황이다. SKIET 상장에 이어 배터리 사업 등 계열사 분리와 상장도 꾸준히 이뤄질 것으로 보인다.

　비상장 자회사를 상장시키면서 얻은 가치는 상당하다. 그리고 상장으로 담보가치가 높아지면 그만큼 채권 발행 등으로 자금을 융통하기가 더욱 쉬워진다. 최태원 회장이 회사를 쪼개고 합치며 키워나가는 이유가 여기에 있다. 앞으로 최태원 회장의 SK그룹은 변화에 더욱 속도를 낼 것으로 보인다. 전통적인 SK그룹의 사업모델에서 ESG 중심의 사업구조로 바꾸며 친환경적인 요소를 고려해야 하기 때문이다. 전기차 배터리와 바이오가 전통적인 SK그룹의 사업 포트폴리오를 대체해나가며 새롭게 회사를 견인해 나갈 수 있을지, 그 과정에서 어떤 비상장 계열사를 상장시키며 가치 키우기를 해나갈지 지켜봐야 한다. 또한 그 과정에서 가치가 부각되는 회사를 빠르게 찾아내 초기에 투자한다면, 편안하면서도 높은 수익을 기대할 수 있을 것이다.

마지막 지배구조 개편

쪼개고 합치기의 달인, SK그룹의 지배구조 개편 밑그림이 나왔다. 목표는 이미 알고 있었다. 바로 최태원 회장 중심의 강력한 지배구조 구축인데 어떤 방법으로 진행될지가 관건이었다. 예상대로 최태원 회장이 SK텔레콤를 거치지 않고 그룹 주력 계열사인 SK하이닉스를 직접 지배할 것으로 보인다.

현재의 SK 지배구조는 '최태원 회장→SK㈜→SK텔레콤→SK하이닉스'로 이어지는 구조를 가지고 있다. 최 회장이 SK 지분 18.44%를 보유한 최대주주이고, SK는 SK텔레콤 지분 26.78%를 가지고 있다. SK텔레콤은 SK하이닉스 지분 20.07%를 갖고 있다. 그러나 2022년부터 시행되는 공정거래법 개정에 따르면, 신규 지주사는 자회사의 지분을 30%이상 보유해야만 한다. 기존의 20%

에서 10% 오른 수치다. 비상장사도 40%→50% 이상으로 강화됨에 따라 연내 중간지주사 전환을 완료하지 못한다면 SK텔레콤은 SK하이닉스의 지분을 10% 추가로 사들여야 한다. 시총 100조 원에 달하는 현재 주가를 반영하면 대략 10조 원 규모의 자금이 필요하다. SK텔레콤이 올해 안에 중간지주사 전환을 마친다면 SK하이닉스 지분을 20%만 보유해도 되기 때문에 SK그룹의 지배구조 개편이 이뤄질 것이라는 전망은 거의 확실시 되어왔다.

SK텔레콤이 통신 부문을 100% 자회사로 분리하는 물적분할 방식을 택할 수도 있었지만, 주주들의 반발이 예상되는 만큼 다양한 시나리오가 제기되면서 인적분할 방식으로 가닥이 잡혔다. 지주사인 SK가 SK텔레콤을 통신과 지주회사로 나누어 26.78%씩 갖는 인적분할 방식은 기존 주주들이 모두 주식을 보유할 수 있는 만큼 주주가치 훼손 등의 반발이 적다. SK 아래에 SK텔레콤통신회사(존속)와 SK텔레콤지주회사(신설)를 만든 다음 SK텔레콤 통신 부문에는 SK브로드밴드가 자회사로 편입될 예정이다. SK텔레콤 지주 부문은 비통신 계열인 SK하이닉스·ADT캡스·11번가·티맵모빌리티가 배치된다. 신설지주회사에 속하게 될 비통신 부문은 반도체 소재·장비 사업에서 공격적인 인수·합병에 뛰어들 것으로 예상되는 만큼 사업 구조에 변화가 있을 것으로 보인다.

이 과정에서 SK텔레콤이 보유한 자사주는 소각될 가능성이 크다. SK의 SK텔레콤 지분율은 발행주식 기준 26.78%, 유통주식 기준 30.32%다. 개정된 공정거래법에 따라 지주회사의 상장 자회사 지분은 30%로 맞춰야 하는데 여기서 자사주를 소각하지 않으면, 해당 주식이 분할신설회사인 SK텔레콤으로 넘어가게 된다. SK텔레콤은 중간 지주회사 지분을 갖게 되는데, 지주사 자회사의 손자회사가 아닌 계열사 지분을 보유하는 것은 공정거래법상 금지되기 때문에 정리가 필요하다. SK가 가져오자니 추가적인 비용이 발생하고 분할신설회사 지분율을 30%로 높여야 하는 문제가 발생하는 것이다. 그러나 자사주를 소각한다면 모든 문제가 해결된다. 더불어 보유 주식가치가 높아지니 기존 주주에게도 유리한 상황이 된다.

자사주 소각부터 진행한 다음 SK신설지주사와 SK합병을 위한 준비를 진행할 것으로 보인다. 현재로서는 중간지주사와 SK 지주사의 합병설에 대해 계획이 없다고 선을 긋고 있지만 지난 2009년 SK C&C와 SK 합병설이 돌 때도 회사 측은 부인했다. 물론 6년이라는 시간이 걸리긴 했지만 합병은 결국 이루어졌고 최태원 회장 중심의 지배력은 더욱 견고해졌다. 당시 합병을 이끈 수장이 현재 SK텔레콤 박정호 대표다. SK에게 유리한 조건을 만들어야 최태원 회장의 지배력 약화가 최소화되는 만큼 합병 비율을 불리하지 않게 잘 설계할 것으로 보인다. 그러기 위해서는 SK의 기업가치를 끌어올려야 한다.

2021년 7월 SK의 시총은 약 20조 원, 중간지주사는 약 10조 원이다. 지금 합병된다면 18.44% 지분을 가진 최태원 회장의 보통주 지분율은 12%로 떨어진다. 자사주를 뺀 유통주식 지분율도 24.8%에서 17.5%로 낮아져 최태원 회장의 지배력이 약화된다. 그러나 SK의 시가총액이 140조 원 규모로 팽창한다면, 중간지주사가 20조 원으로 불어나도 합병 후 최태원 회장의 지분율은 발행기준 16.11%, 유통기준 23%로 크게 변화가 없다. 지난 2021년 3월 말 SK가 2025년까지 시가총액 140조 원 규모로 기업가치를 끌어올리겠다고 공언한 부분이 딱 맞아 떨어진다. 이렇게 보면 SK바이오팜, SK바이오사이언스, SKIET를 연달아 상장시킨 것도 우연이 아니다. 앞으로 SK그룹은 SK실트론, SK E&S 등 비상장 자회사 상장에 속도전을 낼 것이고 투자와 M&A 등을 통해 다양한 방법으로 가치 높이기를 진행해 나갈 것이다. 그다음 SK와 SK텔레콤 신설지주사를 합병해 SK텔레콤을 거치지 않고 SK하이닉스를 자회사로 두며 지배력을 강화하는 시나리오를 진행할 것으로 예상한다.

SK 지배구조 개편의 마지막 페이지,
자녀와 승계

기존의 섬유·정유·통신 중심을 근간으로 성장해온 SK그룹은 반도체를 시작으로 배터리·바이오·친환경에너지사업 등으로 체질 개선을 꾸준히 진행해 나갈 것이다. 그리고 그 중심에는 최태원 회장의 자녀들이 전진 배치되어있다.

현재 이혼소송을 진행 중인 노소영 관장과의 슬하 자녀 3남매는 모두 SK그룹에 입사해있다. SK그룹 신약개발의 핵심인 SK바이오팜은 장녀 최윤정 씨가 소속되어있고 차녀 최민정 씨는 SK하이닉스에서 근무 중이다. SK하이닉스는 최태원 회장의 가장 성공적인 M&A로 평가받는 회사로 최근 반도체 사업을 넘어 AI 전문 자회사 '가우스랩스'를 출범시키는 등 신사업 확장에도 박차를 가하고 있다. 또 장남 최인근 씨가 입사한 SK E&S는 친환경에너지 사업 분야에서 두각을 드러내며 정부의 그린 뉴딜 수혜기업으로 평가받고 있다. 차세대 먹거리로 볼 수 있는 계열사에 세 자녀가 포진된 것을 보면 그룹 차원의 미래 방향성을 나타내는 시그널로 해석할 수도 있다.

그동안 대다수 재벌가는 남성 위주로 사업을 맡겼다. 딸에게 맡기더라도 호텔·유통 등 제한된 영역에서 이루어졌는데 그룹의 핵심으로 발돋움할 가능성이 높은 계열사에서 근무를 시작하게 했다는 점에서 추후 후계구도가 장남 중심을 고집하지 않을 것이라는 관측을 하게 한다. 이러한 부분이 SK의 지분을 키워야 하는 최태원 회장의 목표의식과 합쳐져 어떤 결과로 이어지게 될지 지켜보는 재미가 상당할 것으로 보인다.

노소영 관장과의 이혼이 진행 중이다. 노 관장이 요구한 위자료와 SK 지분 분할이 어떻게 결정될지는 여전히 내부적인 변수다. 노소영 관장이 지분을 확보할 경우 자녀들의 승계과정을 위해 사용할 것이라는 관측이 지배적인 가운데 본인이 직접 경영에 참여하는 등 지분을 행사할 가능성도 열려있다. 또 노 관장의 감시를 피해 김희영 이사장과 그 사이에서 낳은 딸을 위해 최태원 회장이 최종건 창업주의 아들들과 협업해 시너지를 낼지도 체크해 봐야 한다. 현재로서는 최창원 SK디스커버리 회장의 지분이 높은 그린부동산 디벨로퍼 SK디앤디와 SK바이오사이언스를 이용할 가능성이 높아 보인다.

최태원 회장을 중심으로 하는 흔들림 없는 지배구조를 만들기 위해 회사는 쪼개고 합치며 현재의 SK그룹을 만들어왔다. 그러나 지배구조 개편의 마지막 페이지를 완성하기 위해 SK그룹은 앞으로 2~3년간 변화의 중심에 서 있을 것으로 보인다. ESG라는 트렌드를 주도하면서 비상장 자회사를 새롭게 상장하고 사업부를 합치고 쪼개는 기업 재편 움직임이 어떻게 이루어지는지 미리 확인하고 앞으로의 시나리오를 그려본다면 지분구조를 활용해 큰 수익을 낼 수 있을 것이다. 그리고 가치를 높인 중간지주사가 SK와 합병하게 될 때까지 최태원의 세 자녀가 바이오와 배터리·친환경 사업 부문에서 어떤 존재감을 드러내게 될지 함께 추적할 필요가 있다.

최태원식 지배구조 개편의
종착역은?

2021년 SK그룹의 질주는 매서웠다. SK가 사상 처음으로 현대자동차그룹을 넘어 대기업 집단 자산 순위 2위를 기록했다. 2006년 이후 줄곧 이어져 오던 SK와 현대차의 대기업 집단 순위가 무려 16년 만에 뒤바뀐 것이다. 주력 계열사인 SK하이닉스가 2021년 42조 9,978억 원으로 사상 최대 매출을 기록하고 SKC가 2차전지용 동박사업에서 두각을 드러내며 매출 3조 3,961억 원, 영업이익 4,645억 원으로 사상 최대 실적을 올렸다. 국내 최초 FDA 신약승인을 받으며 '루키'로 떠오른 SK바이오팜도 연매출이 무려 16배 이상 증가했다. 계열사의 호실적뿐 아니라 SK바이오사이언스, SK아이이테크놀로지, SK리츠 등 대규모 IPO를 성공적으로 마무리하면서 2021년 상장한 3개 상장사의 덩치를 불리는 데 일조했다. 2021년 3분기 기준 공정자산 270조 7,470억 원으로 1년 전(239조 5,300억 원)보다 31조 2,170억 원(13%) 증가한 SK그룹은 2위였던 현대차를 20조 7,330억 원 앞서며 3위에서 한 계단 올라섰다. 이 과정에서 공정거래법상 지주회사 지분율 규제를 피하기 위한 지배구조 개편이 빠르게 진행되었다.

개정된 공정거래법에서 지주회사 전환 시 지분율 요건을 상장사의 20%에서 30%로 상향 조정하고, 비상장 회사의 지분율을 40%에서 50%로 올린 만큼 SK그룹은 2022년 1월 1일이 오기 전에 SK하이닉스를 손자회사에서 자회사로 끌어올려야 하는 숙제를 안고 있었다. 디데이를 앞둔 최태원號는 2021년 하반기 지배구조 개편에 속도를 높였다. 청약증거금으로 19조 3,000억 원을 쓸어담으며 역대 공모 리츠 중 가장 높은 청약 경쟁률을 기록한 SK리츠가 신호탄이 됐다. 9월 14일 유가증권시장에 데뷔한 SK리츠는 SK그룹이 대주주로 50% 지분을 보유하고 있다. SK리츠 출범을 통해 SK는 그룹 부동산 활용을 본격화하며 수소사업 등 새 먹거리분야 투자 재원을 마련한 셈이다. 다음 타깃은 SK이노베이션이었다. SK이노베이션은 기존 배터리사업과 석유개발E&P사업을 각각 물적분할해 배터리사업은 'SK온SK on', 석유개발EP사업은 'SK 어스온SK earthon'에 맡겼다. SK이노베이션의 배터리사업부 물적분할은 충분히 예상 가능한 시나리오였다. SK그룹이 SK이노베이션을 인적분할할 경우 SK이노베이션이 배터리 사업에 투자할 18조 원 가운데 SK그룹은 지분 20%에 해당하는 3조 6,000억 원을 부담해야 하기 때문이다. 그러나 물적분할은 출범한 두 회사를 자회사로 둔 상태에서 SK이노베이션이 100% 지분을 갖기 때문에 주식 일부를 매각하거나 유상증자 등을 통해 투자자금을 마련할 수 있다. 2021년 10월 1일 SK이노베이션의 물적분할로 SK온과 SK어스온이 공식출범한 SK그룹은 지배구조 개편에 속도를 올렸다.

SK그룹이 당면한 최대 지배구조 개편 과제는 SK-SK텔레콤-SK하이닉스의 구도를 바꿔 SK하이닉스를 SK텔레콤 신설투자회사의 자회사로 만드는 일이다. SK그룹의 지배구조는 2007년 지주회사 체제로 전환했지만 SK C&C가 지주회사인 SK를 지배하는 옥상옥 구조였다. SK와 SK C&C가 2015년 합병하며 SK를 정점으로 하는 지배구조가 완성되었고 SK가 지배구조 개편의 주역을 맡고 있지만 SK텔레콤에서 SK하이닉스로 이어지는 고리가 문제였다. 공정거래법상 SK의 손자회사인 SK하이닉스가 국내 업체를 M&A하기 위해서는 지분 100%를 취득해야 하기 때문에 반도체 회사를 인수하는 등의 새로운 투자를 진행하기 어려웠다. SK하이닉스를 손자회사에서 자회사로 격상하기 위해 SK그룹은 SK텔레콤을 6:4 비율로 회사를 인적분할해 SK스퀘어를 신설했다.

한 달간의 거래정지 후 11월 29일 유가증권시장에 재상장된 SK텔레콤의 인적분할 핵심은 SK스퀘어가 SK텔레콤이 가지고 있던 비통신 부문을 모두 가져갔다는 점이다. SK하이닉스와 SK쉴더스(구 ADT캡스), 11번가, 원스토어 등 16개 자회사를 보유한 지주

회사 겸 투자전문회사로 자리하고 SK텔레콤은 SK브로드밴드, SK텔링크, 피에스앤마케팅 등 유·무선 통신사업에 집중한다. 통신과 비통신 사업이 함께 있던 비효율적 구조를 개선하는 동시에 최태원 회장→SK→SK텔레콤→SK하이닉스의 지배구조에서 SK텔레콤 자리에 SK스퀘어가 들어가게 됐다. SK텔레콤의 인적분할은 중장기적으로 SK와 SK스퀘어의 합병을 추진하기 위한 선제적인 방법으로 보인다.

SK하이닉스는 그룹 주력 계열사임에도 SK㈜의 최대주주인 최태원 회장이 이익을 얻을 수 없는 구조다. SK하이닉스는 단독으로 SK그룹 총자산 30%를 웃도는 역량을 갖춘데다 시가총액 3위에 이르는 그룹 핵심 계열사다. 하지만 손자회사라는 점에서 최태원 회장이 배당 등을 거의 누릴 수 없다. 여기서 SK㈜와 SK스퀘어를 합병해 통합지주사를 만들고 그 아래 SK하이닉스를 두면 최 회장의 지배력을 높일 수 있다. SK그룹 지배구조 개편의 마지막 단추를 SK와 SK스퀘어의 합병으로 보는 이유다.

그러나 규모가 다른 두 회사를 합병할 경우 두 회사 간 합병비율 적정성 논란이 발생할 수 있는 만큼 SK그룹의 기업가치를 높이고 SK스퀘어와의 합병을 추진할 것으로 전망된다. 최태원 회장의 SK㈜ 지분은 특수관계인을 포함해도 30%가 되지 않는다. 최 회장이 직접 지배하는 SK㈜의 가치를 끌어올리고 SK하이닉스를 거느린 SK스퀘어 가치는 축소시켜야 합병에 따른 지분 희석을 막을 수 있다. 지주회사의 기업가치를 높일수록 주식 교환과정에서 최대주주에게 유리한 셈이다. 이런 맥락에서 SK㈜와 SK머티리얼즈의 합병이 추진되었고 12월 1일 새로운 SK 합병 법인이 공식 출범했다.

2021년 12월 29일 SK스퀘어는 SK그룹 중간지주사 지위를 공식적으로 확보했다. SK스퀘어의 지주회사 요건이 충족됨에 따라 SK하이닉스도 기존 자회사 지위를 획득했다. 상위 회사들 간 소유 구조가 변화하더라도 SK하이닉스 지분율 20.1%를 유지할 수 있을 것으로 판단한 것이다. SK스퀘어가 중간지주회사 자격을 갖게 되면서 SK하이닉스 지배주주로 배당을 받지만 SK와 SK스퀘어가 합병해도 지배구조는 변함없이 SK가 하이닉스의 지배주주이면서 배당을 받을 수 있는 구조로 바뀌었다. SK스퀘어는 중간지주사 승인과 함께 SK쉴더스, 원스토어 등 기존 자회사 기업공개에 본격적으로 나설 것으로 예상된다. 또 반도체 및 정보통신 기술분야에서 인수합병 등 투자에 적극적으로 나설 수 있는 발판이 마련된 만큼 SK하이닉스의 기존 메모리반도체사업 확장과 혁신적 대체기술 초기 투자 등이 힘을 받을 것으로 보인다.

그러나 SK하이닉스를 둘러싼 셈법은 한층 복잡해질 전망이다. 경쟁력 확보를 위해서는 외형확대가 시급하지만 지배구조 개선 작업에는 걸림돌이 될 수 있기 때문이다. SK와 SK스퀘어를 합병해 하나의 지주사를 만들고 그 아래 SK하이닉스를 자회사로 두기 위해서는 최 회장이 직접 지배하는 SK㈜의 가치는 높이고 SK하이닉스를 거느린 SK스퀘어의 가치는 축소시켜야 지분 희석 없이 합병을 마무리할 수 있다. 과거 삼성은 이재용 부회장의 삼성전자 지배력을 높이기 위해 제일모직의 가치를 최대한 끌어올리고 삼성물산의 가치를 강제로 낮춰 합병을 진행한 바 있다. 제일모직이 46% 지분을 보유한 삼성바이오의 가치를 부풀려 제일모직의 몸값을 키웠고, 삼성물산은 현금 자산 1조 8,000억 원을 누락하고 국내외 수주 사실을 숨기는 등 기업 가치를 임의적으로 축소했다. 제일모직 주식만 보유한 이 부회장은 삼성물산 최대주주가 되었고 그룹 주력 기업인 삼성전자에 대한 지배력을 높일 수 있었다. 그러나 무리한 합병은 결과적으로 주주가치 훼손 등에 따른 법적리스크로 돌아왔다.

이를 SK에 대입시켜보면 제일모직은 SK㈜, 삼성물산은 SK스퀘어가 될 수 있다. SK그룹의 성공적인 지배구조 완성을 위해서는 양사 합병을 통한 통합 지주사를 출범과정에서 SK스퀘어의 가치를 최대한 낮춰 최태원 회장의 지분을 희석시키지 않는 것이 핵심이다. 하지만 SK스퀘어는 자회사 공개를 통해 기업 가치를 2025년 75조 원까지 늘리겠다고 밝혔고, SK하이닉스 역시 반도체 사업 호황으로 성장이 예상되는 가운데 SK하이닉스와 모회사인 SK스퀘어의 가치는 더욱 커질 것으로 전망된다. 결국 최태원 회장이 SK하이닉스에 대한 지배력 강화를 어떤 방식으로 풀어나갈지가 SK그룹 지배구조 완성의 핵심이다.

2022년 2월 최태원 SK그룹 회장은 SK텔레콤 미등기 회장으로 선임됐다. 최 회장은 SK㈜ 대표이사 회장으로 이사회에 참여하고 있는 반면 SK이노베이션, SK하이닉스에 미등기 회장으로 경영에 참여하고 있다. SK텔레콤에도 미등기 회장에 오르면서 사실상 그룹의 주력 계열사 모두에 발을 담그게 됐다. SK텔레콤은 그룹의 캐시카우였지만 성장 정체기에 놓여있다. 최근 인공지능[AI] 등 혁신 사업으로 확장에 나서고 있지만 가시적인 성과가 나타나지 않은 가운데 최 회장이 SK텔레콤 회장직을 맡으며 글로벌 AI 컴퍼니로의 성장 등 전방위적인 혁신에 힘이 실릴 것으로 전망된다. 최 회장이 미등기 회장직을 맡은 SK하이닉스는 인텔 낸드 사업을 인수하는 등 글로벌 경영을 강화했고, SK이노베이션 계열이 친환경 사업으로 변화했다. SK텔레콤도 AI 혁신에 성공할 경우 SK그룹 ICT 사업 전반에서의 딥체인지도 더욱 가속화될 것으로 보인다. 최 회장의 이런 행보는 SK㈜의 가치를 키우기 위한 SK텔레콤 지원사격으로 해석할 수 있다. SK텔레콤에서 분리된 투자형 지주회사 SK스퀘어를 선택하지 않고 SK㈜ 산하에 남아있을 SK텔레콤의 외형 확대를 지원하고 이를 통해 SK㈜의 기업가치를 높이는 그림이다. 결국 최태원 회장이 복잡하게 얽혀있는 SK그룹 지배구조 완성은 SK㈜의 가치 높이기 측면에서 바라볼 필요가 있다.

지배구조 완성을 향한 관문에 또 다른 변수는 지분 분쟁 가능성이다. SK그룹 오너가에서 보유하고 있는 상장 주식은 2022

년 1월 3일 기준 4조 8,311억 원이다. 최태원 회장이 보유한 상장주식은 3조 3,218억 원으로 가장 많고 최 회장의 여동생 최기원 행복나눔재단 이사장이 1조 2,315억 원에 달한다. 최 회장의 남동생 최재원 SK온 대표 2,737억원, 최 회장의 부인 노소영 아트센터나비 관장이 42억원 규모다. 노소영 관장이 보유한 상장주식의 시가총액은 최 회장의 0.13%에도 미치지 못하지만 이혼소송이 진행 중인 만큼 서울가정법원 판결 결과에 따라 SK그룹 지배구조에 영향을 미칠 수도 있다. 노 관장은 3억 원의 위자료와 최회장의 SK 보유 주식 중 42.29%에 대한 재산 분할을 요구했다. 최 회장의 SK 시총 3조 3,218억 원 가운데 1조 4,048억 원에 이르는 규모다. SK그룹은 최태원 회장이 가장 많은 주식을 갖고 있지만 노소영 관장과의 이혼 판결에 따라 SK그룹의 지배구조에도 영향이 있을 수 있는 만큼 진행 중인 재판 결과도 계속해서 체크할 필요가 있다.

SK그룹의 지배구조는 위에서 자세하게 설명했다. 여기서는 실전매매에 필요한 끌개와 미래지도가 어떻게 변화될 것인가 종목으로 접근하면서 투자기준을 수립해 보겠다.

SK네트웍스

SK그룹 선대회장인 고 최종건 회장의 차남인 최신원 회장으로 지배구조가 집중되는 회사다.

2022년 현재 SK네트웍스는 최신원 회장 체재로 구축되어 있지만 실제 지분을 살펴보면 여전히 SK가 39.1%를 지배하고 있다. SK네트웍스의 매출 구성을 보더라도 SK그룹 연계비즈니스가 대부분이라 완전한 분리 독립이 불가능한 시스템을 갖고 있다. 최신원-최성환 라인으로 경영지배 구조는 형성되지만 SK그룹 지배구조 하에 있는 시스템이 계속될 것이라는 이야기다. 따라서 투자 대상으로의 매력은 크지 않다. 다행인 것은 SK네트웍스 충전소 사업과 중고차 연계사업의 미래 성장성이 크다는 것이고 현재 4,000원대 주가 수준의 가치를 높이는데 중요한 끌개로 작동될 것이라는 판단이다.

시간여행 투자호흡을 매달 적립식으로 투자하거나 일정 금액 매수해서 3년 단위로 정기예금 가입 식의 투자호흡으로는 가능한 투자종목이다.

SK텔레콤과 SK스퀘어

SK텔레콤은 2021년 11월 1일 SK텔레콤과 SK스퀘어로 인적분할되어 2021년 11월 29일 재상장되었다. 인적분할과 동시에 5대1 액면분할도 같이 이뤄졌다. 이런 상황에서 신설법인인 SK스퀘어는 단기적 주가 변동성보다 2025년까지 보유전략으로 매력적인 것으로 판단된다. SK스퀘어는 SK하이닉스의 성장성과 비상장 업체인 11번가, 원스토어, ADT캡스 등 상장 모멘텀을 보유하고 있기 때문이다. 즉, 신규상장되고 8만원대에서 현재 반토막 이상 하락한 2022년 8월28일 현재 SK스퀘어 주가는 41,000원이다. 가치 대비 가격이 저평가된 수준에 진입했고 앞으로 비상장 종목의 상장모멘텀이 부각될 수 있는 종목으로 SK그룹주에서 매수전략이 우선순위가 높은 종목이 SK스퀘어다.

SK하이닉스

SK그룹 주가 중 투자매력도 1위는 누가 뭐래도 SK하이닉스다. SK하이닉스는 과거 현대그룹의 현대전자였는데 현대그룹 왕자의 난으로 현대그룹이 쪼개지면서 지속적인 투자가 어려워져

2001년 워크아웃되어 채권단에 매각되었다. 이 시기 하이닉스는 그야말로 증권 시장의 핵폭탄이었다. 위기 이전 4만 원대였던 주가는 135원까지 떨어졌고, 투기 세력이 하이닉스 주식을 갖고 쥐락펴락했다. 이미 2001년 초부터(정확히는 2월 14일 이후부터) 주가는 액면가 밑으로 떨어졌다. 거의 상장폐지되는 것이 아니냐는 우려가 증시에 퍼졌고, 채권단은 어떻게든 매각해야 하는 상황이었다.

2003년에는 사내외적으로 자금이 부족해 신형 메모리 생산 기계 구입은 물론 수주를 따기도 힘든 실정에 생산 주기율도 제대로 맞추지 못했다. 여기서 하이닉스는 반도체 업계에서는 금기 중의 금기였던 기존에 팔거나 버리려고 했던 반도체 생산 기계를 재사용할 수 있도록 해 생산 수율을 올린다는 전략을 세웠다. 이 전략에 전 세계 반도체 관련 물리학자와 산업 현장에 있는 연구원들이 비상한 관심을 보였고, 실제로 연구 성과 등을 보이면서 2005년 사내 위기를 극복해 낸다.

이런 과정에서 채권단이 인수자를 찾아 나섰고, 최종적으로 SK그룹과 STX가 인수 경쟁에 참여했다. 이 중 STX가 인수 의사를 철회하면서 SK텔레콤이 3조 4,267억 원에 단독 입찰했다. 결국 2012년 3월 23일 주주총회를 통해 정식으로 SK그룹에 편입되었으며, 사명도 SK하이닉스로 바꿨다.

이런 과정을 거쳐서 인수한 SK하이닉스가 현재는 SK그룹의 주력기업이 되었고 황금알을 낳는 효자 기업이 된 것이다.

2012년 2월 2만 원 수준이었던 SK하이닉스의 주가는 10년이 지나서 15만 원까지 급등했으며, 최근에는 반도체 대장주의 하락세로 인해 2022년 9월말 시점으로 8만 원에서 9만 원 정도 수준을 유지하고 있다. 9만 원대는 매수 가능한 위치다. 장기적 투자자에게는 매수 적기이나 가성비 측면으로는 시스템 반도체 중소형주 중 바닥권에 있는 종목에 투자하는 것이 좋을 것 같다는 의견이다. SK하이닉스는 미국의 반도체 Chip4 정책에 가장 강력한 도전을 받고 있고 미국과 중국의 반도체 패권전쟁 속에 양쪽에서 공격당하는 형국이다. 8-9만 원 하단, 11-12만 원 상단의 박스권 횡보가 몇 년 지속될 수도 있다는 이야기다.

SK하이닉스는 투자 매력도에서는 그렇게 높지 않다고 판단되고 시스템반도체 중심으로 중소형주에서 투자종목을 찾는 것이 더 효과적으로 생각된다. 앞으로 3~5년 정도 미국과 중국의 반도체 패권전쟁의 양상을 확인해 보자는 것이다.

SK이노베이션

SK그룹의 주요 3대 축은 SK스퀘어, SK하이닉스, SK이노베이션이라고 할 수 있다. SK이노베이션은 우크라이나-러시아 전쟁으로 형성된 인플레이션과 에너지 패권전쟁의 연결고리에 대표주로 부상할 수 있다. 트레이딩 감각으로 52주 최고가와 최저가를 4등분 해 현재 위치를 파악한 후 투자전략을 수립해 보자.

1년 단위로 박스권 가능성이 높고, 10~12만원 매수 가능 영역, 18~20만원 매도 가능 영역으로 LG에너지솔루션, 삼성SDI보다 투자매력도에서 점수가 낮다. 상대적으로 서부 텍사스 중질류와 SK이노베이션을 x-y축에 그려놓고 변동성 에너지를 함께 측정하며 대응해보면 투자 기준을 효과적으로 대응할 수 있을 것이다.

매일 종가를 그려보면서 상단 의미있는 고점과 하단 의미있는 저점을 찾아보기 바란다. 투자전략 상 10~12만원 영역을 분할 매수전략으로 설정하고, 18~20만원 영역을 분할 매도로 대응할 것을 추천한다.

SK케미칼, SK가스, SK디스커버리, SK디앤디

위 기업은 최창원 부회장이 최대주주이거나 대주주로 있는 SK디스커버리가 대주주인 회사로 SK그룹에서 기업분할해서 독자경영을 한다면 제일 쉽게 분할이 가능한 기업이다. SK그룹의 지배구조에서 따로 떨어져 있는 SK가스와 SK케미칼을 독립적으로 경영하고 있는 만큼 향후 SK그룹에서 완전히 독립할 가능성이 없지 않은 것으로 보인다.

위 기업들의 주요주주 연결고리를 살펴보면 최창원 부회장-SK디스커버리 주요주주로 구성되어있고 SK케미칼-SK가스-SK디앤디는 SK디스커버리가 지배하는 구조로 되어 있다. 따라서 거버넌스 측면으로 접근하면 SK디스커버리가 가장 중요한 핵심회사이고 그 외 SK케미칼-SK가스-SK디앤디는 업황 사이클에 따라 주가 위치를 보면서 투자시점을 결정할 것을 추천한다.

가격대 기준으로 보면 SK디스커버리는 3만 5,000원~3만 8,000원 매수 영역이고, 5만 원부터 매도 영역으로 설정하면서 1년 단위로 투자전략을 수립하는 종목이다.

SK케미칼은 8~10만원을 집중 매수 영역으로 설정하고, 15만 원 돌파까지 수면제 모드로 대응할 만한 종목이다.

SK디앤디는 2만 2,000원~2만 5,000원 매수 영역, 4만 원 이상에서는 매도로 대응하는 종목으로 SK그룹주 중 가격이 가장 매력적인 종목이다. SK가스는 10~15만 원 박스로 판단한다.

SK바이오사이언스, SK바이오팜, SK아이이테크놀로지

신규상장하면서 SK그룹의 거버넌스 게임을 완성시킨 종목이다. 카카오그룹과 비슷하다고 생각되며 상장 후 주가 하락이 매우 큰 종목들이다. 당분간 매매하지 않고 바닥권 패턴을 언제까지 보이는지 분기별 매출과 영업이익을 추적해가면서 2022년은 흘려보내는 것이 상책이다.

SK바이오사이언스는 신규 상장 후 고점 36만원 정도에서 최근 급락으로 1/5토막이 된 7만 원 초반정도의 가격을 형성하는 상황인데 7만 원대 부터 1만 원 단위당 추가 하락하면 분할 매수하는 전략은 가능하다.

SK바이오팜도 마찬가지인데 신규 상장 후 19만원 대가 고점인데 1/3~1/4토막되는 주가 수준이 5~6만원 수준인데 여기서는 바겐세일 가격 수준으로 판단한다.

SK아이이테크놀로지는 신규 상장 후 고점 24만 9,000원에서 9월말 현재 1/4토막된 5만 원 중반대에 거래되고 있다. 5만 원 영역을 분할 매수영역으로 설정한다.

전 정부에서 거버넌스 게임이 가장 화려하게 형성된 그룹이 카카오그룹과 SK그룹이다. 그 과정에서 신규 상장된 3인방 주가가 그 후유증을 실현하고 있는데 고점에서 1/3~1/4토막 수준까지 하락하면 작용 반작용의 원리로 지분가치 회복 게임이 나타날 것인데 2023~2025년 코스에 나타날 확률이 높다.

4

롯데

한국 유통 강자로
부활을 준비하는 롯데

롯데, 한여름의 이례적 인사

2020년 8월 롯데그룹은 깜짝 임원인사를 단행했다. 연말 정기인사보다 4개월 앞당긴 임원인사로 시점과 내용, 모두 파격이었다. 신동빈 회장의 오른팔로 통했던 황각규 부회장이 경영일선에서 물러났고 일부 계열사 임원이 교체되었다. 이례적인 인사 시점과 내용에는 '뉴롯데'를 향한 신동빈 롯데그룹 회장의 의지가 담겼다.

황각규 부회장은 롯데에서만 40년을 근무한 정통 롯데맨이다. 일본 노무라증권과 일본 롯데상사에서 일하던 신 회장이 1990년 호남석유화학(현 롯데케미칼)에 상무로 입사하면서 황 부회장이 신동빈 회장의 직속으로 배치되며 처음 인연을 맺었다. 후계자 수업을 위해 한국으로 건너왔지만 한국어와 한국문화가 낯설던 신동빈 상무는 유창한 일본어 실력을 가진 황각규 부장과 친밀하게 지내며 회사에 빠르게 적응한다. 1995년 신 회장이 그룹 기획조정실 부사장으로 자리를 옮길 때도 전에 없던 '국제부장' 직함까지 만들며 황 부회장을 데리고 갔을 만큼 황 부회장은 언제든 신동빈 회장과 함께였고 둘 사이의 신뢰는 아주 두터웠다.

황각규 부회장은 신 회장의 오른팔로서 굵직한 인수합병M&A을 진두지휘하며 롯데그룹을 재계 5위에 올려놨다. 신 회장이 한국롯데그룹 회장을 맡은 후 뉴롯데의 기틀을 다지는 시기에도 황 부회장이 늘 함께였다. 새 컨트롤타워인 경영혁신실을 신설하며 이 조직의 수장을 맡았고. 그룹 지배구조 개편 작업도 도맡았다. 2015년 롯데그룹의 경영권 분쟁은 물론, 신격호 명예회장의 장례위원장을 맡는 등 신 회장과 가장 가까운 자리에 있었다. 30년 동안 신동빈 롯데그룹 회장의 경영 조력자 겸 오른팔로 신임을 받아온 황 부회장의 중도퇴진을 둘러싸고 그 배경과 회사 내부에서 일어날 변화에 관심이 집중되었다.

2020년은 롯데에게 악몽으로 기억되고 있다. 코로나19로 그룹의 주력 비즈니스인 유통과 화학이 함께 직격탄을 맞으며 창사 이래 최대 위기를 겪었다. 2020년 롯데그룹의 자산 총액은 117조 8,000억 원으로 전년 대비 3% 감소했다. 코로나 여파에 전 세계가 어려움을 겪는 상황이었지만 삼성, 현대차, SK, LG를 포함한 5대 그룹 가운데 자산 총액이 감소한 곳은 유일하게 롯데뿐이었다. 롯데그룹의 쌍두마차는 롯데쇼핑(롯데백화점)과 롯데케미칼이다. 연매출액 20조 원에 근접한 두 회사의 실적이 롯데그룹의 실적을 사실상 결정한다. 그런데 코로나19로 두 회사가 직격탄을 맞았다. 롯데쇼핑은 2020년 2분기 영업이익 14억 원으로 지난해 같은 기간대비 98.5% 줄었고 롯데케미칼 역시 영업이익 329억 원으로 무려 90.5% 급감했다. 여기에 롯데 계열사 7곳의 온라인몰을 통합하며 야심차게 시작한 롯데온은 완벽한 실패로 막을 내렸다. 이대로라면 재계 5위 자리도 위태롭다는 소문이 돌고 있는 롯데는 그야말로 사상 최대 위기를 겪고 있다.

롯데그룹은 코로나19 확산으로 인해 쇼핑과 면세점, 호텔 등 오프라인 사업이 직격탄을 맞았다. 그러나 현재 롯데그룹이 겪고 있는 위기는 몇 년간 누적된 위기상황이 곪고 터진 결과다. 2019년 일본 불매운동으로 휘청거린 롯데그룹은 2018년 신동빈 회장의 법정 구속 사태를 겪었다. 그보다 1년 전에는 2017년 사드 THAAD, 고고도미사일방어체계 사태에 따른 중국 사업 철수 위기를 겪었고, 2016년 검찰의 경영비리 수사로 홍역을 치렀다. 이 모든 사건의 시작을 찾기 위해서는 2015년 형제간 경영권 분쟁으로 거슬러 올라가 보아야 한다.

롯데그룹 잔혹사의 시작, 형제의 난

롯데그룹 악재의 시작은 2015년 1월 시작된 '롯데 형제의 난'이었다. 당시 신동빈 회장의 형인 신동주 전 롯데홀딩스 부회장이 맡고 있던 모든 직위에서 해임되며 롯데그룹 후계구도에 지각변동이 일었다. 2013년부터 롯데제과, 롯데손해보험, 롯데푸드 등 계열사 주식을 매입하는 과정에서 지분을 둘러싸고 치열한 다툼을 벌였던 것이 화근이었다. 형제간의 지분싸움은 신동주 전 부회장이 일본 롯데그룹의 주요 임원직에서 해임되면서 일단락되는 듯했다. 그러나 7월 신격호 명예회장이 신동주 전 부회장과 신영자 롯데복지재단 이사장 등과 함께 일본으로 건너가 신동빈 롯데그룹 회장을 비롯한 6명을 일본 롯데홀딩스 등기이사에서 해임하면서 경영권 다툼은 다시 수면 위로 떠올랐다. 신동주 전 부회장은 아버지인 신격호 총괄회장을 앞세워 복귀를 노렸지만 바로 다음 날 신동빈 회장이 신격호 총괄회장을 일본 롯데홀딩스 대표이사에서 끌어내리면서 그가 내린 결정은 모두 무효가 됐다.

신 총괄회장마저 퇴진 당하면서 신격호, 신동주, 신동빈 삼부자 간 갈등의 골은 더욱 깊어졌다. 고소 고발이 오가면서 신동빈 회장과 신동주 SDJ코퍼레이션 회장의 경영권 분쟁이 시작되었다. 신동주 회장은 신격호 회장이 신동빈 회장을 일본롯데홀딩스 이사에서 해임하라고 했다며 해임지시서를 공개했다. 그러나 한국 롯데그룹 계열사의 사장단은 신동빈 회장을 굳건하게 지지했다. 신동빈 회장 측 역시 신동주 회장의 주장에 법적 효력이 없다고 반박하며 정면 대응했다. 신동주 회장은 경영권 분쟁이 시작된 이후 일본 롯데홀딩스 주주총회에 신동빈 회장 해임안을 지속적으로 제안한다. 그러나 일본 롯데홀딩스 주주들이 굳건하게 신동빈 체제를 지지하면서 신동빈 회장 체제가 이어진다.

경영권은 지켰지만 형제 간의 경영권 분쟁은 뜻밖의 상황으로 전개된다. 한·일 롯데그룹 경영권을 둘러싼 오너일가의 경영권 다툼 과정에서 왜색논란이 제기된 것이다. 일본 롯데홀딩스는 사실상 한국 롯데그룹을 지배하고 있다. 일본 롯데홀딩스는 L투자회사1, L투자회사2 등 비상장사 12개의 지분 100%를 갖고 있는데 L투자회사1~12는 한국 롯데의 핵심인 호텔롯데 지분 72.3%를 보유하고 있다. 또 일본 롯데홀딩스 자체가 보유한 호텔롯데 지분도 19.1%에 달할 만큼 일본계 지분이 절대적이다.

매출 규모 등이 월등히 앞서는 한국롯데 지배구조 상위에 일본롯데가 자리하고 있으며 분쟁 과정에서 총수일가 삼부자가 일본어로 대화하며 일본식 이름을 부르는 것을 두고 사실상 롯데가 일본계 기업이 아니냐는 여론이 일었다. 또 공개석상에서 신동주 전 부회장의 한국어 구사 능력이 현저히 떨어지는 것이 공개되면서 대중의 뇌리에는 '롯데=일본기업'이 자리 잡았다. 상황이 이렇게 흐르자 일종의 국가 특혜사업인 면세사업권을 롯데가 가지면 안 된다는 목소리가 제기됐다.

당시 업계 1위 롯데면세점은 2015년 12월 말 본점과 월드타워점의 특허가 만료될 예정이었다. 두산, 신세계 등 대형 유통업체들이 시내 면세점 사업권을 획득하기 위해 치열한 경쟁을 벌이는 가운데 두 곳의 특허권을 지키지 못할 수도 있다는 위기감이 감돌았다. 면세사업은 호텔롯데 매출의 상당 부분을 차지하는 캐시카우다. 2014년 한 해 동안 본점과 월드타워점에서 올린 매출액은 2조5천억 원가량으로 호텔롯데 전체 매출액의 53%에 해당하는 수치다. 롯데는 중국인 관광객 유치 등에 적극 나서며 면세점 수성의지를 드러냈다. 그러나 서울 시내면세점 특허경쟁에서 낮은 점수를 받으며 롯데 월드타워점은 면세점 사업권을 잃었다.

형제의 난이 벌어지는 와중에 롯데그룹과 오너일가에 대한

국민감정은 악화되었다. 롯데에게 정권의 검은 손이 다가온 것도 이때였다. 롯데면세점 월드타워점의 특허 재심사에서 탈락한 롯데그룹에 해를 넘긴 2016년 3월 K스포츠재단 관계자가 접근해 지원금을 요구한다. 이때 롯데그룹은 국정농단 의혹의 핵심인 K스포츠재단과 미르재단에 각각 17억과 28억 원을 기부했다. K스포츠재단의 체육시설 건립사업에도 출연금 70억 원을 추가로 후원했다. 그러나 롯데의 경영권 비리 수사가 시작되면서 그 자금을 돌려받았다.

형제의 난이 진행되는 와중에도 악재가 계속되었다. 2016년 정운호 게이트 수사가 본격화되면서 롯데는 검찰의 타깃이 되었다. 정운호 네이처리퍼블릭 대표가 면세점 입점 로비를 위해 신격호 총괄회장의 장녀 신영자 롯데장학재단 이사장 등 롯데 관계자들에게 금품을 건넸다는 의혹이 제기되었다. 검찰은 이를 규명하기 위해 수사에 나섰고 호텔롯데 면세사업부와 신 이사장의 자택 등을 압수수색했다. 시작은 입점 로비였지만 곧 롯데그룹 전체 수사로 확대된다. 호텔롯데가 롯데그룹의 실질적 지주사로 롯데그룹의 자금이 집중되는 만큼 롯데그룹 전체의 경영 비리 가능성을 열어둔 것이다. 검찰은 롯데그룹 17개 계열사를 압수수색하며 본격적인 수사에 나섰다.

롯데 총수 일가 비자금 조성 수사가 본격적으로 진행되면서 롯데그룹의 경영활동은 사실상 마비되었다. 신동빈 롯데그룹 회장이 해외 출장으로 자리를 비운 가운데 주요 계열사 사장단은 출국금지로 발이 묶였다. 컨트롤타워의 붕괴는 주요 사업의 차질로 이어졌다. 역점 사업이던 호텔롯데 상장은 무기한 연기되었고 숙원 사업인 롯데월드타워 완공도 미뤄질 가능성이 컸다. 롯데케미칼이 1년 넘게 검토해온 미국 화학업체 액시올 인수도 포기했다. 그룹 핵심사업부터 신성장 동력까지 총체적 난국에 빠졌다. 핵심 사업 계획이 줄줄이 철회되면서 그룹 내 상장사 주가도 추락했다. 호텔롯데 상장 철회신고서를 제출한 6월 13일 하루 만에 9개 롯데그룹 상장사의 1조 원이 넘는 시가총액이 날아갔다.

검찰은 9월 신동빈 회장에 대한 구속영장을 신청했으나 기각되자 신격호, 신동빈 등 롯데그룹 관련자 24명을 2,791억 원에 달하는 횡령·배임·조세포탈 등의 혐의로 불구속 기소한다. 신동빈 회장은 2009년 9월부터 2015년 7월까지 계열사 끼워 넣기 등의 방법으로 회사에 471억 원의 손해를 끼친 혐의를 받았다. 또 회사에 774억 원의 손실을 끼치고 오너 일가에 508억 원의 급여를 부당 지급한 혐의도 받았다. 신격호 총괄회장은 2006년 차명주식을 장녀 신 이사장과 사실혼 관계에 있는 서미경씨에게 건네는 과정에서 증여세 858억 원을 탈루한 혐의로 기소되었고 신동주 회장은 부당 급여 391억 원을 챙긴 혐의를 받았다.

사법부의 칼끝은 더욱 예리하게 신동빈 회장을 정조준했다. '최순실·박근혜 게이트'에도 연루되어 수사를 받게 됐다. 롯데그룹은 2016년 3월 신동빈 회장이 당시 박근혜 대통령을 독대한 후 최순실이 지배하던 K스포츠재단에 70억 원을 기부했다. 검찰은 롯데가 재단 출연금 납부, 신동빈 회장과 박 전 대통령의 독대를 통해 잠실 면세점 추가 특허를 발급받은 것으로 판단하고 수사를 이어나갔다. 롯데그룹 신동빈 회장의 사법 리스크가 끝도 없이 확산되는 듯 보였다.

이런 상황에도 롯데그룹 경영권 분쟁은 이어지고 있었다. 신동주 전 부회장은 비자금 의혹으로 신동빈 회장의 도덕성이 도마 위에 오르내리는 상황에서 표심을 얻기 위한 물밑 작업을 벌였다. 신동빈 회장이 경영권을 장악하고 있는 만큼 유리할 것이라는 판단이 지배적이었지만 롯데그룹이 검찰의 압수수색을 받으며 창사 이래 최대 위기를 맞고 있는 상황은 부담이었다. 그러나 우려와 달리 세 번째 표대결에서도 신동빈 회장이 승리하며 체제를 유지하게 된 신동빈 회장은 곧 신동주 전 부회장의 전횡을 막기 위한 반격을 시작했다. 2016년 2월 신 회장 측은 신동주 회장의 편에 서 있는 아버지 신격호 총괄회장의 성년후견인을 지정해 달라는 소송을 법원에 제출한다.

성년후견인 제도는 의사결정에 제약이 있는 성인(피후견인)에게 법원이 법적 후견인을 정해주는 제도다. 신 총괄회장이 성년후견인이 필요하지 않은 상황이라면 신동주 전 부회장이 유리하다. 아버지의 건강함과 위임장을 내세워 신동빈 회장과 지루한 싸움을 벌이는 신 전 부회장이 다시 한번 반전의 카드를 얻을 수 있기 때문이다. 그러나 재판부가 성년후견인 지정을 선고하면 신동주 SDJ코퍼레이션 회장의 입지는 좁아지고 신동빈 회장이 승기를 잡게 된다. 롯데 원톱체제를 확고히 할 수 있는 카드인 셈이다. 이 소송에서 1심과 2심 재판부는 모두 신격호 총괄회장의 한정후견인을 지정해야 한다고 판단했다. 대법원도 이를 받아들이며 2017년 6월 사단법인 선이 신격호 총괄회장을 한정후견인으로 최종 결정됐다. 한정후견인이 있는 사람은 독자적으로 사무를 결정할 수 없는 만큼 신동주 회장은 가장 큰 우군을 잃게 되었다.

중국 사드 보복과
무너진 중국 시장

2016년 7월 한국과 미국은 북한의 핵과 대량살상무기, 탄도미사일 위협을 막아내기 위한 고고도미사일 방어체계 즉, 사드THAAD의 주한미군 배치를 공식 발표한다. 중국은 사드 배치에 대해 미국이 북한의 위협을 구실로 동북아에 새로운 미사일방어 거점을 구축하는 것이라며 강력하게 반대 입장을 취했다. 미국이 사드의 AN/TPY-2 레이더를 전진배치모드로 설정해 탐지거리를 큰 폭으로 확대한다면 중국의 영토를 감시할 수 있기 때문이었다. 정부가 경북 성주군을 사드 배치 지역으로 결정하면서 중국은 한국에 대한 문화, 여행, 유통업계 전반에 대한 보복조치를 단행했다. 이 과정에서 경북 성주군 초전면 성주골프장을 사드 부지로 제공한 롯데그룹은 중국 정부의 보복 대상으로 지목된다.

중국 정부는 소방법 위반을 이유로 중국 내 롯데마트 99개 지점 가운데 약 90%인 87개 지점의 영업을 중단시켰다. 나머지 문을 연 10개 점포마저 불매운동으로 손님들의 발길이 끊어졌고 매출은 급감했다. 2017년 2분기 중국 롯데마트 매출은 지난해 같은 기간과 비교했을 때 10%에 불과한 210억 원을 기록했다. 연말까지 이어질 경우 연간 매출 감소액은 1조 원에 이른다. 그럼에도 불구하고 롯데마트 철수를 쉽게 결정할 수 없었다.

롯데는 2007년 중국에서 운영 중이던 네덜란드 마크로 매장 8곳을 1조 2,000억 원에 인수하며 중국 시장에 진출했다. 일부 매장의 계약 기간이 10년 이상 남았고, 롯데백화점, 롯데제과 등 여러 계열사가 중국에 진출해 있는 상황에서 롯데마트가 철수한다면 사실상 중국 사업 전체를 접어야 하는 위기로 몰리는 만큼 최대한 버틸 수밖에 없었다. 7,000억 원의 자금을 쏟아부으며 중국 시장 지키기에 나섰던 롯데는 결국 6개월 만에 두 손을 들고 중국 롯데마트를 매각하기로 결정한다.

2017년 황금알을 낳는 거위로 불리던 면세점 업계 역시 긴 고통의 터널에 빠진다. 2017년 3월 중국인 관광객의 단체관광을 금지한 금한령이 내려진 것이다. 중국이 금한령을 내린 이후 3개월 만에 국내 면세점 업체들의 매출은 예년보다 30% 가까이 감소한다. 중국인 관광객이 50% 가까이 감소한 상황에서 신규 면세점 출점으로 경쟁이 치열해지자 수익성은 더욱 악화되었다. 사드 보복으로 인해 적자가 누적되면서 임차료를 감당하지 못한 롯데는 인천국제공항 제1여객터미널 면세점에서 철수하는 상황까지 내몰렸다.

지배구조 개편

//

　　롯데의 지주회사 전환 국면에서 형제의 난은 재점화되는 조짐을 보이고 있었다. 신동빈 회장은 2015년 8월 경영권 분쟁에 대한 대국민 사과문에서 "순환출자를 80% 해소하고 중장기적으로 그룹 지주사로 전환해 순환출자를 완전히 해소하겠다."고 약속한 바 있다. 롯데는 지주회사 전환 계획을 실행해 나갔다. 먼저 롯데제과와 롯데쇼핑, 롯데칠성음료, 롯데푸드를 각각 투자부문과 사업부문으로 인적분할한 다음 롯데제과의 투자부문이 나머지 3개사의 투자부문을 흡수해 하나의 지주회사로 합병하는 방식이 거론됐다. 이 계획이 성사되면 신동빈 회장의 보유지분은 10.56%, 신격호 총괄회장과 신동주 회장은 각각 2.92%와 5.73%를 보유하게 된다. 신동빈 회장이 보유한 지주사 지분이 신격호 총괄회장과 신동주 회장의 지분을 합친 것보다 많아지면서 신동빈 회장 중심의 한국롯데 경영권을 강화시킬 수 있다.

문제는 합병 비율이었다. 롯데는 롯데제과를 1로 두었을 때 롯데쇼핑 1.18443858, 롯데칠성음료 8.3511989, 롯데푸드 0.7370290으로 합병비율을 정했다. 분할·합병비율의 근거가 된 합병가액은 각각 주당 롯데제과 7만 8,070원, 롯데쇼핑 86만 4,374원, 롯데칠성음료 184만 2,221원, 롯데푸드 78만 1,717원으로 확정했다. 신동주 회장 측은 합병비율이 신동빈 회장에게 비정상적으로 유리하게 책정되었다며 즉각 반대 입장을 밝혔다. 롯데쇼핑 주가가 합병가액의 1/3수준인 것을 문제 삼으며 롯데제과·롯데쇼핑·롯데칠성음료·롯데푸드 4개 회사 분할·합병을 위한 주주총회 결의를 금지해 달라는 가처분 신청서를 서울중앙지법에 제출했다. 그러나 이미 신동빈 회장이 한국롯데를 장악한 상황에서 신동주 회장의 소송은 지주회사 전환에 큰 영향을 주지 못하고 롯데지주가 연내 상장되며 지주사 전환을 마무리하게 된다.

2017년 10월 12일 롯데지주가 공식 출범했다. 모태인 롯데제과를 중심으로 4개 상장 계열사의 투자부문이 합병된 롯데지주의 자산은 6조 3,579억 원, 자본금 4조 8,861억 규모에 달했다. 롯데제과 1을 기준으로 롯데쇼핑 1.14, 롯데칠성음료 8.23, 롯데푸드 1.78 비율로 분할합병했다. 지주사 출범으로 롯데는 순환출자고리를 상당히 해소할 수 있었다. 롯데는 2015년 416개에 달했던 순환출자고리를 순차적으로 해소해 67개까지 줄였다. 4개 회사는 계열사 지분을 상호 보유하고 있는 만큼 분할합병을 통해 순환출자고리를 18개로 줄일 수 있다. 지주회사 체제 전환은 지배구조를 단순화시켜 경영 투명성을 높이고 그동안 저평가되었던 기업가치를 높일 수 있는 기회이자 신동빈 회장 체제 출범을 알리는 신호탄이기도 했다.

지주사 전환 이후 10월 30일 롯데지주와 롯데푸드, 롯데쇼핑과 롯데칠성, 롯데제과는 코스피에 재상장 된다. 롯데지주는 시초가 6만 4,000원 대비 10% 오른 7만 400원에 마감했다. 상표권 수수료 수입과 자회사 지분가치 상승에 대한 기대감, 비상장사 IPO 가능성 등 롯데지주에 대한 긍정적인 분위기가 형성되었다.

그러나 변경 상장한 사업회사들은 롯데푸드를 제외한 3개 회사가 모두 하락했다. 롯데쇼핑은 7% 하락한 21만 원, 롯데칠성은 3.77% 밀린 130만 원, 롯데제과는 15.74% 떨어진 19만 원에 거래를 마쳤다. 특히 롯데제과는 시초가 대비 15%나 하락하면서 낙폭을 키웠다. 롯데그룹 지배구조 개편의 기대감보다는 개별 기업의 실적 악화가 반영된 결과라는 분석이다. 변경상장 나흘 전, 롯데쇼핑은 지난해 같은 기간보다 57.6% 감소한 745억 원의 영업이익을 기록했다고 발표했다. 사드 설치로 인한 중국의 경제보복으로 위기를 겪던 롯데쇼핑은 이 기간 5,332억 원의 순손실을 내며 적자로 전환했다. 중국 사업 철수를 검토하면서 주가는 하방압력을 받았다. 롯데칠성과 롯데푸드도 3분기 영업이익이 전년 동기보다 각각 32%, 19.9% 줄어든 영향으로 주가가 힘을 내지 못했다. 이날 롯데푸드만 유일하게 5.04% 오르며 65만 5,000원에 장을 마쳤다.

이후 2018년 2월 롯데로지스틱스, 대홍기획, 롯데상사, 한국후지필름, 롯데지알에스, 롯데아이티테크 등 6개 비상장 계열사의 투자부문을 롯데지주에 흡수합병 시키며 복잡하게 얽히고 설켰던 상호출자고리를 깔끔하게 정리했다. 2015년 8월 투명경영을 선포한 지 2년 6개월 만이었다. 롯데그룹의 상호 순환출자고리는 2014년 74만 8,963개, 2015년 투명경영 선포 당시 276개였다. 롯데는 출자고리를 끊는 작업을 지속하며 2017년 10월 롯데지주 출범 당시 13개까지 줄였다. 이후 11월 2개의 고리를 끊어내며 11개가 남은 상황이었다. 지주회사 전환과정에서 발생한 상호 순환출자를 등기일로부터 6개월 이내 모두 해소해야 하는 공정거래법에 따라 비상장 계열사 투자부문을 롯데지주에 합병시키면서 이제 그룹 내 모든 순환출자고리는 0이 되었다. 이 과정에서 일반 지주사는 금융계열사를 보유할 수 없다는 규정에 따라 6개 비상장사가 보유하고 있던 롯데캐피탈, 롯데손해보험 등 지분은 블록딜을 통해 호텔롯데와 부산롯데호텔에 매각했다.

앞서 롯데 경영비리 사건과 관련해 횡령 등 혐의로 불구속 되었지만 일부 혐의만 유죄로 인정되며 신동빈 회장은 2017년 12월 징역 1년 8개월에 집행유예 2년을 선고받았다. 그러나 2개월 만에 국정농단 사건에서 2년 6개월 실형을 선고받고 신 회장은 법정 구속된다. 비상경영체제에 돌입한 롯데는 신동빈 회장이 없는 상황에서 지주사 체제를 강화하는 첫 고비를 무사히 넘겼다. 일부 주주들이 총수 부재 사태로 경영권 분쟁이 재점화될 것을 우려하기도 했지만 신 회장과 특수관계인 등 우호지분이 50%에 달해 합병안은 큰 어려움 없이 통과되었다. 일본 롯데홀딩스도 서면으로 찬성의사를 밝히는 위임장을 제출한 만큼 신동주전 롯데홀딩스 부회장도 반대 의견 등 특별한 목소리를 내지 않았다. 합병으로 롯데지주에 편입된 계열사는 종전 41개에서 53개로 늘어났으며 50% 수준이던 신 회장과 특수관계인의 실질 의결 주식 비중은 60.9%까지 늘어났다.

2018년 10월 5일 법정 구속 235일 만에 신동빈 회장이 석방됐다. 8개월 만에 그룹 총수 공백사태에서 벗어난 롯데는 금융계열사 매각을 통해 신동빈 회장의 뉴롯데 지주사 체제 완성에 박차를 가한다. 2018년 롯데카드와 롯데손해보험을 매각한 데 이어 2019년 롯데지주와 건설이 보유한 롯데캐피탈 지분을 일본 롯데홀딩스 금융계열사 롯데 파이낸셜에 매각한다. 이로써 롯데그룹은 공정거래법 금산분리 위반 사안을 모두 해소하게 되었다. 그러나 여전히 일본 롯데의 지주회사인 롯데홀딩스가 지배하는 호텔롯데 연결고리는 숙제로 남아있다. 호텔롯데가 롯데지주(11.1%)는 물론 롯데쇼핑(8.86%), 롯데물산(32.83%) 지분을 상당수 보유하고 각 계열사에 영향을 미치는 불안정한 형태가 해소되지 않았기 때문이다. 신동빈 회장은 롯데홀딩스 회장이지만 롯데홀딩스 최대주주(28.1%)인 광윤사 지분율은 38.8%다. 신동주 회장이 보유한 50%보다도 낮은 것이다. 롯데홀딩스와 관계사인 L투자회사가 국내 계열사에 미치는 영향력을 끊어내지 못하는 이상 롯데그룹의 지배구조는 여전히 진행 중이었다.

NO재팬 NO롯데,
중국에 맞고 일본에 터지고

롯데그룹은 사드 배치를 둘러싼 갈등으로 촉발된 경제보복 조치와 불매운동 역풍에서 온전히 벗어나기도 전에 또 한 번 위기를 겪게 된다. 2019년 7월 일본 정부의 경제보복으로 촉발된 일본 제품 불매운동이 사회 전방위로 확산되면서 롯데그룹에 불똥이 튀었다. 롯데그룹은 불매운동에 대해 좋지 않은 기억이 있다. 2017년 본격화된 중국의 한국제품 불매운동 여파로 대다수 롯데마트 점포를 폐쇄했고 화동·화북 법인을 현지에 매각했다. 10년간 공을 들였던 중국 시장에서 철수하며 발생한 피해금액만 1조 원이 넘었다. 당시에는 한국 기업으로 국가 안보를 위해 협조했다는 이유로 중국에서 경제 보복을 당하는 롯데그룹을 지지하는 분위기였다. 심지어 '롯데 구매운동'까지 있었다. 그런데 불과 1년여 만에 '일본기업'으로 분류되어 불매운동 타깃이 되었다

롯데를 일본기업이라고 주장하는 다양한 이유가 있지만 과거 지배구조가 큰 영향을 미쳤다. 신격호 명예회장은 1948년 일본에서 롯데를 세운 뒤 1967년 한국으로 건너와 국내 사업을 시작했다. 이후 국내 주요 투자가 이뤄질 때마다 일본 롯데 자금을 활용했다. 일본에서 번 돈을 한국에 투자하면서 국내 롯데 계열사들은 일본 롯데와 지분관계가 복잡하게 얽혔다. 그러나 이미 일본 롯데와의 지분고리는 어느 정도 끊어진 상황이었다.

신동빈 회장은 일본과의 연결고리를 끊고 순환출자고리를 해소하기 위해 2017년 10월 롯데지주를 통한 지주사 체제로 전환했다. 롯데지주 아래 롯데쇼핑, 롯데케미칼, 롯데제과 등 그룹 주력 계열사를 포함시키며 복잡하게 얽혔던 지배구조 개편은 깔끔하게 완성됐다. 지분 정리로 롯데지주에 편입된 회사 중 유통·화학·식품 분야 66개 회사는 온전히 한국 기업인 것이다. 딱 한 곳, 호텔롯데만 아직까지 일본 자본 100%를 소유하고 있었다. 그러나 이 또한 상장을 통해 일본 주주 지분율을 50% 미만으로 떨어뜨릴 예정이었다. 롯데그룹 입장에서는 짙게 배인 일본기업 이미지에 발목 잡혔다.

일본기업 제품 불매운동이 확산되면서 롯데의 주류, 식품, 유통, 패션 사업들이 영향을 받았다. 일본기업과 함께 국내에서 하는 사업이 대부분 문제가 됐다. 유니클로, 무인양품, 아사히 맥주가 타깃이 되면서 매출이 지속적으로 감소했다. 특히 롯데쇼핑이

49% 지분을 가지고 있는 유니클로는 50곳이 폐점을 하며 직격탄을 맞았다. 롯데칠성이 지분을 50% 투자한 롯데아사히주류 역시 매출이 86% 감소하며 수입 맥주 순위 1위에서 9위로 추락했다. 유니클로와 아사히맥주는 불매운동으로 매출이 곤두박질치면서 롯데지주, 롯데쇼핑, 롯데하이마트 등 롯데그룹 주력 계열사 주가 역시 한 달 사이 20% 이상 급락했다.

코로나 비상 체제 속
형제의 난 승자는?

    2020년 1월 19일 롯데그룹 창업주인 신격호 롯데그룹 명예회장이 노환으로 별세했다. 롯데그룹 창업주 신격호 명예회장은 신문 배달을 하는 등 맨손으로 재계 5위 기업을 탄생시켰다. 껌에서 시작해 초콜릿과 캔디, 비스킷 등으로 품목을 늘리며 롯데를 종합과자 브랜드로 만들었고, 제과사업에서 번 돈을 호텔과 쇼핑몰, 화학 등에 투자하며 사업을 확장했다. 부동산을 사들이며 한때 세계 부자 순위 4위에 이름을 올리기도 한 신격호 명예회장의 빈자리는 이제 둘째 아들 신동빈 회장의 몫이 되었다. 그러나 신회장 앞에 놓인 길은 순탄치 않았다. 중국발 신종 코로나바이러스가 확산되면서 국내 여행과 면세점은 그야말로 초긴장 상태에 놓인다.

같은 해 1월 27일 중국 당국은 호텔과 항공편 예약을 포함한 모든 업무를 중단하고 자국민의 해외 단체 관광을 금지했다. 사드 설치 이후 계속되었던 중국 정부의 한한령 기조가 사실상 해제되면서 중국 단체관광객 회복과 춘절 호재로 면세점 시장은 전년보다 20% 이상 성장할 것이라 내다보기도 했다. 그러나 신종 코로나바이러스 확산으로 장밋빛 전망 일색이던 시장 분위기는 급반전되었다. 당장 면세점 매출이 급감하기 시작했다. 2~3월 롯데면세점 국내 전 지점 매출은 전년 대비 50~60% 감소했다. 공항점 매출은 전년 대비 90% 이상 떨어졌다. 결국 코로나19로 매출이 급감하는 상황에서 인천공항의 임대료를 감당하기 어려웠던 롯데면세점은 신라면세점과 함께 인천국제공항 제2터미널 면세사업권까지 포기하게 된다. 다음은 호텔이었다. 예약취소가 속출하면서 객실 점유율은 평상시의 1/6 수준으로 급격하게 떨어졌다. 국내외 30개 체인 호텔에서 총 5만 실의 예약취소가 발생했고 각종 콘퍼런스 등 회의 취소도 160건이 넘을 만큼 사태가 악화되었다.

코로나 직격탄 속에 호텔롯데의 1분기 매출액은 전년동기대비 34.5% 감소한 1조 874억 원에 머물렀다. 영업손실은 791억 원으로 적자전환했다. 이같은 실적 악화는 전체 매출의 80%를 차지하던 면세사업 부진 영향이 컸다. 코로나19 여파로 전 세계 하늘길이 막히면서 고객 수가 급감했고 확진자 방문으로 연쇄 폐점이 이어진 영향이었다. 1분기 롯데면세점 매출액은 전년동기대비

37.5% 가량 감소하며 8,726억 6천만 원을 기록했다. 1년 전 영업이익만 1천억 원에 달했던 롯데면세점의 영업이익은 42억 원으로 쪼그라들었다. 호텔과 면세가 모두 직격탄을 맞으며 1분기 800억의 적자를 기록하면서 지주사 체제 완성의 마지막 퍼즐인 호텔롯데 상장도 한 발짝 멀어졌다.

국내 유통 사업도 피해갈 수 없었다. 코로나19 확산으로 사람들이 많이 모이는 시설에 대한 기피 현상이 발생하고 소비심리가 악화되며 주력사업인 유통 사업이 어닝쇼크를 기록했다. 롯데쇼핑의 1분기 매출은 8.3% 줄어든 4조767억 원, 영업이익은 74.6% 감소한 521억 원을 기록했다. 백화점 매출은 타격이 더 컸다. 백화점 부문 1분기 영업이익은 258억 원으로 전년동기대비 영업이익 82.1%, 매출은 21.5%나 감소했다. 또 화학사업인 롯데케미칼은 2012년 2분기 이후 31분기 만에 적자전환했고 음료업계를 이끌던 롯데칠성음료도 1분기 매출이 11.7%, 영업이익 67.7% 급감했다. 코로나19는 전방위적으로 롯데그룹 계열사들에 상당한 타격을 입히고 있었다.

2020년 신동빈 회장 등 롯데지주 임원들은 3개월간 급여 일부를 자진 반납하기로 하는 등 고통 분담에 나섰다. 신동빈 회장은 6월까지 급여 중 50%를 반납하겠다고 밝혔고 임원과 사외이사 역시 급여의 20%를 내놓았다. 롯데지주 임원들은 급여의 10% 이상을 들여 자사주를 매입하는 등 주가 방어에도 힘을 보됐다. 코로나19로 직격탄을 맞은 가운데 롯데그룹 형제간 경영권 분쟁이 재점화됐다.

신동주 회장은 신동빈 롯데 회장의 대표이사 해임을 요구하는 안건을 주주총회에 상정하고 일본 롯데 직원들의 지지를 구하는 여론전에 나섰다. 일본 롯데홀딩스 지분은 광윤사가 28.1%, 종업원지주회사 27.8%, 관계사 13.9%, 임원지주회사 6% 등으로 구성된다. 신동주 회장은 '50%+1'주를 보유한 광윤사 최대주주다. 신동주 회장이 번번이 표대결에서 패한 것은 신 회장의 개인 지분 1.6%를 제외한 나머지 모두가 신동빈 회장을 지지하고 있기 때문이다. 종업원지주회, 관계사, 임원지주회사 이외 개인 지분 등을 합하면 53.9%이며 신동빈 회장 개인 지분 4%를 합치면 57.9%를 차지한다. 때문에 신동주 회장은 여론전을 펼쳐 주총 전 종업원지주회 포섭에 공을 들이며 꾸준히 포섭을 진행해 왔다. 롯데그룹은 코로나19 악재에 비상경영을 이어가는 상황에서 벌어진 경영권 분쟁이 반가울 리 없었다.

그러나 6번째 불거진 '형제의 난'도 신동빈 회장의 승리로 끝이 났다. 신동빈 회장은 신격호 명예회장의 유품을 정리하던 중 일본 도쿄 사무실 금고에 자필로 작성된 유언장이 발견되면서 해당 사실을 일본 롯데홀딩스 임원과 한국 롯데임원에게 알렸다. 신격호 명예회장의 유언장에는 신 명예회장 사후 롯데그룹(한국·일본그 외 지역)의 후계자를 신동빈 회장으로 정한다는 내용이 담겨있었다. 2000년 3월 자필로 작성하고 서명해 도쿄 사무실 금고에 보관하고 있었던 것으로 전해졌다. 신동주 회장은 명예회장의 유언장과 관련해 법적인 효력이 없다고 즉각 반박했다. 2015년 롯데홀딩스 대표권이 해직되어 유언장이 작성된 2000년과는 상황이 뒤바뀌었고, 2016년 촬영된 신격호 명예회장의 발언과도 내용이 다르다는 주장이다. 그러나 공교롭게도 이날 2020년 6월 일본 롯데홀딩스 정기주주총회가 개최되면서 형인 신동주 회장이 올린 제안은 모두 부결된다.

신동주 SDJ코퍼레이션 회장은 신동빈 롯데그룹 회장이 2019년 10월 국정농단·경영비리 재판에서 유죄 판결을 선고받으며 롯데그룹의 브랜드 가치와 평판을 크게 훼손시킨 부분에 책임을 물어 해임안을 상정했다. 주총에서 안건 상정이 무산된 것은 아쉽지만 조만간 주주들을 설득해 집단 소송도 불사한다는 방침이라 제7, 8, 9의 형제의 난이 언제든 발생할 가능성은 열려있다. 다만 신동빈 회장이 일본 주총 때마다 직접 참석해 주주와 투자자들을 설득하는 등 일본 롯데홀딩스에 공을 들이고, 주주들의 신임이 두터운 만큼 신동주 회장의 해임안 통과는 가능성이 낮아 보였다. 그러나 신동빈 회장은 2020년 4월 일본 롯데 회장에 이어 2020년 7월 일본 롯데홀딩스 단독 대표이사에 오르면서 한국과 일본 롯데의 경영권을 모두 장악했다.

그해 8월 신격호 명예회장이 보유한 지분 정리가 이뤄진다.

신 명예회장의 유산 중 롯데그룹 계열사 지분은 롯데지주(보통주 3.1%, 우선주 14.2%), 롯데쇼핑(0.93%), 롯데제과(4.48%), 롯데칠성음료(보통주 1.3%, 우선주 14.15%), 비상장사인 롯데물산(6.87%)이 있다. 신격호 명예회장의 보유지분 중 41.7%가 신동빈 회장에게, 33.3%는 신영자 전 이사장에게 상속되었다. 신동주 회장은 법적 상속비율인 25%를 받았고 신유미 전 고문은 전혀 받지 못했다. 지분 정리가 마무리되면서 롯데지주의 신동빈 회장 지분은 11.7%→13.04%로, 신영자 전 이사장은 2.24%→3.27%, 신동주 회장 지분은 0.16%→0.94%로 증가했다. 롯데쇼핑은 신동빈 회장 9.84%→10.23%, 신영자 전 이사장 0.74%→1.05%, 신동주 회장 0.47%→0.71%로 늘었다. 신동빈 회장은 롯데제과 지분이 없었으나 상속으로 1.87%의 지분을 보유하게 되었고 신영자 전 이사장 지분은 1.66%→3.15%로 늘었다. 신동주 회장도 1.12% 지분을 상속받았다. 롯데칠성도 이번 상속으로 신동빈 회장이 0.54% 지분을 신규취득하게 되었고 신영자 전 이사장 지분은 3.09%, 신동주 회장 0.33%를 보유하게 되었다.

상속 지분을 살펴보면 크게 지배구조 변화가 예상되지 않는다. 이미 신동빈 회장을 제외한 나머지 자녀들의 지분율이 미미했고 신격호 명예회장이 보유한 지분 역시 많지 않아 상속된 지분이 크지 않았기 때문이다. 다만 신동빈 회장은 이미 최대주주로 있던 롯데지주 지분을 더욱 확보하게 되었고, 계열사 지분을 늘리며 한국 롯데 계열사에 대한 지배력을 더욱 키우게 되었다.

썩은 것을 도려내는 결단,
MSG의 해체

    롯데그룹 경영진 핵심 실세는 2010년 무렵까지 백화점 출신이 맡아 왔다. 대표적 인물은 이인원 전 롯데그룹 부회장, 신헌 전 롯데백화점 대표, 이철우 전 롯데백화점 대표와 신영자 롯데장학재단 이사장 등이었다. 그러나 2011년 2월 신동빈 부회장이 그룹 회장으로 승진한 이후 달라졌다. 신영자 이사장이 2011년 호텔롯데로 이동하고 황각규 사장이 정책 본부를 맡으면서 대부분의 의사결정은 신동빈-황각규 2인 체제에서 결정되기 시작했다.

    황각규 부회장은 2004년 우리홈쇼핑(현 롯데홈쇼핑) 인수를 시작으로 2007년 대한화재(현 롯데손해보험), 2009년 두산주류(현 롯데주류), 2010년 바이더웨이(코리아세븐), 2012년 하이마트(롯데하이마트) 등 굵직한 인수합병을 성사시키며 롯데그룹이 매출 100조 원 재계 순위

5위로 거듭나는데 큰 공을 세웠다. 2014년 롯데그룹 정책본부 운영실장으로서 롯데지주 출범 후 그룹의 구심점이 된 정책본부와 그룹의 핵심 사안을 챙기며 그룹 2인자로 부상했다. 신동빈 회장이 국정농단 사태로 구속됐을 당시 총수 부재 위기 속에서 신 회장의 경영권 분쟁, 재판, 그룹 사장단 회의, 굵직한 M&A를 모두 챙기며 두터운 신임을 받았다.

신동빈 회장이 중심 역할을 맡고 황각규 부회장이 신 회장을 보좌하는 2인 대표체제는 2020년 뉴롯데 건설을 앞두고 삼각형 구도의 리더 체제로 변했다. 롯데지주 대표이사에 송용덕 부회장 이름을 추가하면서 신동빈 회장의 원톱 아래 황 부회장과 송 부회장이 오른팔과 왼팔 역할을 하는 2인 대표체제를 형성했다. 오랜 시간 신 회장을 보필해온 황 부회장과 달리 송용덕 부회장은 2015년 롯데그룹 경영권 분쟁 이후 주목받기 시작했다. 송 부회장은 한국외대에서 영어를 전공한 뒤 호텔롯데가 문을 연 1979년 입사해 대부분의 경력을 호텔롯데에서 쌓았다. 뉴욕사무소장을 거쳐 2000년 호텔롯데 마케팅부문장에 올랐고 2011년 호텔롯데 러시아사업장, 롯데루스 대표이사를 거쳐 2012년부터 호텔롯데 대표이사를 역임했다. 송 부회장은 2016년 신동빈 회장의 입지가 흔들릴 때 주요 경영진과 함께 공개적으로 신 회장을 지지했고 이 과정에서 신 회장의 신임을 얻게 되었다. 이어 롯데그룹이 지배구조를 개편하는 과정에서 호텔롯데가 핵심 계열사로 떠올랐고 송 부회장의 역할도 커지기 시작했다.

송 부회장은 호텔롯데의 해외 진출과 4성급 비즈니스호텔 롯데시티호텔, 라이프스타일 호텔 L7을 성공적으로 론칭하며 인정을 받았다. 2017년 부회장으로 승진해 호텔&서비스 BU장을 맡았다. BU장으로 있으면서 롯데면세점의 해외 진출을 지휘했고 여러 차례 취소 위기에 놓였던 월드타워점을 수성하는 등 면세 사업에서 탁월한 사업 감각을 드러냈다. 정통 롯데호텔맨 송용덕 부회장을 지주사 대표에 올린 것은 롯데그룹이 호텔롯데 상장으로 뉴롯데의 마지막 퍼즐을 맞추겠다는 의지로 해석되었다. 그런데 1년 만에 황각규·송용덕 투톱이 해체된다. 일반적으로 연말에 인사를 발표하는 롯데가 갑작스럽게 8월 인사를 단행했다는 것과 신동빈 회장의 오른팔인 황각규 부회장 퇴진 소식은 롯데그룹이 직면한 위기의 깊이와 변화를 향한 강력한 의지를 단적으로 보여줬다.

쇼핑, 케미칼, 물산, 자산개발 등 그룹 주요 계열사가 업종을 불문하고 부진한 실적을 보인 것이 8월 인사의 방아쇠가 되었다. 롯데그룹은 2019년부터 이어진 불매운동과 내수침체, 코로나19 사태로 비상경영에 돌입한 상태다. 이미 대대적인 오프라인 유통업이 구조조정에 들어간 상황에서 코로나19로 직격탄을 맞아 실적이 크게 악화된 롯데쇼핑은 2020년 2분기 사상 최악의 성적을 냈다. 영업이익은 98.5%나 감소하며 14억 원까지 급감한 상황에서 롯데쇼핑이 야심차게 내놓은 롯데온도 기대 이하의 성과를 거두고 있다. 문제는 유통업뿐 아니라 화학업까지 흔들리며 그룹의 양대축이 모두 위기를 맞고 있다는 점이다.

2019년 3월 대산 공장 폭발사고와 코로나19 겹악재로 롯데케미칼도 흔들리고 있다. 롯데케미칼의 2020년 2분기 영업이익은 전년동기대비 90.5%, 매출액은 32.1% 줄어들었다. 정기 인사가 아닌 중도 인사인 만큼 황각규 부회장의 자발적인 용퇴보다는 신동빈 회장의 의중이 담긴 사실상 문책성 인사에 힘이 실리는 이유다. 예정에 없던 인사가 본격적으로 변화하는 롯데의 도화선이 될 것으로 예상된다. 인수합병 전문가인 황각규 부회장의 퇴진은 M&A를 중심으로 성장해온 롯데그룹의 방향이 수정되었다는 것을 의미하기도 한다.

2020년 8월 황 부회장의 후임으로 이동우 롯데하이마트 대표이사가 선임되었다. 1986년 롯데백화점에 입사해 백화점 경영지원부문장과 호텔롯데 롯데월드사업본부 대표이사 등을 거쳐 2015년부터 롯데하이마트 대표이사를 맡아왔다. 그동안 책임경영과 위기관리 능력을 인정받은 이동우 신임대표는 계열사 중 유일하게 2분기 깜짝 실적을 보여줬다. 오프라인에서 효율화, 온라인에서는 공격적인 전략을 구사하며 이익률을 개선한 결과다. 2012년 롯데그룹에 인수된 이후 가전시장에서 입지가 좁아지던 하이마트가 2015년 처음으로 오프라인 시장에서 점유율 50%를 달성한 것도 이동우 대표 작품이다.

신동빈-황각규 체제가 만들어진 이후 백화점 출신 노장들은 차츰 입지가 좁아지거나 쇼핑 부문에 한정되어 업무가 부여되었다. 이동우 롯데하이마트 대표가 롯데지주 대표이사에 선임된 사실은 한동안 핵심 경영진에서 배제되었던 롯데백화점 출신 인물이 다시 중용된다는 의미로 해석할 수 있다. 또 유통업계에서 롯데의 경쟁 기반이 약해졌다는 뜻으로도 볼 수 있다. 지난 20년간의 경력을 보면 이동우 대표는 백화점, 유통의 전문가다. 롯데그룹의 양대축인 유통 부문을 살리기 위한 구원투수로 신동빈 회장은 이동우 대표를 선택한 것이다. 썩고 곪은 부분을 도려내며 대대적인 체질 개선에 나서는 사이 롯데그룹 핵심에 롯데백화점 출신 인물이 다시 자리를 잡을지 지켜볼 필요가 있다. 황각규 부회장 퇴진과 함께 롯데그룹의 MSG를 빼는 작업도 진행되고 있다. MSG는 마산고(M), 서울대(S), 국제실(G)의 이니셜이다. 한마디로 황 부회장 라인의 해체를 뜻한다. 그동안 롯데그룹 실세로 그룹의 전략을 짜왔던 주요 인사들이 이제는 롯데그룹의 건강을 해치는 MSG로 전락했다는 것을 풍자한 표현이다. 굵직한 인수합병을 주도했던 황 부회장의 퇴진은 송용덕 부회장의 호텔과 이동우 대표의 백화점/유통으로 롯데그룹의 궤도가 재설정되었다는 것을 보여준다.

롯데의 숙원,
호텔롯데의 한국화

롯데그룹은 2020년 대대적인 인사를 통해 2인자 황각규 부회장이 물러나는 등 강도 높은 세대교체를 단행했다. 최근 수년간 '뉴롯데'를 위해 변화와 혁신을 이어온 롯데그룹이지만 아직까지 해결하지 못한 과제가 있다. 바로 호텔롯데 상장이다.

호텔롯데는 한국 롯데그룹 지배구조의 정점에 위치하고 있다. 롯데지주 지분 11.1%를 보유한 3대 주주이면서 롯데물산(31.13%), 롯데알미늄(38.23%), 롯데건설(43.07%), 롯데렌탈(25.67%), 롯데상사(34.64%), 롯데쇼핑(8.86%), 한국후지필름(8%), 롯데자산개발(7.19%), 롯데칠성음료(5.83%)를 지배하는 롯데그룹 중간 지주사다. 그런데 호텔롯데의 지배구조를 살펴보면 일본 롯데홀딩스와 광윤사, L투자회사 등 일본 롯데그룹 계열사가 등장한다. 보유지분도 무려 99%나 된다. 일본 롯데 지주회사인 롯데홀딩스가 호텔롯데를 지배하고, 호텔롯데가 국내 롯데 계열사를 지배하는 불안정한 지배구조인 셈이다. 신동빈 회장은 일본 롯데홀딩스 회장이지만 28.1%로 롯데홀딩스 최대주주인 광윤사 지분은 38.8%에 불과하다. 시시때때로 경영권 분쟁을 일으키는 신동주 회장 보유지분 50%보다 낮다. 따라서 롯데홀딩스와 관계사인 L투자회사의 국내 계열사에 대한 영향력을 끊어내지 못하는 이상 롯데그룹은 일본기업이라는 꼬리표가 계속 따라붙을 수밖에 없다.

호텔롯데 문제가 본격적으로 불거지기 시작한 것은 2015년이다. 롯데그룹은 형제간 경영권 분쟁이 발발하며 사회적으로 거센 파문에 휩싸였다. 볼썽사나운 일련의 진흙탕 싸움 속에 복잡한 순환출자로 얽힌 지배구조와 일본롯데가 한국 롯데를 지배하는 사실이 도마 위에 올라 여론의 뭇매를 맞았다. '롯데그룹=일본기업'이라는 낙인이 크고 짙게 새겨진 것도 이때다. 신동빈 회장은 롯데그룹이 한국기업이라는 점을 강조하며 대국민 사과에 나섰고 전면적인 개선을 약속했다. 그중 가장 첫 번째로 제시한 것이 호텔롯데 문제 해결이었다. 호텔롯데에 대한 일본 계열사의 지분 비율을 축소하고 주주 구성이 다양해질 수 있도록 IPO를 추진하는 등 종합적인 개선 방법을 강구하겠다고 밝혔다. 아울러 지주사 전환을 통한 지배구조 개선과 경영 투명성 제고도 함께 약속했다.

신동빈 회장은 호텔과 재무 전문가를 그룹 경영 전면에 배치하며 숙원사업인 '뉴롯데' 전략에 속도를 내고 있다. 호텔롯데는 일본 롯데그룹의 지배를 받고 있어 상장하기 위해서는 일본 롯데그룹 경영진과 긴밀한 협조가 이루어져야 한다. 신동빈 회장이 이 역할의 적임자였지만 2016년부터 잇단 검찰 수사와 법정구속 등으로 인해 호텔롯데 상장에 집중하지 못했다. 그러나 2019년 대법원으로부터 집행유예를 확정받으면서 모든 사법 리스크가 해소되었다. 신동빈 회장이 그해 정기인사에서 송용덕 호텔롯데 대표를 롯데그룹 부회장으로 승진시켜 황각규 부회장과 투톱 체계를 갖춘 것은 호텔롯데 상장 시기가 임박했음을 의미한다. 그러나 롯데면세점이 호텔 매출의 80% 이상을 차지하는 상황에서 코로나 장기화로 인한 면세점의 실적 부진은 부담이다. 상장 과정에서 제대로 된 가치를 평가받지 못할 개연성이 높기 때문이다.

호텔롯데는 사업의 두 축인 면세사업부와 호텔사업부가 코로나19 직격탄을 맞으면서 2020년 매출은 전년 7조 3,965억 원에서 반 토막 난 3조 8,444억 원에 그쳤다. 영업손실은 4,976억 원이었다. 절체절명의 위기 상황에서 호텔롯데는 현금확보로 재무구조를 개선하고, 계열사 지분 가치를 높이는 동시에 신사업 진출로 재도약을 위한 발판을 다지며 상장을 위한 몸값 높이기에 총력을 기울일 것으로 보인다. 코로나 장기화로 매출 회복이 요원한 면세점 사업은 온라인 중심으로 변화를 주고, 호텔 사업을 비즈니스 중심에 두고 다양한 미래 사업과 접목시킬 것으로 예상된다.

신동빈 회장은 대대적인 투자를 단행할 분야 중 하나로 호텔 사업을 꼽는다. 2020년 연초 외신과 진행한 인터뷰에서 한국 중심이던 호텔 사업을 세계로 확장하고, 2025년까지 호텔 객실 수를 현재 2배 수준인 3만 실로 늘리겠다고 발언한 바 있다. 롯데호텔은 2020년 10월 '롯데호텔 시애틀' 오픈으로 미국 지역에 3개(롯데호텔 시애틀, 롯데뉴욕팰리스, 롯데호텔 괌) 호텔을 포함해 전 세계 32개(해외 12개·국내 20개) 호텔과 리조트를 운영하게 됐다. 3~4년에 걸쳐 도쿄 등 일본과 영국에도 적극적으로 호텔을 늘리겠다고 밝힌 만큼 호텔롯데의 해외사업 확대는 더욱 강화될 것으로 보인다. 여기서 숙박과 의료 서비스가 접목되는 호텔 비즈니스 사업으로 호텔 사업의 변화가 일어날 것으로 예상된다.

호텔롯데 상장 책임을 지고 있는 송용덕 부회장은 롯데지주 부회장이 되기 전 롯데의료재단 이사장직을 맡은 바 있다. 롯데그룹의 정통 호텔리어가 호텔롯데의 사업 비즈니스 다각화에 의료서비스를 활용할지 관심 있게 지켜보아야 한다. 한국보다는 상대적으로 치료와 연구가 자유로운 일본에서 줄기세포를 이용한 재생의학이 호텔 비즈니스와 연계되어 실행될 가능성이 높다. 호텔롯데가 운영하고 있는 전 세계 호텔과 리조트를 거점으로 테스트 서비스를 진행하고 점차 국내로 들어오는 방법이 유력하다. 이 과정에서 줄기세포나 헬스케어 사업에 강점이 있는 회사와 적극적인 M&A 가능성도 있다.

롯데호텔은 이미 회생 가능성이 요원해 보이는 면세점보다는 호텔을 중심으로 한 신사업에 힘을 쏟고 있다. 전통적인 호텔 사업에 의료서비스를 합친 프리미엄 시니어 타운은 코로나 이후 의료 관광 활성화를 염두에 둔 호텔비즈니스 사업으로 보인다. 롯데호텔의 시니어 타운이 들어설 것으로 예정된 부산 오시리아 관광단지에는 롯데프리미엄아울렛이 입점해 있고, 2022년 3월 롯데월드어드벤처 부산이 개장했다. 3세대가 함께할 수 있는 롯데타운 조성이라는 호텔롯데의 신사업이 앞으로 호텔롯데에 펄을 심어줄 수 있을지 진행 과정을 추적해볼 필요가 있다.

신사업으로 돌파구를 마련하는 것과 함께 재무개선 작업도 동시에 진행 중이다. 2021년 1분기도 지난해에 비해 크게 나아지지 않았다. 코로나 여진이 계속되며 하늘길이 끊겼고 외국인 관광객이 줄며 면세와 호텔 둘 다 쉽지 않은 상황이 이어졌다. 호텔롯데의 2021년 1분기 영업손실은 723억 원에 달했다. 먼저 호텔롯데는 보유하고 있는 롯데월드타워와 롯데월드몰의 건물과 부지 등을 롯데물산에 5,542억 원에 매각했다. 이후로도 롯데푸드 등 계열사 지분을 꾸준히 매각하며 자산을 현금화하는 등 재무관리를 통해 가치 높이기를 진행하고 있다.

호텔롯데가 몸값 높이기에 나선 이유는 크게 두 가지다. 먼저 호텔롯데의 '한국화'다. 현재 일본 측 지분이 99% 이상인 호텔롯데는 IPO 과정에서 일본계 지분을 절반 이하로 낮추는 게 목표다. 줄어드는 일본계 지분만큼 한국 지분율이 늘어나 절반을 넘는다면 일본 기업이라는 논란은 사라질 것이기 때문이다. 한국인 투자자를 대거 유치하기 위해서는 매력적인 가치를 인정받아야 하고 그러기 위해서는 당장 보유하고 있는 자산가치를 높게 평가받아야 한다.

두 번째 이유는 일본인 주주들의 반발 최소화다. 호텔롯데 상장을 위해서는 호텔롯데 지분을 가진 일본인 주주들이 만족할 만한 기업가치를 인정받아야 한다. 지금 상장하면 일본인 주주 입장에서는 헐값에 지분을 넘기는 꼴이 된다. 상장에 반발하는 세력이 생길 수 있다는 의미다. 호텔롯데 모회사인 일본 롯데홀딩스 지분의 53%를 일본인 주주들이 보유하고 있는 상황에서 호텔롯데 가치가 제대로 평가받아야 상장이 순탄하게 진행될 수 있고 신동빈 원톱 체제도 흔들림 없이 지켜나갈 수 있다.

롯데그룹이 계열사 기업공개에 적극적으로 나서는 점도 호텔롯데 상장과 무관하지 않다. 롯데그룹은 2021년 8월 공모청약을 받는 롯데렌탈을 시작으로 롯데글로벌로지스, 코리아세븐, 롯데GRS 등을 순차적으로 상장할 계획이다. 그 외 롯데홈쇼핑, 롯데컬쳐웍스, 호텔롯데도 상장을 계획하고 있다. 3년 만에 쏟아져 나오는 롯데의 계열사 연쇄 IPO를 자세히 살펴보면 한 가지 공통점이 있다. 호텔롯데 지분이 높은 계열사라는 사실이다. 국내에서 렌터카 사업을 하는 롯데렌탈의 최대주주는 지분율 42.04%

를 가진 호텔롯데다. 롯데 GRS도 호텔롯데와 L투자회사, 부산롯데호텔 등이 45.56%의 지분을 가지고 있다.

호텔롯데가 지분을 보유한 회사들이 상장하면 결국 호텔롯데의 기업가치 상승으로 이어진다. 신동빈 롯데그룹 회장은 직접적으로 호텔롯데 지분을 보유하고 있지 않다. 호텔롯데의 몸값 상승이 달갑지만은 않을 테지만 호텔롯데의 가치가 올라야 한국 투자 유치가 가능하고 일본기업이라는 낙인을 지울 수 있다. 코로나 장기화로 조 단위 손실을 기록 중인 호텔롯데가 제값을 받기 위해 롯데그룹 계열사 연쇄 IPO가 필요하고 알짜회사로 평가되는 롯데렌탈 상장의 성공이 무엇보다 중요하다. 사실상 롯데렌탈 상장을 호텔롯데 상장의 전초전으로 보는 이유다.

롯데렌탈 상장과
연쇄 IPO

롯데그룹이 3년 만에 기업공개 시장에 재등판하며 신동빈 롯데그룹 회장의 뉴롯데 행보에 관심이 집중됐다. 롯데는 2017년 지주사 출범 후 뉴롯데를 선언하며 일본 롯데의 지배력을 낮추고 지배구조 투명성을 높이기 위한 지배구조 개편에 나섰지만 이렇다 할 성과를 내지 못했다. 당시 지배구조 개편을 위해 호텔롯데, 롯데정보통신, 코리아세븐 등 주요 계열사 IPO가 진행될 것으로 예상했지만 상장에 성공한 곳은 롯데정보통신이 유일하다. 2018년 롯데정보통신이 유가증권시장에 입성한 지 3년 만에 롯데그룹이 롯데렌탈 상장에 나서면서 호텔롯데 상장도 한 걸음 가까워지는 듯했다.

롯데그룹은 2015년 M&A 시장에 매물로 나온 KT렌탈(현 롯데렌탈)을 인수했다. 당시 한국타이어, 사모펀드 어피니티에쿼티파트너스, SK네트웍스 등과 경쟁이 붙은 롯데그룹은 1조 원 수준의 가장 높은 가격을 써내며 인수합병에 성공한다. 당시 롯데가 제출한 입찰가격을 두고 고가 인수 논란이 일기도 했다. 그러나 우려와 달리 롯데렌탈은 롯데에 인수된 지 6년 만에 기업가치가 두 배로 커졌다. 현재 롯데렌탈은 국내 렌터카 시장 1위 자리를 차지하고 있다. 시장 점유율은 21.8%로 2021년 1분기 기준 렌터카 23만 5,723대를 보유하고 있다. 2위인 SK렌터카(12.5%)나 3위인 현대캐피탈(12%)과 격차가 큰 편이다. 2021년 매출은 2조 4,227억 원, 영업이익은 2,453억 원으로 코로나19로 국내 여행이 증가하면서 2018년 이후 꾸준히 매출과 영업이익이 증가하고 있는 만큼 상장 흥행에 대한 기대가 가득하다.

롯데렌탈의 상장 성공은 호텔롯데의 재무구조 개선으로 이어지며 호텔롯데 상장에도 숨통이 트인다. 롯데렌탈 최대주주는 47.06%를 보유한 호텔롯데다. 이어 부산롯데호텔이 28.43%, 롯데손해보험 4.9%, 그로쓰파트너스가 19.61% 지분을 가지고 있다. 상장 과정에서 호텔롯데와 부산롯데호텔의 지분율에는 변동이 없다. 당장 롯데렌탈 지분을 매각해 현금 수입을 만들기보다 향후 호텔롯데의 상장을 위해 자회사의 기업가치를 키우는 장기적인 계획을 고려한 것으로 보인다.

호텔롯데가 2020년 말 보유한 지분율 42.04%를 기준으로 롯데렌탈의 지분가치를 3,744억 원으로 평가했다. 2020년 5월 주식 스왑계약이 만기된 레드스탁 보유분 5.02%를 주당 7만 6,599원에 사들이며 지분을 47.06%로 늘렸다. 현재 지분을 기준으로 계산한 롯데렌탈 가치는 4,191억 원에 달한다. 롯데렌탈이 성공적으로 증권시장에 상장할 경우 호텔롯데가 보유한 주식의 가치는 1.5~2배로 뛰게 된다. 호텔롯데는 부채 증가 없이 자산과 자본이 늘어나며 부채비율은 낮아지는 효과를 볼 수 있다. 재무건전성이 개선되고 계열사 가치 상승으로 인한 담보가치도 올라가기 때문에 롯데렌탈 상장으로 호텔롯데에게 가장 필요한 처방전인 셈이다.

엔데믹과 함께 빠르게 일상회복이 이뤄지고 있으나 면세와 호텔업의 개선에는 꽤 오랜 시간이 걸릴 듯하다. 실적 회복이 쉽지 않은 상황에서 당장 호텔롯데 상장을 진행하기보다는 호텔롯데 지분이 많은 계열사 상장이 연쇄적으로 이뤄지는지 확인해야 한다. 롯데 GRS와 롯데글로벌로지스는 호텔롯데가 각각 18.77%와 10.87% 지분을 보유하고 있다. 특히 종합물류서비스 사업을 하는 롯데글로벌로지스가 다음 IPO 대상이 될 가능성이 높다. 호텔롯데 지분이 높을뿐 아니라 코로나19 영향으로 실적이 우상향하고 있기 때문이다.

현재 전국에 16개의 허브터미널과 35개 지점을 가지고 있으며 국내 대형 규모의 네트워크를 가지고 있다. 2019년 첫 삽을

뜬 진천 메가허브터미널이 2022년 1월 개장했다. 아시아 최대 규모 택배터미널에 최첨단 자동화 설비를 탑재해 롯데글로벌로지스는 하루 215만 박스의 택배물량을 소화할 수 있을 것으로 보인다. 당장 실적이 받쳐주고 있는 롯데글로벌로지스를 단독 상장할 수도 있지만 부동산 리츠사업을 하는 롯데리츠와 합병시켜 우회상장하는 시나리오도 있다. 부동산 임대사업을 하는 롯데리츠와 물류 서비스를 제공하는 두 회사가 합병할 경우 물류 비즈니스 확대로 인한 시너지가 발생할 수 있다.

그 외에도 롯데컬처웍스, 롯데홈쇼핑, 코리아세븐, 롯데 GRS 등 다른 계열사들이 줄상장에 나서며 롯데그룹은 호텔롯데 상장을 위한 시간을 앞당기는 전략을 실행할 것으로 보인다. 계열사가 상장되는 과정에서 먹거리(롯데제과, 롯데푸드 등), 인프라플랫폼(롯데쇼핑, 롯데리츠 등), 호텔관광(호텔롯데), 기타(롯데정보통신) 등 4가지 구획으로 나눠 상장되는 순서대로 수혜주를 찾아보면 롯데그룹이 그리는 지배구조 개편의 마지막 그림, 호텔롯데 상장에 닿게 될 것이다.

호텔롯데 상장 수혜주

롯데그룹은 호텔롯데 보유지분율이 높은 회사를 상장시키며 호텔롯데 가치 높이기에 나서고 있다. 3년 만의 롯데그룹 상장으로 주목을 받았던 롯데렌탈이 상장 첫날 공모가를 밑돌며 아쉬운 성적표를 받았다. 호텔롯데는 롯데렌탈 지분 37.80%를 보유하고 있다. 부산롯데호텔의 22.83%까지 포함하면 지분율은 60.63%까지 늘어난다. 상장한 자회사의 기업가치가 커질 경우 호텔롯데의 기업가치도 긍정적인 재평가를 받을 수 있는 만큼 호텔롯데의 안정적인 상장을 위해서라도 주가 반등은 주요 과제가 될 전망이다. 롯데렌탈 외에도 호텔롯데가 지분을 보유하고 있는 롯데그룹 계열사의 흥행 성공과 향후 주가 흐름은 호텔롯데 IPO 속도와 방향성에 영향을 줄 수 있는 만큼 지속적으로 추적할 필요가 있다.

호텔롯데 IPO는 이후 롯데지주와의 합병을 포함한 지배구조 개편 작업의 출발점이다. 호텔롯데의 IPO는 코로나19 상황에 따라 추진될 것으로 전망된다. 호텔롯데 상장 모멘텀과 관련한 거버넌스를 살펴보기 위해서는 호텔롯데가 보유하고 있는 주요 상장 계열사 지분 변화를 확인해 보아야 한다. 2020년 6월 호텔롯데는 호텔롯데와 부산호텔롯데가 보유하고 있는 롯데푸드 주식 15만 436만 주(555억 원)를 시간 외 대량매매 방식으로 롯데지주에 매각했다. 지분 매각을 통해 유동성을 확보하고 동시에 롯데지주의 그룹 지배력을 높이는 일석이조 효과를 노렸다. 현재 롯데호텔이 보유한 상장 계열사 지분은 롯데지주 11.10%, 롯데쇼핑 8.86%, 롯데렌탈 37.8% 롯데칠성과 롯데칠성우 각각 5.10%다. 면세점 사업 부진으로 호텔롯데 상장 지연이 불가피한 상황에서 추가적인 지분 정리가 단행될 가능성도 있다.

호텔롯데 상장이 가시화될 때 롯데지주와 롯데쇼핑, 롯데칠성, 롯데렌탈의 수혜가 예상된다. 특히 호텔롯데는 상장 이후 롯데지주와 합병을 포함한 지배구조 개편 작업의 출발점으로 판단되는 만큼 롯데지주가 가장 큰 수혜를 받을 것으로 전망된다. 호텔롯데 개인지분을 단 한주도 보유하고 있지 않은 신동빈 회장이 호텔롯데를 롯데그룹 안으로 품기 위해서는 롯데지주의 가치를 끌어올릴 필요가 있다. 지분 희석을 최소화하면서 신동빈 회장의 그룹 지배력을 강화시키기 위해 롯데지주 주가는 관리될 가능성이 높다.

롯데지주와 신동빈,
일본 롯데홀딩스

롯데지주는 롯데그룹의 순수지주회사다. 순수지주회사는 사업도 하지 않고 다른 회사 주식을 보유하면서 지배하는 것을 주된 목적으로 하며 수입원은 자회사와 손자회사로부터 발생한 주식 배당금이다. 롯데지주는 롯데쇼핑(40.0%), 롯데제과(48.4%), 롯데칠성음료(26.5%), 롯데푸드(36.4%), 롯데케미칼(24.6%), 롯데정보통신(64.9%) 등의 상장회사뿐 아니라 롯데상사(41.4%), 롯데역사(44.5%), 코리아세븐(79.7%), 대홍기획(68.7%), 네슬레코리아(50.0%), 충북소주(100%), 한국후지필름(76.1%), 롯데자이언츠(95%) 등 비상장 회사를 포함해 23개의 자회사를 가지고 있다.

롯데그룹의 지배구조 개편 과정에서 일본 롯데홀딩스는 적지 않은 걸림돌이다. 일본 롯데홀딩스는 광윤사 28.1%, 신동주 회장

1.6%, 신동빈 회장 4.0%, 종업원지주 27.8%, 임원지주 6.0%로 구성되어 있다. 신동주 회장은 광윤사 지분 50%+1주로 광윤사 최대주주다. 신동주 회장이 보유한 광윤사 지분이 가장 크지만 대표가 되지 못하는 것은 종업원 지주와 임원 지주가 신동빈 회장을 지지하고 있기 때문이다. 롯데홀딩스는 롯데호텔 19.1%와 부산롯데호텔 46.6%, L제2투자회사 100%를 거느리고 있다. 롯데호텔은 롯데홀딩스가 자회사를 통해 호텔롯데 지분 100%를 장악하고 있다. 그리고 호텔롯데가 롯데지주 지분 11%를 보유하고 있는 만큼 신동빈 회장은 이 연결고리를 끊기 위해 호텔롯데 상장을 지속적으로 추진해 오고 있는 것이다.

그런데 호텔롯데뿐 아니라. 롯데그룹 계열사인 롯데알미늄 역시 일본 홀딩스의 지배를 받고 있다. 호텔롯데가 38.23%로 최대주주이고 L제2투자회사가 34.91%, 부산롯데호텔과 광윤사가 각각 3.89%와 22.84%, 기타 0.13%로 구성되어 있다. 롯데알미늄도 일본계 지분이 복잡하게 엮여 있는 셈이다. 여기서 호텔롯데의 지분구성을 보면 롯데지주 11.04%, 롯데물산 31.13%, 롯데제과 2.11%, 롯데칠성음료 5.83%, 롯데쇼핑 8.86%, 한국후지필름 8%, 롯데건설 43.07%, 롯데상사 34.64%, 롯데렌탈 25.67%, 롯데자산개발 7.19% 등의 지분을 가지고 있다. 롯데홀딩스는 호텔롯데, 부산롯데호텔, L제2투자회사 등을 통해 롯데그룹의 주식을 대량 보유하고 있다.

롯데그룹의 지주회사인 롯데지주는 지분 13.0%(1,368만 3,202주)를 보유한 신동빈 회장이 최대주주다. 2019년 말 지분이 11.7%로 호텔롯데 보유분과 비슷했으나 2020년 1월 신격호 명예 회장의 별세로 주식을 상속받으며 지분을 크게 늘렸다. 신동주 회장의 지분은 0.9%, 신격호 명예회장의 장녀 신영자씨는 3.3%를 보유하고 있다. 3월 말 기준 롯데지주에 대한 호텔롯데 지분은 11.1%, 롯데홀딩스 2.5%, 롯데알미늄 5.1%로 롯데홀딩스의 롯데지주 실질적 지배 지분이 18.7%에 달한다. 신동빈 회장의 지분 13%보다 5.7% 더 높다. 경우에 따라서 신동빈 회장이 롯데홀딩스 눈치를 보아야 하는 불안한 구조로 되어있는 셈이다. 여기서 호텔롯데 상장 후 롯데지주와 합병하는 시나리오가 전개된다면 신동빈 회장의 장악력은 언제든 위태로워질 수밖에 없다. 따라서 호텔롯데 상장까지 신동빈 회장은 최대한 롯데지주 개인지분 확보에 나설 것으로 보인다. 문제는 지분 확보를 위한 자금 마련이다.

지난 6월 신동빈 회장은 개인이 보유한 롯데케미칼 주식을 롯데지주에 넘겼다. 신격호 명예회장으로부터 물려받은 재산에 대한 상속 재원을 마련하는 것과 동시에 한국 롯데 지배력을 확보하기 위한 전략이었다. 신 회장이 252억 원 규모의 롯데케미칼 주식 전량을 롯데지주에 매각하는 것과 동시에 롯데지주는 롯데칠성, 롯데푸드, 롯데상사 등 계열사 3곳에 현물출자를 단행했다. 현물출자가 완료되면 롯데지주가 보유한 지분은 롯데칠성 41.25%, 롯데푸드 40.43%, 롯데상사 44.86%로 확대된다. 신 회장은 롯데그룹 계열사로부터 배당과 급여로 연간 100억이 넘는 금액을 받았다. 그러나 코로나19 여파로 실적 부진이 이어지며 배당과 급여로 챙길 수 있는 여력이 크게 줄었다. 현금 마련을 위해 지분을 매각하는 것 외 특별한 방법을 찾지 못한 것으로 보인다.

결국은 롯데그룹 자체의 경쟁력이 회복되며 실적 개선에 나서야 지배구조 개편의 마지막 퍼즐인 호텔롯데 상장을 무리 없이 진행할 수 있다. 롯데그룹은 지난해 코로나19 확산으로 최악의 한 해를 보냈다. 이후 오른팔을 잘라내는 과감한 인사정책 후 극적인 반전을 이뤄내고 있다. 2021년 1분기 롯데그룹 9개 상장사 영업이익은 8,600억 원 대로 지난해 1분기와 비교해 10배 이상 늘었다. 롯데쇼핑은 이커머스 역량 강화를 위해 온라인 조직 개편을 추진했다. 이커머스 사업 부문을 신설해 조직 융합과 디지털 전환에 힘쓴 결과 롯데쇼핑 1분기 영업이익은 617억 원으로 전년대비 18.42% 증가했다. 롯데케미칼 역시 1분기 매출액은 4조 1,683억 원으로 전년대비 27.25% 증가했고 영업이익은 6,237억 원으로 흑자 전환했다.

체질 개선과 함께 미래 먹거리 사업에도 본격적으로 뛰어들었다. 수소사업 선점을 위해 2030년까지 4조 4,000억 원을 투자하기로 하면서 전기차 배터리 소재 사업 투자 지연과 이베이 인수 실패 등으로 제동이 걸렸던 롯데그룹의 성장동력을 친환경 수소 사업에서 확보하겠다는 것이다. 현대자동차와 SK, LG, 한화, 포스코 등 재계 주요 기업들이 수소의 가능성을 보고 수년 전부터 선제적으로 투자에 나선 것과 비교하면 늦은 감이 없지 않다. 그러나 공격적인 M&A로 10년간 35개 기업을 인수합병하며 재계 5위로 덩치를 키운 롯데그룹의 DNA가 발휘될 가능성도 있는 만큼 후발주자인 롯데가 어떤 방식으로 수소사업을 확대해갈지 지켜볼 필요가 있다.

롯데,
돌파할까 주저앉을까

2021년 9월 현대차그룹과 SK그룹, 포스코그룹, 효성그룹은 CEO 총회를 열고 수소기업협의체를 출범하기로 뜻을 모았다. 미래를 위해 연합전선을 형성하는 국내 재벌그룹의 움직임 속에 롯데그룹의 모습이 보이지 않는다. 롯데그룹은 배터리 산업에서도 러브콜을 받지 못하고 있다. 2020년 정의선 현대차그룹 회장이 이재용 삼성전자 부회장, 최태원 SK그룹 회장, 구광모 LG그룹 회장 등을 직접 만나 배터리사업과 관련한 협력구도를 만들 때도 롯데그룹은 소외되었다. 롯데그룹이 대기업집단의 연합 흐름에 올라타지 못한다는 것은 그만큼 다른 그룹이 탐낼만한 미래 성장동력을 갖추지 못했다는 것을 보여준다.

이커머스 시장에 적응하지 못한 유통은 강자 반열에서 밀려났고 석유화학사업만 주력하던 화학은 새로운 성장동력을 찾는 시기를 놓쳤다. 롯데그룹을 지탱하는 유통과 화학 두 축이 모두 흔들리고 있다. 롯데그룹의 위기는 고고도미사일방어체계 사드 배치 이후 중국의 보복이 시작되면서 휘청거렸고 최순실 게이트로 인한 경영 비리 재판, 반일 감정에 휩싸였던 불매운동, 코로나19 등 수년에 걸쳐 진행되었지만 진짜 뿌리는 2015년 촉발됐던 롯데그룹 형제의 난이다. 신동빈 회장이 롯데그룹의 경영권을 지키기 위한 지배구조 개편에 몰두하면서 외부 환경 변화에 둔감해졌고 신사업과 미래 먹거리 투자 없이 점차 경쟁력을 잃게 되었다. 새로운 돌파구를 찾지 않으면 롯데그룹의 미래를 장담할 수 없게 된 것이다. 신동빈 회장이 보수적인 조직문화를 쇄신하고 혁신을 거듭 강조하는 이유가 여기에 있다.

이제 이른바 황각규 라인은 롯데에서 정리된 상태다. 황각규 전 부회장과 정책본부에서 손을 맞추던 남익우 전 롯데GRS 대표이사, 호남석유화학 출신 오성엽 전 롯데지주 커뮤니케이션 실장이 회사를 떠났다. 황 전 부회장의 브레인으로 불렸던 전 롯데지주 경영전략실장은 롯데인재개발원장이 되었고 함께 그룹 전략을 수립하던 MSG 멤버들은 계열사로 뿔뿔이 흩어졌다. 대신 70년대생, 해외파, 비화학 출신들로 구성된 DB(신동빈 회장 이니셜)맨들이 롯데의 브레인으로 급부상하고 있다. 롯데지주 경영혁신실 1팀과 2팀의 팀장을 맞는 김승욱 상무와 서승욱 상무보가 대표적이다. 앞으로 롯데는 새로운 인재들을 중심으로 빠르고, 젊고,

새롭게 변화해나갈 것으로 보인다. 그 과정에 호텔롯데 상장과 이후 롯데지주 합병으로 신동빈 회장의 한국 롯데 지배력 강화와 신성장 동력 확보로 신동빈의 롯데그룹이 진정한 뉴롯데로 탈바꿈하는 과제가 남아있다.

위기탈출 롯데,
성공의 열쇠는

2021년 한 해도 녹록지 않은 상황이 이어졌다. 롯데쇼핑은 부진에 빠져 이렇다 할 반등요소를 만들지 못한 가운데 또다시 부진한 실적을 기록했다. 2021년 영업이익은 2,156억 원으로 전년 동기대비 37.7% 감소했다. 매출액은 전년동기대비 3.7% 감소하며 15조 5,812억 원에 그쳤지만 순손실은 2,868억 원으로 2020년의 6,866억 원 대비 적자폭이 크게 감소했다. 백화점 매출이 특히 선방했다. 신종 코로나바이러스 확산으로 해외여행이 불가능해지자 명품 소비가 늘어나면서 백화점 매출과 영업이익이 각각 8.8%, 6.4% 증가했으나 신세계와 현대 역시 역대 최대 영업이익과 매출을 경신하며 업계 1위인 롯데쇼핑을 위협하고 있다. 마트와 쇼핑 사업부문의 부진이 지속되는 가운데 e커머스 사업을 담당하는 롯데온은 적자폭이 늘어나고 있다. 코로나19 특수 효과를 누렸던 하이마트마저 역기저 영향으로 2021년 매출과 영업이익 모두 감소하는 등 그룹 내 전체적인 사업이 휘청이고 있다.

적자의 늪에 빠진 롯데쇼핑은 2021년 말 파격적인 인사 단행을 시작으로 2022년 체질 개선과 경쟁력 강화로 실적 반등에 나설 것으로 전망된다. 롯데그룹은 2021년 그룹의 핵심인 유통·호텔 사업군의 주요 사령탑을 모두 외부에서 데려왔다. 순혈주의가 유독 강한 롯데그룹 정서를 고려하면 파격적인 인사다. 유통 부문 총괄대표·대표이사(부회장)로 김상현 전 홈플러스 대표, 호텔 사업군 총괄대표(사장)로 안세진 전 놀부 대표, 백화점 사업부 대표(부사장)로 신세계그룹 출신인 정준호 롯데GFR 대표가 자리에 올랐다. 롯데가 그룹의 핵심인 유통의 총괄대표 자리를 외부에서 수혈한 것은 1979년 롯데쇼핑 설립 이후 처음이다. 특히 백화점 사업부를 이끄는 정준호 대표는 삼성그룹 공채 출신이다. 1987년 신세계백화점에 입사해 신세계인터내셔날 해외패션본부장, 신세계조선호텔 면세사업부장 등을 거쳤으며 현재 신세계백화점 대표를 맡고있는 손영식 대표와 입사 동기다. 이처럼 적극적으로 외부 인재를 영입한 롯데는 대대적인 조직개편도 발표했다. 2017년 이후 5년간 유지해온 비즈니스 유닛BU 체제를 헤드쿼터HQ 체제로 변경했다. 식품, 쇼핑, 호텔, 화학 등 4개 HQ 총괄대표가 경영 관리하는 방식으로 변경하면서 빠른 의사결정과 그를 통한 사업군 간 시너지가 가능하도록 했다. 이러한 인사이동과 조직개편은 유통 거인 롯데그룹이 벼랑 끝에 서 있다는 말이기도 하다.

롯데는 그룹의 모태인 오프라인 유통업에서조차 경쟁사인 신세계, 현대를 겨우 앞서는 형국이다. 신세계백화점은 역대 최대 매출을 달성하며 2021년 매출이 2조 3,165억 원을 기록, '2조 클럽'에 재입성했으며 현대백화점은 매출액 2조 1,032억 원으로 전년 대비 20.2% 증가해 '2조 클럽'에 처음 입성했다. 신세계는 2021년 매출과 영업이익이 각각 20%, 101.6% 뛰었고 현대백화점도 매출이 20.2%, 영업이익이 53.3% 늘어났다. 롯데백화점은 같은 기간 2조 8,880억 원의 매출을 기록하며 1위의 자존심을 지켰지만 같은 기간 영업이익은 6.4% 증가에 그쳤다. 유통 부문에서 유일하게 실적을 낸 백화점 사업부에서도 경쟁업체의 거센 추격을 받고있는 상황이다.

유통가 '맏형' 체면을 구긴 롯데는 2022년을 실적 반등의 원년으로 삼으며 절치부심에 나설 전망이다. 2022년 롯데는 신세계 출신의 이승희 상무와 안성호 상무를 시작으로 신세계인터내셔날 출신 조형주 럭셔리 부문장을 영입했다. 체질 개선을 통해 그동안 고수해온 방식을 탈피한 롯데는 순혈주의를 깨고 새로운 외부 인사를 수혈하는 과감한 행보로 가속도를 내고 있다. 롯데의 변신은 마트부터 시작됐다. 2021년 말 롯데마트를 리뉴얼 오픈한 제타플렉스 잠실점과 창고형 할인점 롯데마트 맥스의 매출이 급상승하고 있다.

롯데쇼핑은 사업부 본연의 경쟁력을 강화하는 방향으로 전략을 추진하고 백화점은 명품의 경쟁력 강화를 위해 순차적으로 리뉴얼을 진행하는 등 새로운 모습을 준비하고 있다. 그동안 주력 점포 리뉴얼이 미뤄지며 시장의 흐름에 올라타지 못한 백화점 사업부가 명품 경쟁력을 극대화한 신세계와 현대의 트렌드를 따라잡을 수 있을지 지켜볼 필요가 있다. 특히 신세계인터내셔날 근무 당시 '몽클레르', '크롬하츠', '어그' 등 해외 명품 패션 브랜드 판권을 국내로 들여오는 데 주도적인 역할을 한 정준호 대표가 강화해 나갈 패션과 명품 사업 분야가 롯데의 '3조 클럽' 달성의 핵심이 될 것으로 보인다.

백화점 명품 호황을 넘어 온라인 경쟁력을 최대한 끌어올려야 하는 것은 또 다른 숙제다. 일찌감치 온라인 경쟁력 강화에 눈을 돌린 곳은 성과를 내며 후발주자와 격차를 벌리고 있지만 롯데온을 필두로 한 롯데쇼핑 e커머스사업부는 여전히 매출과 영업이익 모두 부진한 모습이기 때문이다. 아울러 2021년 투자한 한샘과 중고나라는 물론 2022년 1월 인수한 편의점 미니스톱과 시너지를 내는 것 역시 중요한 문제다.

롯데그룹을 지탱하는 양대축은 유통과 화학이다. 화학의 롯데케미칼은 2021년 사상 최대 매출을 기록하며 그룹 내 효자로 성장하고 있다. 롯데케미칼은 국내외 인수합병을 포함한 적극적인 투자로 몸집을 불리며 전년 대비 45.7% 증가한 17조 8,051억 원의 매출을 기록하며 연 매출 15조 원을 기록한 롯데쇼핑을 따돌리고 그룹 서열 1위에 올랐다. 석유 화학 분야에 경쟁력을 집중했던 롯데케미칼은 롯데첨단소재를 흡수합병하면서 첨단소재로 본격적인 사업 포트폴리오를 다변화했다. 첨단소재산업은 가전, IT기기, 내·외장재 소재에서부터 건축, 의료기기, 자동차 소재에 이르기까지 다양한 사업영역에 걸쳐있다. 수요가 안정적으로 유지되는 만큼 수익성도 꾸준하게 확보할 수 있었다. 이렇게 전기·전자 등 전방 산업 수요 확대와 제품과 원료 가격의 차이인 스프레드 개선 효과도 실적 호조세로 이어지면서 신동빈 회장 역시 김교현 롯데케미칼 대표를 부회장으로 승진시키며 힘을 실어줬다. 신사업에 적극적인 행보를 보이며 실적으로 보여준 롯데케미칼처럼 롯데쇼핑도 정상화가 필요하다.

롯데쇼핑의 정상화와 함께 롯데호텔 상장이라는 매듭을 풀어야 한다. 롯데그룹에게 호텔롯데 상장은 풀지못한 숙제다. 2015년 상장을 추진했지만 총수 일가에 대한 검찰조사와 경영권 분쟁, 총수부재 사태를 겪으며 상장 계획은 전면 중단됐다. 여기에 중국 사드 배치 갈등과 일본 불매운동, 코로나19까지 각종 악재가 이어지며 상장이 계속 연기되고 호텔롯데에 외부 인사를 유입했다는 사실은 호텔롯데 상장에 대한 강력한 의지로 해석할 수 있다. 안세진 대표는 글로벌 컨설팅사 AT커니 출신으로 LG화학, 알릭스파트너스, LS그룹을 거쳐 2018년부터 놀부 대주주인 사모펀드 모건스탠리PE의 운영조직을 총괄하며 놀부 경영을 맡았다. 호텔 경험은 없지만 다양한 산업군에서 사업재편을 주도한 바 있어 재무구조와 사업전략에 능하다는 평가다. 신동빈 회장의 숙원인 호텔롯데 기업공개(IPO)라는 과제를 안고 선임된 안세진 총괄대표는 호텔롯데의 재무·영업 임원을 교체하며 호텔 영업을 강화해 기업가치를 높이려는 움직임을 보이고 있다.

호텔롯데의 주요 사업부인 면세점과 호텔 중 면세점의 주요 임원은 대부분 유임됐지만 호텔부문의 국내외 영업부문장은 교체됐다. 해외영업본부를 없애 미주, 유럽, 아시아 지역별로 나눠 세부 관리하기로 하는 등 조직개편도 함께 이뤄졌다. 국가 간 이동과 국내외 여행수요가 정상화되기 전까지 수익성 회복이 제한적일 수밖에 없는 만큼 호텔 부문의 영업력 강화가 필요하다는 판단이다. 그러나 면세점 사업이 호텔롯데 전체 매출의 80% 이상을 책임지고 있고 호텔 부문의 매출 비중이 13.6%에 불가한 만큼 호텔롯데의 수익성 회복의 길은 험난할 전망이다. 호텔롯데가 지난 5년간 이어오던 순손실은 2020년 1조 5,000억 원 수준으로 크게 불어났다. 해결사로 선택된 안세진 대표가 어떠한 방식으로 호텔 사업군의 브랜드 강화와 기업가치 개선을 주도할지, 구체적으로 호텔롯데 상장 작업을 완료할지 추적해볼 필요가 있다. 지배구조 최상단인 호텔롯데의 실적 부진이 지속되는 가운데 핵심 계열사인 롯데쇼핑의 성적표 또한 신통치 못해 이중고에 처해있는 롯데가 2018년부터 빠짐없이 언급하고 있는 '혁신'을 통해 위기에서 탈출할 수 있을지 지켜볼 필요가 있다.

    1985년부터 주식시장에 입문하고 수많은 기업의 흥망성쇠를 보면서 사람의 인생이나 기업의 투자역사에는 양이 있으면 음이 있고 음이 있으면 양이 있다는 것을 경험했다. 롯데그룹의 투자역사를 공부하다 보면 이런 점을 더 확실하게 체험할 수가 있다.

    2000년도 1월 롯데지주는 3,300~6,800원 구간에서 주가가 움직였는데 2016년 1월에 12만5000원 최고점을 형성한 후 2020년 1월 2만 원까지 급락했고 이 글을 쓰는 2022년 9월, 3만 7,000원 근처에서 움직이고 있다.

    롯데지주가 2016년 12만 원 최고가를 형성하던 시기에는 호텔롯데 상장 이벤트가 있었다. 2016년 6월 29일 기준으로 상장절차를 밟았는데 그 당시 네이처리퍼블릭 정운호 게이트에 연루되면서 호텔롯데 상장이 연기된다. 그 당시 검찰이 정운호 네이처리퍼블릭 대표 수사를 확대하면서 상장IPO을 앞둔 호텔롯데에도 불똥이 튄 것이다.

    앞으로도 호텔롯데의 상장에 따라 롯데그룹 계열사의 주가흐름이 결정될 것으로 판단된다. 개인적으로 호텔롯데 상장 이벤트는 2025년 정도에 다시 시작될 것으로 예상하고 있다.

그렇다면 롯데그룹의 거버넌스 게임이 2020~2021년에 이루어진 SK그룹과 같이 될 것으로 판단되는데, 그 하이라이트가 호텔롯데 상장 시점 전후가 될 것이다. 8월15일 특별사면에서 신동빈 회장이 사면 복권이 다 된 상황이다.

이제 본격적인 거버넌스 횡보에 나설 것인데, 그 순서를 보면 롯데지주는 이미 진행 중이다. 신동빈 회장의 거버넌스 게임 중 가장 핵심 종목이 롯데지주다. 과거 박근혜 정부 시절 호텔롯데 상장 시기가 잡혔었는데 그때 주가는 11~12만 원이었다. 그 후 신동빈 회장은 중국의 한한령과 박근혜 정부 시절 로비로 인한 국정농단 사태로 감옥살이까지 하고 주가도 2만 5,000원까지 급락하는 상황을 경험했다.

롯데지주는 7~10만원 영역까지 시간여행 투자를 지속한다. 그 과정에서 다음 순환으로 생각해야 하는 부분이 장남에게 물려주는 구조로 롯데케미칼과 롯데렌탈 순서로 투자를 권한다. 롯데리츠는 4,000~5,000원 매수 수면제 모드로 묻어두고, 롯데그룹 거버넌스의 핵심인 롯데지주-롯데케미칼-롯데렌탈 순서로 실행해 보자.

5

한화

신재생에너지와
수소산업 강자 한화

한화, 투자사기 당하다?

　　단 한 번만 충전해도 1,200마일(약 1,920km)을 갈 수 있는 꿈의 수소트럭 개발 소식이 전해졌다. 세계 수소차 시장 1위를 차지하고 있던 현대차그룹의 수소트럭 엑시언트가 1회 충전으로 400km, 넵튠이 1,000km를 주행할 수 있는 것과 비교하면 1회 충전으로 1,920km를 갈 수 있는 니콜라의 기술력은 혁신 그 이상이었다. 공장을 착공하고 2023년부터 수소트럭 양산 계획 발표만으로도 수소 전기트럭 스타트업 니콜라는 나스닥 시장에 성공적으로 데뷔하게 된다. 기업인수목적회사SPAC, 스팩와 합병하는 방식으로 나스닥 시장에 상장한 니콜라는 한때 포드 자동차의 시가총액을 뛰어넘을 만큼 급등하며 돌풍을 일으켰다. 그러나 갑작스러운 사기 논란이 흥행가도에 찬물을 끼얹고 만다.

2020년 9월 미국 정보조사업체가 공개한 힌덴버그 보고서에서 니콜라 원 주행영상은 언덕에 모형차량을 세워놓고 아래로 굴러 촬영한 영상이라는 폭로가 전해지며 핵심 기술에 대한 실체가 없다는 의혹이 제기되었다. 논란이 커지자 미국증권거래위원회(SEC)와 美 법무부가 조사에 나서며 니콜라 창업자이자 회장인 트레버 밀턴은 회장 자리에서 물러나게 된다. 한때 포드 자동차의 시가총액을 뛰어넘을 만큼 급등하며 주당 79.73달러까지 올랐던 니콜라 주가는 3개월 만에 34.19달러까지 떨어졌다. 2020년 11월 30일 제네럴 모터스GM는 니콜라와 맺은 20억 달러(약 2조 2,000억 원) 규모의 전략적 파트너십을 축소하고 인수 계약을 철회한다. GM의 지분 인수 계약 철회 사실이 전해지며 니콜라의 주가는 22% 폭락하면서 20달러 선까지 추락하기도 했다. 국내에도 갑작스러운 니콜라 사기 논란에 속앓이하는 기업이 있었다. 바로 한화 그룹이었다. 한화 그룹은 대규모 투자뿐 아니라 2023년 니콜라 수소트럭 양산에 맞춰 미국 수소 시장 진출까지 계획 중이었다.

한화그룹은 2018년 제2의 테슬라로 불리는 미국 수소트럭 기업 니콜라에 1억 달러(한화 약 1,200억 원)를 투자했다. 니콜라가 6월 나스닥에 상장하며 시가총액이 크게 뛰었고 한화그룹은 대규모 시세차익을 얻었다. 나스닥 상장 후 초대박으로 여겨졌던 니콜라가 이제는 리스크로 전락하고 만 것이다. 니콜라의 계획이 사기로 결론날 경우 1,200억 원에 달하는 투자 원금을 회수할 수 없는 것은 물론 한화의 수소 사업 계획에도 차질이 생기는 상황이었다. 더 큰 문제는 김승연 한화그룹 회장의 장남인 김동관 한화솔루션 부사장이 직접 니콜라 창업주 트레버 밀턴과 만나 진행한 투자인 만큼 후계 구도와 승계에 불리한 구도가 만들어졌다는 사실이다.

니콜라 투자는 김승연 한화그룹 회장의 아들 3형제가 보유한 비상장사 에이치솔루션을 통해 이루어졌다. 한화그룹은 한화에너지와 한화종합화학이 각각 5천만 달러(약 579억 원)씩 약 1억 달러를 투자하는 방식으로 니콜라 지분 6.13%를 보유했다. 지분 규모로는 7대 주주에 해당한다. 창업자 트레버 밀턴 등 니콜라 경영진을 제외하면 다섯 번째로 많은 지분이다. 상장 초기 지분 가치가 7배 이상 급등하며 에이치솔루션 지분 100%를 보유한 한화그룹 3형제의 지분 가치가 주목을 받았다. 니콜라 지분 가치 급등에 따른 수혜는 김승연 회장의 아들 3형제에게 집중되는 구조다. 에이치솔루션이 100% 지분을 가지고 있는 한화에너지를 통해 니콜라에 투자를 했고, 한화에너지가 니콜라에 투자한 또 다른 계열사 한화종합화학 지분 39.2%를 가지고 있기 때문이다. 이를 뒤집어 보면 니콜라의 사업모델이 허위로 판명날 경우 3형제의 피해가 가장 크다는 의미기도 하다. 한화그룹의 승계를 위해서는 에이치솔루션의 가치 키우기 작업이 필수인 상황에서 장남인 김동관 부사장 주도하에 이뤄진 대규모 투자가 사기 사건에 연루된 사실에 한화그룹은 노심초사할 수밖에 없었다.

최근 유럽과 미국 등 세계 각국이 탄소 중립을 목표로 뉴딜 정책을 새로운 성장 동력으로 제시하는 가운데, 한화그룹은 일찍이 글로벌 기후변화 대응과 친환경 트렌드에 맞춰 태양광과 수소 산업을 미래 먹거리 사업으로 삼고 투자해왔다. 그 한 축이 제대로 시작도 하기 전에 휘청이면서 김동관 한화솔루션 부사장의 경영능력도 도마에 오르게 됐다. 한화그룹에 드리운 니콜라 발 위기 상황을 한화그룹은 어떻게 돌파할까. 3세 경영 본격화를 위한 밑그림을 끝마친 한화그룹의 지배구조를 중심으로 추적해보면 한화그룹의 미래와 주가의 방향성을 그려볼 수 있다.

한화그룹 역사의 핵심,
M&A

한화그룹은 1952년 조선화약공판 출신이던 김종희 창업주가 부산에 세운 한국화약 주식회사에 뿌리를 두고 있다. 1955년 귀속재산이던 조산화약공판 인천공장을 불하받으며 본격적인 화학 사업을 시작한 김종희 선대회장은 당시 수입에 의존하던 화약을 국산화하기 위해 부단히 노력했다. 숱한 시행착오 끝에 국내 최초로 다이너마이트 생산에 성공한 김 선대회장은 1959년 1월부터 국산 다이너마이트 생산과 판매를 시작한다. 기회는 생각보다 일찍 찾아왔다. 격동기였던 1960~70년대 고속도로와 부두, 광산 공사 등 대규모 SOC사업이 국가 주도로 진행되면서 건설현장에서 다이너마이트가 본격적으로 사용되기 시작한 것이다. 이후 한화는 급격한 성장을 이루게 된다.

1964년 신한베어링을 인수하며 사업 확장의 기틀을 마련했다. 1965년 한국화성공업을 설립한 한화는 1968년 삼호그룹으로부터 제일화재를 인수해 금융업에도 손을 뻗었다. 1969년 국내 최초로 민간 화력 발전소와 대규모 정유공장인 경인에너지를 세웠고, 1973년 호텔/관광개발업체 태평개발을 만들었다. 3년 뒤 서울프라자호텔을 열어 호텔·관광업까지 진출했다. 화약사업을 기반으로 여러 사업을 인수하며 사세를 키운 한화는 어느덧 중견기업을 넘어 대기업 반열에 오르며 승승장구했다. 그러던 어느 날 한화그룹에 위기가 찾아왔다. 1981년 창업주 김종희 회장이 58세의 이른 나이로 사망한 것이다.

후계자를 정해두지 않은 상태로 김종희 선대회장이 갑작스레 별세하면서 경영권을 둘러싼 형제간의 갈등에 불이 붙는다. 김 선대회장은 2남 1녀를 두고 있었다. 당시 공군 장교로 군 복무 중이었던 차남 김호연 빙그레 회장보다 명분상 우위를 가진 장남 김승연 회장이 차기 회장 자리에 오른다. 이후에도 무려 10년 넘게 재산권 분쟁이 이어졌고, 1992년 차남 김호연 빙그레 회장이 그룹 계열사 중 하나인 빙그레를 가지고 독립하면서 형제 간의 갈등은 끝이 난다.

지루하게 이어진 형제간의 싸움이 있었지만 29세의 젊은 나이에 한화그룹을 맡은 김승연 회장은 빠르게 회사를 키워나갔다. 한국화약을 모태로 했던 한화의 사업영역을 석유화학과 금융, 방산과 항공우주로 넓히며 성장을 주도했다. 1982년 한양화학(현 한화솔루션 케미칼 사업부문)과 한국다우케미칼을 한 번에 인수하며 석유화학사업에 진출했다. 1984년에는 한양화학, 한국다우케미칼, 한양화학지주 3개사를 합병해 한양화학을 설립해 석유화학을 그룹 주력 사업 분야로 자리매김했다. 한양화학은 1994년 한화종합화학, 1999년 한화석유화학, 2010년 한화케미칼 등으로 이어지며 그룹의 주축으로 도약을 이끌었다. 한화는 호텔과 리조트 등 서비스 산업에도 진출하며 사업 다각화를 이루었다. 1985년 한양유통과 1986년 정아레저타운 등 구 명성그룹 관광계열사를 인수하며 재계 서열 10위로 뛰어올랐다.

1992년 빙그레가 분가한 이듬해인 1993년 한국화약그룹에서 한화그룹으로 사명을 변경한다. 여기에는 웃지 못할 에피소드가 있다. 한국화약그룹의 고위관계자가 중국을 방문했을 때 당시 중국 측은 방문자에 대한 환영의 표시로 플래카드를 내걸었다. 그런데 환영의 글귀를 본 고위층들은 당황할 수밖에 없었다. 플래카드에는 '남조선 폭파집단 환영!'이라고 쓰여있었기 때문이다. 한국화약그룹의 영문 표기인 Korea Explosive Group을 '남조선 폭파집단'이라는 지극히 테러 단체 같은 이름으로 직역하는 바람에 벌어진 해프닝이었다. 한화가 화약을 통해 그룹의 토대를 마련하긴 했지만 주력 사업들이 여러 분야에 걸쳐 늘어나며 점차 한국화약이라는 이름을 바꿀 필요성이 제기되고 있던 상황이었다. 결국 중국에서의 일이 기폭제가 되어 한국화약은 '한화'로 사명을 변경하게 된다. 그리고 중화권에서는 화약의 화火가 아닌 빛날 화華자를 사용해 한화韓華로 표기하고 있다.

사명을 변경한 한화는 더욱 공격적으로 사업영역을 확장해나간다. 1997년 국제통화기금IMF 구제금융의 여파가 완전히 가시지 않은 상황에서 누적손실이 2조3천억 원에 달하던 대한생명보험 인수(2002)를 단행한 것이다. 우려가 큰 상황이었지만 대한생명은 6년 만에 흑자전환에 성공하고 한화가 금융 부문에 완전히 뿌리 내릴 수 있는 토대가 되었다. 2010년에는 푸르덴셜투자증권까지 인수해 한화투자증권과 합병하며 금융사업을 더욱 강화했다.

금융뿐이 아니었다. 한화는 화학과 항공기 엔진 제작사업을 포함한 방산을 핵심산업으로 삼고 M&A에 나섰다. 2014년 삼성그룹으로부터 삼성종합화학·삼성토탈(석유화학)·삼성테크원(항공부품)·삼성탈레스(방위산업)를 인수하는 2조 원대 초대형 패키지딜을 성사시켰다. 또 부산그룹 방산업체였던 두산DST를 인수해 한화테크원 지상방산부문과 결합시켜 한화디펜스를 출범시켰다. 주력인 석유화학 사업에 방산을 넘어 항공우주산업까지 사업영역을 확대하며 신성장동력을 강화해나갔다. 사명을 바꾼 한화종합화학과 한화토탈은 석화 사업 역량을 강화했고 삼성테크원과 삼성탈레스는 한화에어로스페이스와 한화시스템으로 이름을 바꾸고 방산과 항공우주사업으로 뻗어나갔다. 1981년 1조 1,000억 원에 불과했던 한화그룹 매출은 2020년 기준 65조 4,000억 원으로 60배 성장했다. 총자산은 288배, 계열사는 64개, 글로벌 네트워크는 67배 증가했다. 이렇게 재계 서열 7위로 도약한 한화그룹 성장 핵심 DNA에는 M&A가 있었다.

한화그룹의 미래 신성장동력인 태양광 사업 역시 인수·합병 M&A으로 키워나갔다. 2010년 나스닥 상장사였던 솔라펀파워홀딩스에 이어 2012년 독일 태양광 업체 큐셀을 인수해 규모를 키웠다. 10년간 태양광 사업이 폴리실리콘·셀·모듈 가격 하락으로 부침을 겪었다. 그러나 태양광과 수소 사업에 과감한 투자를 이어나갔다. 그 결과 한화의 태양광 사업은 그룹의 완전한 미래 신성장동력으로 자리잡으며, 2020년 기준 12.2%를 차지했다. 2021년 3분기 누적 수치는 전년도를 뛰어넘은 12.6%에 달한다. 한화솔루션은 미국 주거용 태양광 모듈 시장에서 9분기 연속 시장 점유율 1위, 상업용에서는 4분기 연속 1위를 달성하는 등 두각을 드러내며 그룹의 매출을 견인하고 있다. 그룹의 태양광 사업과 수소사업의 최전방에 김승연 한화그룹 회장의 장남인 김동관 한화솔루션 사장이 있다.

김동관 사장은 김승연 회장의 세 아들 중 장남이다. 2010년 한화그룹에 입사해 3주 동안 신입사원 연수를 받은 후, 회장실에 근무하며 그룹 전반에 관한 업무를 파악하기 시작했다. 이때부터 한화그룹 3세 경영을 위한 승계작업이 시작된 것으로 보인다.

실제 빠른 속도로 그룹의 경영 전반에 대한 인계작업이 차근차근 진행된다. 입사 이듬해 한화솔라원 기획실장을 맡았고 2013년 8월 한화큐셀 전략마케팅실장으로 자리를 옮겼다. 2014년 9월 한화솔라원 영업담당실장을 맡고, 3개월 후 한화큐셀 상무로 승진했다. 한화큐셀 이사회에 김동관이 이름을 올린 것은 상무로 승진한 뒤 3개월 만인 2015년 3월이었다. 그리고 그해 연말 전무로 승진했다. 전무 승진 4년만인 2019년 부사장이 된 김동관 사장은 1년 뒤 2020년 9월 사장으로 승진하며 입사 10년 만에 대표이사에 내정됐다. 그야말로 쾌속 승진이다. 김 대표가 경영 전면에 나서며 한화그룹이 3세 경영에 돌입하게 된 이면에는 김승연 회장의 부재도 영향을 미쳤다.

김승연 회장은 2012년 부실 차명회사 불법지원과 배임 등의 혐의로 8월 법정구속이 확정되며 그룹에서 자리를 비우게 되었다. 실형 선고와 함께 2021년 2월 19일까지 취업제한조치로 경영 전반에 나설 수 없게 되면서, 총수 공백으로 한화그룹은 불안에 휩싸였다. 신사업으로 추진하고 있는 태양광 사업 역시 흔들릴 것이란 우려가 컸다. 그러나 당시 전무였던 김동관 대표는 2012년 독일의 태양광셀 제조기업인 큐셀을 인수하며 한화큐셀로 바꾸는 과정을 주도해 나갔다. 회장의 부재에도 흔들림 없이 신사업을 추진해 나갔고 이 과정에 한화큐셀은 빠르게 안정화되었다. 김동관 전무의 지휘 아래 한화그룹의 신사업인 태양광 사업이 적자에서 벗어날 수 있었고 그 결과 현재 그룹의 주력사업으로 자리매김할 수 있게 되었다. 당시 김동관 전무는 태양광과 함께 수소 관련 투자를 진행하며 태양광과 수소를 신재생 에너지 사업의 양대 축으로 삼았다. 여기서 니콜라가 등장한다.

니콜라에 웃고 울고

니콜라는 트레버 밀턴이 2015년 설립한 스타트업 회사다. 시작은 2018년 초 한화의 미국 현지 벤처투자 전담조직의 보고서였다. 미국의 유망 벤처기업 발굴을 담당하는 이 조직은 수소사업의 미래와 함께 설립 3년이 채 되지 않은 니콜라에 대해 언급하며 투자 필요성을 피력했다. 외국 스타트업에 관심이 많았던 김동관 당시 한화큐셀 영업총괄 전무는 평소 가깝게 지내던 미국 내 전문가 그룹을 통해 정보수집에 나섰다. 동시에 미국으로 건너가 니콜라 창업주 트레버 밀턴과 만나 온실가스 배출 제로를 목표로 하는 니콜라의 비전과 한화의 미래가 통한다는 사실을 확인하고 니콜라 투자를 결정한다.

니콜라 지분 취득을 위해 한화에너지와 한화종합화학 두 회사가 나섰다. 현지법인 그린니콜라홀딩스를 설립한 다음 각각 5,000만 달러(600억 원)씩 총 1억 달러(1,200억 원)를 투자했다. 한화그룹 외에도 세계 최대 자동차 부품 기업인 독일의 보쉬, 이베코 브랜드 트럭 제조사인 이탈리아 CNH인더스트리얼 등 다수의 기업들이 참여하며 분위기는 더욱 고조됐다. 2020년 8월 나스닥에 입성하면서 한화그룹이 투자한 지분 가치는 더욱 높아졌다. 니콜라 주식 2,130만 주를 주당 4.5달러에 6.13% 확보했던 한화그룹의 지분은 니콜라가 나스닥에 우회상장하면서 8,940억 원(상장일 종가 33.75달러 기준)으로 커졌다. 초기 투자금액 1,200억 원보다 7.5배가량 높은 수준이다. 니콜라 주가가 연이어 상승하자 지분가치는 더욱 높아지며 상장 3일 만에 1조 9,410억 원을 돌파했다. 이에 한화그룹은 투자를 이끌어내는데 큰 역할을 한 김동관 한화솔루션 사장을 조명하며 그룹 차원에서 투자성과를 홍보하기도 했다.

니콜라 투자가 성공을 거두면서 오너 3세가 니콜라 지분으로 승계에 활용하는 가능성도 높아졌다. 니콜라에 투자한 한화에너지, 한화종합화학은 오너 3세가 지배하는 에이치솔루션의 지배를 받고 있다. 오너 3세인 김동관 부사장, 김동원 한화생명 상무, 김동선 전 한화건설 팀장은 에이치솔루션 지분을 각각 50%, 25%, 25%씩 보유하고 있다. 에이치솔루션은 한화에너지 지분 100%를 보유하고 있으며 한화에너지는 다시 한화종합화학 지분 39.2%를 갖고 있다. 결국 3형제가 지분을 보유한 에이치솔루션이 니콜라 투자 수혜를 고스란히 받게 되는 구조다.

한화그룹의 지배구조를 살펴보면 김승연 회장이 그룹 최상단에 위치한 ㈜한화 지분 22.65%를 보유하고 있다. 그 뒤를 이어 김동관 사장 4.44%, 에이치솔루션 4.2%를 갖고 있다. 3세 승계를 위해 김동관 사장은 ㈜한화 지분 확보가 필요한 상황이다. 결국 에이치솔루션의 가치를 높여 그룹 지주사격인 한화의 지분을 가져오는 방법이 유력했다. 니콜라 투자가 성공적으로 진행되며 에이치솔루션의 가치가 급격히 상승한 만큼, 합병 비율 산정 과정에서 오너 일가에 유리하게 적용될 수 있는 환경도 조성됐다. 두 회사를 합병하면 김동관 사장은 큰 비용을 들이지 않고 ㈜한화 지분율을 끌어올릴 수 있는 것이다.

직접적인 합병이 아니더라도 배당을 이용해 현금화하는 방법도 가능해 보였다. 한화종합화학, 한화에너지가 니콜라 지분을 처분해 1조 원의 투자금을 회수하면 한화종합화학의 주주인 한화에너지에 4천억 원을, 다시 한화에너지가 자체 엑시트 자금 1조 원을 더한 1조 4,000억 원을 에이치솔루션에 배당할 수 있다. 에이치솔루션에 꽂힌 1조 4,000억 원을 ㈜한화 지배력 확보를 위한 실탄으로 활용할 수 있는 셈이다. 성공적인 투자 한 번으로 지분 승계에 필요한 비용 마련을 끝냈다는 계산 아래 한화그룹은 김동관 사장을 전면에 내세워 김 사장의 역할과 안목을 강조했다. 경영권을 물려받기 위한 명분 쌓기까지 척척 진행되는 듯 보였던 한화그룹은 니콜라가 사기 논란에 휩싸이며 계획에 차질이 생기게 됐다.

니콜라 사기 논란이 일파만파로 퍼지며 한화그룹의 승계 작업에도 빨간 불이 켜졌다. 니콜라 가치가 급격히 하락하면서 그룹 승계에 필요한 3형제의 총알 확보에도 비상등이 켜졌기 때문이다. 니콜라가 나스닥 상장에 성공하며 한화가 보유한 가치가 늘어났던 것처럼 사업모델이 허위로 판명 날 경우 에이치솔루션을 보유한 3형제가 가장 큰 피해를 보게 된다. 단순히 투자금액의 문제뿐 아니라 니콜라에 5,000만 달러를 투자한 한화종합화학이 2021년을 목표로 진행하던 기업공개IPO 흥행 여부도 불투명해졌다. 한화종합화학의 지분 39.2%를 가진 한화에너지는 에이치솔루션의 100% 자회사다. 향후 에이치솔루션과 한화가 합병하거나 김동관 대표가 김승연 회장의 보유지분을 넘겨받는 등 경영 승계가 이어질 경우 에이치솔루션의 기업가치가 높을수록 세 형제에게 유리하다. 니콜라 보유 지분 가치가 급등하며 한화종합화학의 상장도 흥행할 것으로 전망됐으나 사기 논란이 불거진 것이다. 한화종합화학이 직접 투자에 나선만큼 니콜라 사기 혐의의 진위가 기업가치 책정의 최대 변수가 되었다.

그룹 차원에서는 미래 먹거리의 하나로 힘을 쏟던 수소·태양광에너지 사업 추진에 타격이 불가피하다. 한화는 수소 분야 사업의 핵심 성장 고리로 니콜라를 여러 차례 언급해왔고 2023년 니콜라의 수소트럭 양산에 맞춰 미국 수소시장 진출을 계획하고 있었다. 한화에너지는 니콜라 수소 충전소에 태양광 발전으로 생산한 전력을 우선적으로 공급할 권한을 갖고 있었고 한화종합화학은 수소 충전소 운영권을 확보한 상태였다. 이 과정에서 한화큐셀은 수소 충전소에 태양광 모듈을 공급할 수 있었고, 한화솔루션 첨단소재부문은 수소충전소용 탱크나 트럭용 수소탱크를 공급할 예정이었다. 그러나 힌덴버그 리서치의 보고서가 공개된 이후 니콜라의 사기 논란이 일파만파 확산되었고, 이 과정에서 미국의 자동차회사 제너럴모터스^{GM}마저 니콜라 지분 인수 포기를 결정하면서 한화의 수소 생태계 시장 진출 계획 역시 불투명해졌다.

한화그룹은 특단의 조치를 취한다. 2020년 9월 김승연 한화그룹 회장의 장남 김동관 한화솔루션 부사장을 사장으로 승진시킨다. 부사장으로 승진한 지 9개월 만에 또다시 이뤄진 초고속 승진이었다. 1억 달러를 투자한 한화그룹은 여전히 3억 달러 이상의 평가차익을 보고 있었지만 니콜라 관련 악재가 추가로 드러날 경우 투자 손실 가능성도 무시할 수 없는 상황이었다. 니콜라 논란이 확산될수록 투자를 주도한 김동관 부사장의 입지도 영향을 받을 수 있는 만큼 한화그룹은 사장 승진으로 김동관 체제 정비를 서둘렀다. 니콜라 사태로 꼬여버린 승계작업을 풀어나갈 열쇠가 필요했다.

니콜라 사태 해결의 구원투수,
우주·항공

한화그룹 승계 작업의 시작과 끝은 세 아들이 지분 100%를 보유하고 있는 에이치솔루션이다. 한화그룹 지배구조는 크게 ㈜한화가 한화생명(18.2%), 한화건설(95.2%), 한화호텔앤드리조트(50.6%), 한화솔루션(36.3%), 한화에어로스페이스(33.3%)를 지배하는 구조와 에이치솔루션이 한화에너지(100%), 한화시스템(14.5%) 등을 지배하는 복합 형태로 되어있다. 한화가 그룹 정점에 있지만 한화 지분은 장남 김동관 4.4% 김동원·김동선 형제가 각각 1.67%로 3세들의 직접적인 지배력이 강하지 않은 편이다. 에이치솔루션을 중심으로 승계 작업을 추적하는 이유다.

에이치솔루션은 시스템통합[SI]업체인 한화 S&C에서 투자부문만 떼어 물적분할한 회사다. 한화그룹의 경영권 승계는 2005년 김승연 한화그룹 회장이 보유한 한화S&C 33.33%(20만 주)를 장남 김동관 사장과 삼남 김동선 한화호텔앤드리조트 상무에게 넘겨주면서 시작되었다. 한화 S&C는 1994년 한화 내 전산업무를 진행하는 조직에서 출발해 2001년 독립했다. ICT(정보통신기술) 업체로 출범하면서 한화가 66.6%(40만 주), 김승연 회장이 33.33%(20만 주) 지분을 보유했다. 한화는 김동원 사장과 김동선 상무가 한화S&C 주요 주주에 오른 직후인 2005년 6월 보유 지분 전부를 김동관 사장에게 매각했다. 한화S&C는 2005년에 한 번, 2007년에 두 번 총 세 번에 걸친 유상증자를 통해 김동관 사장 50%(250만 주), 김동원 전무 25%(125만 주), 김동선 상무 25%(125만 주)의 지분을 완성했다. 2017년 한화그룹은 일감몰아주기 논란을 피하기 위해 투자회사 에이치솔루션과 사업회사 한화S&C로 회사를 쪼갰다. 세 형제의 지배력은 에이치솔루션을 통해 그래도 유지되었다. 이후 한화S&C는 한화시스템에 합병된다.

한화시스템은 2019년 11월 13일 유가증권 시장에 상장되었다. 기존의 방산(방위산업) 부문에 ICT부문까지 더해져 2019년 사상 최대 실적을 기록하며 기대를 모았지만 상장 이후 주가는 지지부진한 상황이었다. 한화시스템의 최대주주는 한화에어로스페이스(33.9%), 2대 주주는 에이치솔루션 13.8%로 기업의 가치 변동이 에이치솔루션에 연결되는 구조다. 니콜라 사기로 타격을 받은 한화에너지와 한화종합화학 대신 한화그룹은 한화시스템을 이용해 에이치솔루션 가치 높이기 게임에 나설 것으로 예상하고 집중하는 전략을 취했다. 군사위성 기술을 개발해오던 한화시스템은 에어택시와 같은 도심항공모빌리티 사업을 준비하는 하이테크 기업으로 영역을 확장하고 있었지만 주가는 다소 답답한 흐름을 보였다. 니콜라 훈풍으로 한화그룹주가 들썩일 때도 크게 움직이지 않았지만 오너 3세의 승계와 직결되는 에이치솔루션의 지배구조와 니콜라 사태 해결 측면에서 한화시스템에 집중할 가능성이 높았다. 예상은 적중했다.

2020년 9월 말 이슈있슈 방송 이후 9,500원대였던 주식은 한 달간 횡보를 이어갔지만 곧 시동을 걸며 본격적인 상승세를 분출했다. 3개월 동안 꾸준히 상승하며 오름폭을 키운 한화시스템은 2021년 1월 20일 1만 8,106원까지 오른다. 무려 91%의 수익이었다. 이후 7거래일간 조정을 받고 1만 4,000원대까지 내려 오지만, 약간의 숨고르기 후 다시 한번 2차 랠리를 이어갔다. 캐서린 우드가 설립한 자산운용사 '아크 인베스트먼트'가 올해 첫 ETF테마로 우주항공을 선택하며 전 세계적으로 우주항공 관련주들이 들썩였던 것이다. 한화시스템은 한 번 더 강한 시세를 보여줬다.

세계적으로 우주항공 산업에 돈이 몰리는 만큼 한화시스템의 지분을 가지고 있는 항공·방산회사 한화에어로스페이스와 쎄트렉아이에도 수혜가 이어졌다. 2021년 1월 한화에어로스페이스는 국내 유일한 민간 인공위성 제조·수출 기업인 쎄트렉아이 지분 30%를 확보했다. 인수를 통해 소형위성 본체, 위성영상 판매 및 분석 서비스 등 위성사업 전체를 아우르는 포트폴리오를 완성하며 한 발 빠르게 우주 사업을 미래 먹거리로 낙점했던 것이 주효했다. 한화시스템이 눌림목을 형성하던 2020년 12월 말 2만 8,000원대 저점으로 한화에어로스페이스도 상승하기 시작해 2021년 1월 26일 4만 6,650원까지 오른다. 2021년 1월 13일 한화그룹의 인수 소식이 전해졌던 쎄트렉아이는 1월 14일 시가 3만 8,600원에서 출발해 한 달 만에 8만 3,900원까지 상승하며 117% 상승을 분출하며 굉장한 수익을 안겨주었다.

니콜라 사태가 진정될 때까지 한화그룹은 우주·항공 옷을 입힌 한화시스템에 집중할 것으로 보인다. 2021년 4월 한화시스템은 우주항공 등 신사업 성장을 위해 1조 2,000억 원 규모의 유상증자를 결정했다. 최대주주인 한화에어로스페이스가 5,700억 원, 에이치솔루션이 1,570억 원을 투자했고, 한화에어로스페이스는 한화그룹의 우주사업 전담조직 '스페이스허브'를 출범했다. 앞으로 방산을 넘어 우주산업을 그룹의 핵심 사업으로 삼으며 나아가는 과정에서 에이치솔루션과 밀접하게 관련되어 있는 한화시스템이 주도적인 역할을 할지 지켜볼 필요가 있다.

다음 타자,
한화종합화학

한화시스템의 강력한 상승으로 한화그룹이 한숨을 돌릴 시간을 마련해주는 사이, 한화그룹 3세 경영의 열쇠로 꼽히는 한화종합화학 상장도 본궤도에 올랐다. 상장 주관사를 선정하고 기업공개를 위한 과정을 밟아나갔다. 한화종합화학 상장은 예고된 수순이었다. 2015년 한화가 삼성과의 빅딜로 한화종합화학을 인수했을 당시 늦어도 2022년까지 상장을 마무리하기로 약속했기 때문이다. 또 한화그룹 입장에서도 한화종합화학이 경영권 승계에서 중요한 역할을 하는 만큼 상장을 더이상 늦출 이유가 없었다.

한화종합화학의 최대주주는 39.1%를 보유한 한화에너지다. 한화에너지는 김승연 회장의 세 아들이 지배하는 에이치솔루션의 100% 자회사다. 김동관 사장이 가장 많은 50%의 지분을 가지고 있다. '김동관→에이치솔루션→한화에너지→한화종합화학'으로 연결되는 구조다. 한화종합화학이 성공적으로 상장하면 에이치솔루션의 가치도 덩달아 뛰어오르는 셈이다. 그러나 니콜라를 둘러싼 논란이 여전히 발목을 잡았다. 의혹이 사실로 밝혀질 경우 직접 투자에 나선 한화종합화학의 손실도 기정사실이 된다. 상장과정에서 기업가치를 제대로 평가받지 못할 수도 있다. 한화종합화학 상장을 통해 에이치솔루션의 가치를 높이고 이것으로 ㈜한화의 지분을 확대하는 계획에 차질이 생길 수 있다. 그러나 2022년 4월까지 상장을 마무리한다는 삼성과 약속의 날이 점점 다가오고 있었다. 디데이에 맞춰 한화종합화학 지분 36.05%를 가지고 있는 한화솔루션에 집중하는 전략을 세웠다.

한화그룹은 한국거래소에 코스피 상장 예비심사신청서를 제출하는 등 상장 준비에 속도를 냈다. 그러나 상장 수혜주 한화솔루션은 4만 3,000원과 4만 8,000원 사이의 좁은 박스권에서 오르고 내리기를 반복하며 4월부터 6월 말까지 뚜렷한 방향성을 보이지 않았다. 6월 4일 상장 예비심사신청을 했던 한화는 6월 23일 돌연 삼성물산(20.05%)과 삼성SDI(4.05%)가 보유한 한화솔루션 지분을 9,868억 원에 인수하는 쪽으로 방향을 틀었다. 사실상 한화종합화학의 상장이 잠정 중단된 것이다.

2015년 삼성은 당시 삼성종합화학을 한화에 매각하면서 한화 측의 자금 부담을 덜어주기 위해 지분 24.1%를 삼성물산과 삼성

SDI에 남겨둔 바 있다. 한화 측은 2022년 4월까지 한화종합화학을 상장해 삼성이 잔여 지분을 구주 매출로 처분할 수 있게 하겠다고 약속했다. 만약 해당일까지 상장이 이뤄지지 않을 경우 삼성그룹의 보유지분을 한화그룹이 매입해주는 풋옵션 조항이 있었다. 한화가 삼성그룹 보유지분을 매입한 것은 사실상 상장 철회로 해석할 수 있는 만큼 그룹이 추진해왔던 승계 작업도 원점으로 돌아가게 됐다. 이에 따라 상장 모멘텀을 기대했던 한화솔루션 전략도 수정이 필요했다. 초기조건이 변화한 만큼 일단 매도 후 시장 상황에 따라 다시 진입 여부를 결정하기로 했다. 한화의 지분 매입 소식이 전해진 다음날 6월 24일 한화솔루션은 전일 대비 −1.93% 하락한 4만 5,700원에 거래를 마쳤다. 며칠간 횡보하는 모습을 보이더니 이후 천천히 우하향하며 8월 20일 3만 6,000원까지 하락했다. 대응하지 않았으면 하락 파동을 고스란히 맞을 수 있는 상황이었다. 초기조건을 설정하고 상황이 변했을 때는 빠르게 전략을 수정하고 대응해야 하는 이유다.

한화종합화학이 삼성계열사가 보유한 지분 전량을 인수하기로 결정하면서 한화에너지와 한화솔루션이 보유한 한화종합화학 지분은 각각 51.7%, 47.6%로 올랐다. 한화종합화학 상장은 중단되었으나 기업 성장성과 시장 상황에 따라 재추진할 가능성은 열려있다. 한화종합화학은 수소사업을 적극 추진하며 기존의 석유화학 회사에서 지속가능한 미래형 기업으로 체질개선에 나서고 있다. 니콜라 사태가 진정되고 기업가치를 제대로 평가받을 때 상장을 본격화할 것으로 보인다.

2015년 삼성이 한화에 방산·화학 계열사를 넘긴 '빅딜'은 지분 인수로 6년여 만에 최종 마무리되었지만 한화그룹 3세의 경영권 승계를 위한 한화그룹 '빅딜'은 여전히 진행 중이다. 한화에너지 지분이 51%인 한화종합화학 상장도 시기의 문제일 뿐 경영 승계를 위해서 반드시 이뤄져야 할 작업이다. 에이치솔루션은 한화그룹의 지주사인 ㈜한화 지분을 직접 매입하며 지분율을 높이고 있다. 김동관·김동원·김동선 세 형제의 지분율은 2018년과 2021년 사이 변화된 바 없지만 에이치솔루션은 2.12%에서 5.19%로 두 배 이상 비중을 높였다. 개인 차원의 지분 매입이나 상속이 아니라 에이치솔루션을 통해 지주사 지배력을 키워 승계에 활용하겠다는 한화그룹의 의도를 확인할 수 있다.

한화그룹 지배구조개편

2021년 한화그룹 지배구조 개편의 핵심 역할을 할 것으로 기대됐던 에이치솔루션의 합병 소식이 전해졌다. 한화에너지가 자사의 지분 100%를 보유한 모회사 에이치솔루션을 흡수합병하는 형태로 지배구조를 개편한 것이다. 에이치솔루션은 김동관 사장이 50%, 김동원 부사장과 김동선 상무가 각각 25%를 보유하고 있다. 세 아들이 100% 지분을 가지고 있으며 ㈜한화의 2대 주주로 김승연 회장이 보유한 22.65% 다음으로 많은 5.19% 지분을 갖고 있다. 김 회장의 세 아들은 에이치솔루션을 거쳐 한화에너지를 지배하고, 주요 계열사와 그룹을 간접 지배해왔다.

에이치솔루션은 비상장 기업으로 옛 사명은 한화S&C다. 2001년 시스템 통합·관리 및 컨설팅·소프트웨어 개발 등을 목적으로 설립됐으나 2017년 10월 해당 사업부를 물적분할하면서 존속법인을 에이치솔루션으로 바꿨다. 당시 분할한 SI사업부와 한화탈레스가 2018년 합병한 회사가 현재 한화시스템이다. 이후 에이치솔루션은 특정 사업 없이 투자법인 형태로만 남겨졌다. 직원이 10명도 채 되지 않는 작은 조직이 중간 지주사 역할을 하고 있다는 사실에 대해 그룹 내부에서도 승계를 위한 회사라는 회의적 시각이 적지 않았다.

한화그룹은 한화에너지가 에이치솔루션의 자산과 부채 모두를 승계하는 형태로 기존 최대주주 지분율 변화 없이 투자부문(에이치솔루션)과 사업부문(한화에너지)을 통합해 지배구조를 단순화했다. 김 사장 3형제는 합병 뒤 한화에너지 지분 100%를 쥐게 된다. 지배구조가 기존 '에이치솔루션→한화에너지→한화종합화학→한화토탈'에서 '한화에너지→한화종합화학→한화토탈'로 간소해지면서 자회사의 이익이 바로 3형제의 지분 가치로 연결되는 구조가 만들어졌다. 이번 합병은 3세 승계 작업의 장기적인 발판이 될 것으로 보인다.

그룹의 태양광 수소 사업을 주도하는 한화에너지는 한화종합화학 지분 51.7%를 가진 최대 주주다. 한화종합화학의 자금 창출력이 3형제의 경영권 승계자금 확보에 직접적인 영향을 미치게 된 셈이다. 따라서 한화종합화학 상장이 다시 추진될 가능성이 높다. 한화종합화학 상장을 통해 경영권 승계 자금 마련을 위한 여러 선택지를 만들 수 있다. 한화에너지는 한화종합화학 상장과정에서 구주 매출을 통해 대규모 자금을 빠르게 확보할 수 있다. 이렇게 되면 3형제에게 흘러갈 한화에너지 배당 여력이 한층 커진다. 또 한화에너지가 직접 그룹 지주사 역할을 하는 한화 지분을 매입하고 김동관 사장이 한화에너지를 통해 한화 지배력을 높이는 방식도 가능하다. 실제 한화에너지에 흡수합병되는 에이치솔루션은 한화 지분율을 꾸준히 높이고 있었다. 에이치솔루션과 합병 이후 한화에너지도 동일하게 지분 매입에 나설 가능성이 있다.

한화종합화학 상장은 3형제가 보유한 한화에너지 지분가치를 간접적으로 높일 방안이기도 하다. 한화종합화학 상장 과정에서 기업가치를 높게 인정받으면 모회사인 한화에너지의 가치 역시 긍정적으로 작용할 공산이 크다. 한화에너지의 기업가치 상승 이후 한화를 투자회사와 사업회사로 인적분할한 다음 한화에너지와 합병하는 시나리오도 있다. 한화와 한화에너지 합병과정에서 한화에너지의 기업가치가 높을수록 합병비율을 유리하게 산정받을 수 있다. 결국 한화를 향한 3형제의 지배력을 높이기 위해서는 한화에너지의 가치 높이기가 필요하고 한화종합화학 상장이 가장 효과적인 대안이 될 수 있다. 한화그룹이 삼성그룹이 보유한 한화종합화학 지분을 1조 원에 직접 사들이며 상장 추진을 중단한 것도 이런 점이 고려되었다고 보여진다. 한화그룹이 한화종합화학 지분을 사실상 100% 확보한 만큼 상장을 추진한다면 오히려 방식과 절차, 시기를 더욱 자유롭게 결정할 수 있다.

한화종합화학 상장은 수소 등 신재생에너지 분야에서 가시적인 성과로 성장성이 확보되고 니콜라 사태가 진정되는 국면에서 진행될 것으로 보인다. 신사업에 집중해 기업 가치를 제대로 평가받고 재정비를 마칠 때까지 한화종합화학이 대주주인 한화에너지에 배당을 하는 방식으로 자금을 확보하며 승계에 힘을 보탤 가능성이 높다. 한화종합화학은 2015년을 마지막으로 2020년까지 배당을 하지 않았다. 한화그룹이 사실상 한화종합화학 100% 지분을 확보한 만큼 배당을 재개할지 여부를 체크해볼 필요가 있다. 2020년 기준 부채비율 11%, 차입금의존도 4%로 재무적으로 우수하고 이익잉여금은 2조 7,119억 원에 달한다. 재무상으로 배당 여력은 충분하다.

에이치솔루션과 한화에너지 합병을 발표한 지 며칠 지나지 않아 한화그룹 금융계열사에도 지분 변화 소식이 전해졌다. 한화자산운용은 한화그룹 비금융 계열사가 보유한 한화투자증권 지분 26.46%를 인수하며 한화그룹 금융계열사 내의 지분이동이 발생했다. 한화자산운용이 한화투자증권의 단독경영권을 확보하며 한화자산운용이 보유한 한화투자지분은 19.63%에서 46.08%로 늘어나며 '한화생명→한화자산운용→한화투자증권'으로 이어지는 지배구조에서 입지가 더욱 단단해졌다. 한화투자증권이 최대 주주 변경으로 금융계열사로 편입되며 한화그룹 3세 계열

분리 작업도 속도를 낼 것으로 보인다. 한화생명 산하가 아닌 금융계열사는 한화저축은행 하나뿐이다. 김 부사장이 한화생명 지배력만 확보한다면 금융계열사 전부를 장악할 수 있다. 금융계열사 전부를 한화그룹에서 들고 나가는 방식의 계열분리도 가능하다.

김승연 회장의 장남 김동관 사장이 한화솔루션을 필두로 태양광·방산·우주 사업을 맡고 차남인 김동원 부사장이 한화생명을 중심으로 금융 계열사를 맡는다는 밑그림이 그려지고 있다. 특히 2020년 정기인사에서 김동원 상무가 전무로 승진한데 이어 2021년 7월 부사장으로 직위를 변경했다. 쾌속 승진과 함께 단독 경영권 확보로 수직계열화 구조가 단단해지면서 금융은 차남 김동원 부사장이 맡는 구도가 더욱 선명해지고 있다. 장남과 차남이 한화그룹 주요 계열사를 이끌고 있지만 실질적인 지배력 확보를 위해서는 승계자금이 필요하다. 승계작업의 핵심이던 에이치솔루션과 한화에너지 합병으로 한화그룹은 ESG 경영이 강조되는 상황에서 이중지배구조 해소와 재무구조 개선을 이룬 동시에 경영권 승계를 위한 새로운 판을 짰다.

빠르게 움직이는
한화그룹의 시계

2021년 한화그룹의 시계는 빠르게 움직였다. 한화종합화학 상장이 돌연 취소됐고 김동관·김동원·김동선 형제가 지분을 보유한 승계의 핵심 에이치솔루션은 자회사에 합병되었다. 주요 계열사 유상증자와 일부 금융계열사 지분 정리가 이뤄졌고, 신재생에너지와 우주 사업 등 미래 먹거리 사업에 대대적인 투자가 진행되며 사업구조가 전면 재편되고 있다. 급격한 변화의 중심에는 김승연 한화그룹 회장이 있다. 2014년 특정경제범죄가중처벌법상 배임으로 징역 3년, 집행유예 5년을 받고 7개사 대표이사 자리에서 물러난 김승연 한화그룹 회장이 2021년 3월 복귀하면서 승계작업과 신사업 투자 등 움직임이 본격화되고 있다.

우주를 선점하라는 김승연 회장 한 마디에 한화는 1,100억 원을 베팅했다. 1월 한화에어로스페이스가 1,090억 원에 인공위성 전문업체 쎄트렉아이를 인수했다. 한화시스템은 영국 우주인터넷 기업 원웹에 3억 달러(약 3,450억 원) 투자를 밝혔다. 상반기 유상증자를 통해 확보한 자금을 투입한 첫 대규모 해외투자로 우주인터넷 시장을 선택했다. 이 외에도 그룹 체질 개선을 위한 미래 먹거리 사업에도 속도를 내고 있다. 한화종합화학은 미국 PSM과 네덜란드 토마슨에너지를 인수하며 탄소배출을 감축할 수 있는 수소혼소 발전 프로젝트에 착수했다. 한화솔루션은 앞서 미국 수소탱크 제작업체 시마론과 태광후지킨의 고압탱크 사업부문을 인수했다. 또 프랑스 재생에너지 개발업체 RES프랑스 지분 100%를 7억 2,700만 유로(약 9,843억 원)에 인수하기로 결정했다. RES프랑스는 풍력과 태양광 사업에 주력하는 만큼 한화솔루션의 재생에너지 신사업 진출도 힘이 실리게 되었다.

한화그룹 주력 사업은 태양광·방산·우주 등 미래 사업으로 이동하고 있는 가운데 김동관 사장의 영향력도 함께 커지고 있다. 금융업과 호텔·레저사업을 제외하면 사실상 한화그룹의 모든 사업 포트폴리오 총괄을 김 사장이 맡고 있다. 여기에 한화에너지와 에이치솔루션의 역합병이 마무리되면 김동관 사장은 태양광 발전사업을 전문적으로 영위하는 한화에너지 최대주주로 올라선다. 한화에너지는 ㈜한화 계열 지분 구도에 엮이지 않은 독립된 법인으로 김 사장이 오랜 기간 간접적으로 영향력을 행사하며 키워온 회사다. 최대주주로 올라서면 김동관 사장이 한화에너지도 직접 관리할 가능성도 있다. 새로운 시장 개척을 위한 체질개선과 지배구조 개편 과정이 3세가 주력하는 신사업에 무게가 실리면서 김동관 사장은 본격적으로 차기 총수가 되기 위한 시험대에 올랐다.

그러나 해결해야 할 문제가 여전히 남아있다. 사기 논란이 확산될 때도 사태를 지켜보던 한화는 2021년 연말까지 니콜라 보유지분 2,213만 주 중 최대 50%인 1100만 주를 매각하기로 결정했다. 니콜라와 전략적 제휴 관계를 유지하지만 일부 지분 수익 실현을 통해 리스크를 관리하려는 것으로 보인다. 약 1,250억 원에 달하는 시세 차익을 수소 사업에 재투자하기로 결정했다. 한편 창업자 트레버 밀턴이 증권사기와 금융사기 혐의로 재판에 넘겨진 가운데 8월 니콜라는 수소 트럭 시제품이 오르막을 오르는 영상을 공개하기도 했다.

김동관 사장의 주도로 이뤄진 투자였던 만큼 니콜라 사태는 해결될 때까지 김 사장에게 직간접적인 영향을 미칠 것이다. 오랜 시간 동안 김동관 사장이 주도한 태양광 사업의 수익성 개선 역시 중요한 변수다. 중국의 저가 모듈, 셀 공세에 가격 경쟁력이 떨어지는 한화솔루션은 기술력을 앞세워 미국과 독일, 일본, 영국 등 프리미엄 가정용·상업용 시장을 공략하고 있다. 중국 업체들의 증설 러쉬와 가격 경쟁력이라는 도전에 직면한 한화솔루션은 태양광 산업의 점유율과 이익률을 높일 수 있는 돌파구를 찾아야 한다.

2021년 9월 8일 한국판 수소위원회가 공식적으로 출범했다. 수소 경제 실현을 목표로 현대자동차, SK, 롯데, 포스코, 한화, 현대중공업, GS, 두산, 효성, 코오롱 등 10개 그룹이 주축이 된 수소기업협의체에 한화솔루션 김동관 사장도 이름을 올렸다. 한화솔루션은 태양광의 부침을 수소에 더욱 집중하며 해결해 나갈 것으로 예상된다. 한화솔루션은 첨단소재 부문 매출을 강화하기 위해 수소 저장용기 확보에 열을 올리며 과감한 투자에 나서고 있다. 2019년 태광 후지킨을 인수했고 2021년 미국 고압 탱크 업체 시마론 지분 100%를 매입했다. 한화솔루션은 국내에서 태광 후지킨을 통해 수소 기반 무인 비행체(드론), 승용차, 상용차 등에 적용되는 탱크를 생산하고, 해외에서 시마론을 통해 대형 수소 운송용 트레일러, 충전소용 탱크를 생산할 방침이다.

김동관 시대 한화그룹은 수소 저장 및 운반을 넘어 친환경차 충전에 활용하는 '그린 수소 밸류체인' 구축에도 나설 것으로 보인다. 수소 산업에 선제적으로 투자해온 계열사와 협업하며 수소 사업 시너지 효과를 창출할 수 있다. 한화에너지는 세계 최초 부생수소 발전소를 건설했고 한화파워시스템은 한국가스공사에 수소 충전 시스템을 공급하고 있다. 여기에 한화종합화학이 가세하며 수소 비즈니스의 한 축이 될 것으로 보인다. 한화종합화학은 2021년 3월 가스터빈 성능 개선 및 수소 혼소 개조 기술을 보유하고 있는 미국 PSM과 네덜란드 토마센에너지를 인수했다. 수소 혼소 발전은 가스터빈에 액화천연가스^{LNG}와 수소를 섞어 태우는 발전 방식으로 이 방법을 사용하면 탄소 배출량을 획기적으로 줄일 수 있다. 기존의 석유화학 업체에서 수소 중심의 지속 가능한 미래형 기업으로 변화를 추진하고 있는 한화종합화학이 한화에너지와 함께 수소 비즈니스의 핵심이다. 신사업으로 매출 규모를 키우고 배당을 통해 승계 자금을 마련한 다음 시장의 분위기와 기업의 가치가 제대로 평가받는 시점에 한화종합화학 상장이 이뤄질 것으로 예상한다.

또 기존의 방산을 넘어 우주·항공까지 진출한 한화의 우주산업 진행과정도 추적해 보아야 한다. 한화의 우주산업을 총괄하는 '스페이스 허브$^{Space\ Hub}$'는 민간 기업과 카이스트가 함께 만든 국내 최대 규모 우주 분야 연구센터. 스페이스 허브팀에는 한국형 발사체 누리호 개발에 참여한 한화에어로스페이스, 한화시스템, 위성 전문기업 쎄트렉아이, ㈜한화 등이 참여하고 있다. 한화시스템은 2021년 1월 미국 개인항공기^{PACV} 기업 오버웨이 지분 인수 후 하늘을 나는 에어택시 '버터플라이' 공동개발에 나섰다. 도심항공모빌리티 사업화에 집중하고 있다. 또 한화에어로스페이스가 쎄트렉아이 지분을 취득하면서 우주발사체 기술을 보유한 한화에어로스페이스와 위성에 장착되는 영상레이더 등의 기술을 보유한 한화시스템의 시너지 효과도 기대된다. 한화에어로스페이스가 한화시스템 지분 48.99%를 보유하고, 한화에너지가 13.41%

지분을 보유하고 있는 구조 속에 두 기업의 성장에 따른 수혜는 한화그룹 3세에게 흘러들어갈 것으로 보인다.

특히 ㈜한화와 한화솔루션에서 양도제한조건부주식RSU을 지급받은 김동관 사장은 우주 사업이 성공할 경우 승계 과정에서 막대한 도움을 받을 수 있다. 미국 실리콘밸리가 시행하는 성과 보상제 RSU는 회사가 제시한 조건을 달성할 경우 일정한 기간이 지나면 주식을 무상 지급하는 것이 핵심이다. 임직원에게 주식을 특정 가격에 매수할 권리를 주는 스톡옵션과는 차이가 있으며 단기적인 성과보다 중장기적인 기업가치 제고에 초점을 맞추고 있다. ㈜한화와 한화솔루션 주가가 올라갈수록 김 사장이 더 큰 보상을 받는 셈이다. 한화그룹은 국내 대기업 최초로 RSU를 도입했다. 김 사장은 현재 한화솔루션 RSU 4만9658주를 보유하고 있다. 김동관 사장이 보유한 한화 RSU 규모는 비공개다. 2031년 1월부터 권리를 행사할 수 있는 ㈜한화와 한화솔루션 RSU 외에도 한화에어로스페이스 RSU 지급도 예상되는 만큼 김 사장의 우주 사업 성과는 승계 과정의 실탄을 마련하는 역할을 하게 됐다.

한화그룹 미래 방향성은 정해졌다. 태양광·수소와 우주·항공을 중심으로 공격적인 M&A로 사업을 키우며, 김동관 사장을 후계로 3세 승계를 완성해가고 있다. 그 과정에서 그룹의 핵심 비즈니스와 관련이 있는 계열사를 자세히 들여다보면 그룹을 물려주기 위한 계획이 하나씩 모습을 드러낸다. 비상장사인 한화에너지의 지분 가치 높이기를 위해 그룹의 에너지는 한화종합화학과 한화시스템에 집중될 것으로 보인다. 이 과정에서 한화에너지가 ㈜한화 지분을 매입하는 속도를 추적할 필요가 있다. 또 한화솔루션과 한화, 한화에어로스페이스 주가를 함께 비교하면 한화그룹 미래방향성과 승계 작업의 진행 속도를 확인할 수 있다.

아직은 초기 단계인 수소사업이 안정궤도에 올라서면 한화종합화학 상장은 재추진될 것으로 보인다. 한화그룹은 2021년 9월 한화종합화학의 사명을 한화임팩트로 변경했다. 수소 중심의 친환경 에너지 사업에 본격적으로 나서면서 니콜라 사태의 국면전환을 수소와 우주항공으로 잡은 것으로 보인다. 앞으로 한화임팩트가 한화그룹 수소 비즈니스에서 두각을 나타내게 될지 추적해 볼 필요가 있다. 한화임팩트 상장을 통해 3형제가 한화에너지를 통해 충분한 승계작업을 확보한 다음 단계는 그룹 지주사 ㈜한화 지분 확보다.

김동관 사장이 한화에너지를 통한 매입 혹은 합병으로 지배력을 확보할지, 주식 직접 매입을 통해 개인 지분 확보에 나설지 아직은 알 수 없다. 그러나 ㈜한화 최대주주에 김동관 사장의 이름이 찍히는 시점에 금융계열사와 호텔·리조트 사업이 한화에서 분리되는지도 체크해 보아야 한다. 계열 분리가 진행될 경우 김동원 한화생명 부사장이 금융계열사를 맡고, 호텔과 리조트 사업을 삼남 김동선 상무가 맡을 것으로 예상된다. 김동선 상무는

2020년 말 4년 만에 한화에너지로 복귀했으나 이듬해 한화호텔 앤드리조트로 소속을 옮겼다. 김승연 회장의 복귀와 함께 승계 준비에 박차를 가하고 있는 한화그룹의 시계는 어느 때보다 빠르게 움직이고 있다.

승계 정공법 택한 한화,
그룹 정점을 향해가는 한화에너지

한화그룹 오너 3세를 위한 승계작업이 김승연 회장의 복귀와 함께 맞물리며 속도를 내고 있다. 그동안 암암리에 추진했던 승계 밑그림이 자의반 타의반 실패로 끝나며 지지부진했지만 에이치솔루션과 한화에너지 합병을 통해 새로운 돌파구를 마련한 셈이다. 합병기업의 가치를 높일 수 있다면 다양한 방법으로 ㈜한화 지배력 강화뿐 아니라 그룹 내에서 오너 3세의 경영능력을 인정받으며 입지를 강화할 수 있다. 한화에너지는 2021년 10월 모회사 에이치솔루션을 1대2.7085336으로 흡수합병했다. 에이치솔루션 주식 1주당 한화에너지 주식 2.708536주를 교부했다. 존속법인은 한화에너지로 오너 3세의 지분율 변화 없이 3형제의 그룹 내 영향력은 커졌다. ㈜한화는 물론 한화임팩트, 한화시스템 등 그룹 내 알짜 회사의 간접지배력이 확대된 것이다.

한화에너지는 에이치솔루션과의 합병 결정 이후 ㈜한화 지분을 지속적으로 늘리고 있다. 에이치솔루션이 보유한 지분 4.24%에 한화에너지가 지속적으로 장내 매수를 통해 매입한 주식을 합쳐 현재 9.7% 지분을 보유하고 있다. 2021년 8월부터 한화에너지가 지분 매입에 투입한 금액은 1150억 원가량으로, 최대주주 김승연 회장(22.65%)에 이어 ㈜한화 2대 주주로 올라섰다. 김동관 사장의 지분이 4.44%로 세 번째로 많은 것을 고려할 때 향후 오너 3세가 한화에너지를 통해 ㈜한화에 대한 지배력을 확보할 수 있는 기틀을 마련한 셈이다. ㈜한화는 실질적인 지주사 역할을 담당하고 있지만, 3세 개인 회사인 한화에너지가 또 다른 지주사 역할을 맡아 불안전한 구조를 가지고 있다. 안정적인 경영권 이양을 위해서는 이중 지주사 체제 정리가 필요하다. 당초 ㈜한화와 한화에너지가 합병하는 방식이 유력하게 거론됐다. 그러나 비상장사의 기업가치 산정방식을 둘러싼 논란과 ㈜한화 소액주주 반발이 불가피한 만큼 한화그룹은 한화에너지를 지배구조 최상단에 올리는 방식을 택한 것으로 보인다. 직접 지분을 취득해 경영권을 넘겨받는 정당한 승계법으로 논란을 최소화하는 정공법을 택한 것이다.

한화그룹의 현재 지배구조는 김승연 회장→㈜한화·한화에너지→한화솔루션·한화생명·한화임팩트 등이다. 한화에너지가 그룹 정점에 올라선다면 김승연 회장→한화에너지→㈜한화→한화솔루션·한화생명·한화임팩트 등이 된다. 김동관 사장은 한화에너지를 통해 그룹 전반에 걸친 지배력을 발휘할 수 있게 된다. 김승연 회장의 한화 지분 22.65%를 넘어서기 위해 한화에너지는 약 13%의 추가 지분 확보가 필요하다. 지속적인 지분 매입을 위해 한화에너지의 실탄확보 움직임이 활발해질 것을 예상할 수 있다. 먼저 한화에너지 자체 사업 강화가 기대된다. 한화에너지는 태양광 발전소 매각 사업의 고공 성장에 힘입어 2020년 1조 원이 넘는 매출을 기록했다. 수소와 같은 신재생에너지와 리테일, 에너지저장장치ESS 등 신규사업도 빠르게 판을 키워가고 있다.

자회사 한화임팩트로부터 받을 수 있는 배당도 유용하다. 한화임팩트는 자회사 한화토탈로부터 매년 수천억 원의 배당금을 받아왔지만 2015년 한화그룹으로 편입된 이후 한 차례도 배당을 실시하지 않았다. 삼성그룹과의 지분 정리가 완료된 만큼 한화임팩트가 배당을 개시할 가능성이 높으며 그 수혜는 지배구조 개편을 위한 총알로 사용될 가능성이 높다. 단순 석유회사에서 투자전문회사로 정체성을 바꾼 것도 이와 같은 맥락으로 해석할 수 있다. 수익성뿐 아니라 사회에 긍정적인 영향을 끼치는 곳에 투자하는 '임팩트 투자'에서 사명을 따온 만큼 신기술과 스타트업을 적극 발굴, 투자해 기업가치를 재고하고 신사업 진출로 수익 다변화를 꾀한다는 전략을 세우고 있다. 투자회사로 거듭난 한화임팩트는 김동관 사장의 진두지휘 아래 가스터빈 업체인 미국 PSM과 네덜란드 ATH를 인수하며 수소 혼소 기술을 확보했다. 2022년에도 친환경에너지와 애그테크, 첨단 바이오 분야

투자에 나설 예정이다. 한화그룹은 그룹의 체질 개선을 주도하며 성장을 이끄는 한화임팩트 배당과 상장, 한화에너지 자체의 기업 공개 등을 통해 오너 3세 승계에 필요한 자금을 착실히 마련할 것으로 보인다.

한화에너지가 오너 3세 승계 핵심으로 부상하면서 기업공개에 대한 기대감도 커지고 있다. 태양광, 수소연료전지 발전 등 미래 신성장 사업에 경쟁력을 확보하고 있는 만큼 요건들만 잘 갖춘다면 국내는 물론 미국 시장 상장도 기대할 수 있기 때문이다. 이미 한화에너지가 미국에서 스팩SPAC을 통한 우회상장을 시도했다는 소문이 돌기도 했다. 지배구조 완성을 위해 언젠가는 진행될 일이지만 그보다 앞선 과제들이 많다. 원활한 3세 승계를 위해 ㈜한화와 10배 이상 벌어져 있는 기업가치 격차를 줄여야 한다. 실적 개선으로 기업가치를 키우고 자회사 한화임팩트 상장도 우선적으로 진행해야 한다.

한화에너지는 에이치솔루션과 역합병으로 오너 3세의 100% 지분을 보유한 안정적인 구조를 만들었지만 수익창출보다 투자가 먼저 이뤄져야 하는 상황이다. 당장 2023년까지 해외 태양광 부지 등에 연간 9,000억 원의 투입이 필요하다. 태양광 투자사업의 70~80%를 외부에서 조달하고 신규 사업 투자도 지속하는 만큼 재무 부담도 높은 편이다.

또 2015년 삼성그룹과 진행한 2조 원 규모 빅딜도 마무리해야 한다. 삼성 측에 남겨뒀던 한화종합화학(당시 삼성종합화학, 현 한화임팩트) 지분 24.1%를 매입하기 위해 약 1조 원(한화에너지 5,138억 원)의 자금이 필요하다. 한화와 삼성은 거래 당시 부담을 줄이기 위해 지분 일부를 남겨뒀다. 2021년까지 한화종합화학이 상장하지 못하면 한화가 일정 금액의 지분을 되사는 풋옵션(주식매도청구권)을 붙였다. 한화에너지(5,138억 원), 한화솔루션(4,730억 원)이 3차례에 걸쳐 인수대금을 나누어 지급해야 한다. 2021년 한화에너지가 2,082억 원, 한화솔루션 1,917억 원을 납입했고, 2022년과 2023년 각각 1,562억 원과 1,438억 원씩 지불해야 한다.

이런 상황에서 안정적인 수익확보가 절실하다. 미국 전력판매 가격 변화에 따라 수익성이 엇갈릴 수 있기 때문이다. 다행스럽게도 전력수요가 증가하고 전력판매 가격이 상승하고 있어 태양광 프로젝트 매각만 순조롭게 진행된다면 안정적인 이익 창출이 가능할 것으로 보이지만 아직 실적으로 입증하지는 못했다. 한화에너지의 부채비율은 2021년 하반기 자본총계가 늘면서 다행히 낮아졌지만 금리 인상기에 차입금 관리를 못하면 현금유동성에 부담을 느낄 수 있는 만큼 안정적인 실적과 성장이 필요하다. 실적의 개선과 함께 한화에너지가 성장하면서 유상증자로 김동관 사장의 지분율을 50% 이상 끌어올릴지 추적할 필요가 있다.

앞서 확인했듯이 한화그룹 승계 작업은 한화에너지 보유 지분과 김동관 사장의 보유 지분으로 ㈜한화를 지배하는 방식이 유력하다. 김희철 한화임팩트 대표이사가 2021년 11월 19일 한화에너지 공동대표로 선임되면서 김동관 사장 지휘 체계가 공고해지고 있다는 분석도 나온다. 김희철 대표는 김 사장의 '태양광 멘토'로 꼽히는 인물로 김 사장이 경영 수업을 시작하던 2011년부터 경영총괄책임 임원을 맡아 사업 성장을 함께한 인물이다. 2018년 10월부터 2020년 8월까지 한화솔루션 큐셀부문 대표이사를 맡으며 김동관 사장을 보좌했다. 한화에너지는 한화그룹 지배구조개편의 핵심으로 지목되는 곳으로 지주부문은 계열사 관리와 미래전략 수립 등 한화에너지 기업가치 증대와 직결된 분야인 만큼 김희철 대표가 승계 구상의 키맨 역할을 할 것으로 보인다. 또 지배구조 강화의 핵심인 친환경 에너지 분야 사업에 대한 김동관 사장의 보폭은 더 넓어질 것으로 보인다.

또 김동관 사장과 한솥밥을 먹은 큐셀 출신 김승모 한화 방산부문 대표와 김맹윤 한화 글로벌부문 대표가 한화 사내이사를 맡고 있다. 사내이사 4명 중 2명이 큐셀 출신이라는 점은 상당한 비중을 의미한다. 그 외 김승모, 김맹윤 대표, 이구영 한화솔루션 큐셀 부문 대표, 김종서 한화토탈 대표 등 큐셀 출신이 핵심 계열사에 대거 자리하면서 친정체제를 강화했다. 반면 김승연 회장과 방산·기계 등을 진두지휘했던 핵심 참모들은 줄줄이 퇴임했다. 한화그룹은 김동관 사단의 주요인물을 그룹 내 요직으로 이동시켜 힘을 싣고, 김 사장의 그룹 내 지배력을 높이며 지배 구조 개편 작업에 속도를 내고 있다.

김동관 사장을 중심으로 한화에너지→한화→한화솔루션→한화임팩트→한화토탈로 이어지는 승계 과제의 핵심에는 환경·사회·지배구조ESG가 자리하고 있다. 오너 3세는 친환경 등 그룹 ESG 경영을 중점적으로 이끌며 자본시장의 새로운 흐름에 따라 승계 밑천까지 만들겠다는 전략으로 해석된다. 한화그룹의 ESG 시계는 더디게 흘렀다. ㈜한화가 보유한 비인도적 무기 사업 '분산탄' 영향이 컸다. 실제 유럽 투자기관은 비인도적 무기를 생산하는 업체에 대한 투자를 금지하고 있어 한화그룹 투자를 배제해 왔다. 한화그룹은 2021년 분산탄 사업 최종 매각을 결정하며 그룹의 ESG 경영에 박차를 가하고 있다. 유럽에서 태양광 사업을 벌이는 만큼 유럽 자본시장의 흐름에 맞춰 사업구조를 재편하겠다는 뜻으로 주요 계열사에 ESG위원회를 설치하기도 했다.

ESG 경영의 핵심인 친환경 사업을 오너 3세가 핵심이 되어 이끄는 것도 주목할 만하다. 한화그룹의 친환경 사업은 태양광과 수소로 나뉜다. 태양광은 김동관 사장이 이끄는 한화솔루션이 주로 담당한다. 한화솔루션은 태양광 셀, 모듈을 생산하는 미드스트림에서 발전소 건설, 운영, 전력 리테일에 이르는 다운스트림까지 이어지는 밸류체인을 보유하고 있다. 오너 3세가 지분 100%를 보유한 한화에너지 역시 태양광 사업을 맡아 미국, 일본, 유럽, 호주 등에 사업부를 신설하며 발전 사업을 추진하고 있다.

수소 사업 역시 한화솔루션을 주축으로 한화임팩트, 한화파워시스템이 맡아 그룹의 수소 밸류체인을 완성하고 있다. 이외 차남인 김동원 한화생명 부사장은 탈석탄 금융을 선언하고 금융 계열사의 ESG 행보를 계승하며 신재생에너지 등 친환경 투자를 대폭 늘렸다.

수소와 태양광, 친환경에너지, 항공우주 등 미래산업을 중심으로 체질 개선에 나선 한화그룹의 변화는 이미 시작됐다. 친정 체제를 구축한 김동관 사장은 미래 성장성과 지속가능성을 승계와 연결시켜 해결하려는 전략을 취할 것으로 보인다. 이 과정에서 친환경 사업의 핵심으로 오너 3세의 영향력이 막강한 한화솔루션, 한화에너지, 한화임팩트를 주목해 유동적으로 체크한다면 한화그룹 거버넌스의 숨겨진 밑그림과 새로운 투자아이디어를 찾아볼 수 있을 것이다.

무극 선생이 알려주는
한화그룹 매매 전략

한화그룹 내에서 투자 우선순위를 정하라면 개인적으로 한화는 제일 늦게 투자하고 싶다. 삼성그룹의 삼성물산 같은 느낌이 한화그룹에서는 한화라고 생각한다.

김동관 장남-한화에너지, 한화종합화학, 한화에어로스페이스, 한화솔루션

김동원 차남-금융, 보험

김동선 삼남-유통, 호텔, 레저

나중에 한화그룹의 승계구도가 이런 방식으로 진행되는지 추적해 볼 필요가 있다. 한화는 이 구조를 만들기 위한 초석이며 훗날 분할되어 쪼개질 수 있기 때문이다.

김승연 한화그룹 회장의 삼남 김동선 한화호텔앤드리조트 미래전략실장이 호텔·레저에 이어 그룹 유통 신사업까지 관할하게 되면서 업계의 눈길이 쏠리고 있다. 모두 '포스트 코로나' 시대를 맞아 큰 변화를 앞두고 있는 사업군인 만큼, 이를 아우를 김 상무의 역할이 중요하다는 점에서다. 업계에 따르면 한화그룹 내 유통·호텔·레저 부문은 큰 변화를 앞두고 있다. 한화솔루션 갤러리아 부문은 서울 압구정동 갤러리아명품관 등 오프라인 백

화점의 고급화에 힘을 싣는 한편, 채널 및 콘텐츠 다변화, 신사업 발굴 등에 나서고 있다. 국내 백화점 산업은 코로나19의 영향으로 2020년엔 직전 해 대비 9.9% 역신장을 기록했으나 2021년엔 명품을 중심으로 한 보복소비 행렬에 힘입어 22.8% 성장했다. 이 시장에서 지난해 기준 갤러리아의 시장 점유율은 8.1% 수준이다. 갤러리아는 국내로 응집됐던 소비 수요가 올해 리오프닝(경제 재개) 움직임과 함께 분산될 것으로 전망, 어느 때보다 '고정 고객 확보'를 위한 차별화된 VIP 타깃 마케팅이 필요한 때라고 보고 이 부분에 역량을 집중하고 있다. 갤러리아 부문 신사업전략실장으로 합류한 김 상무가 VIP 관련 신규 프리미엄 콘텐츠 발굴 및 사업화 등에 주력하고 있는 것도 이 때문이다. e커머스 등 채널 다변화는 그룹 차원에서 나서고 있다. 한화솔루션이 지분 100%를 보유하는 자회사 형태로 명품 e커머스 플랫폼을 준비하고 있다. 온라인 구매에 익숙한 20~30대가 명품 시장 큰손으로 떠오르면서 이 시장을 본격적으로 공략하되, 한화 이름을 빼고 새롭게 접근한다는 구상이다. 한화솔루션은 e커머스 플랫폼 사업은 현재 갤러리아 부문과 무관하게 독립 경영 체제로 운영한다지만 그룹 내 명품을 다루는 백화점과 e커머스 등 유통 채널 간 시너지 효과 확대 등에 김동선 상무의 역할이 필요할 것으로 보고 있다.

김 상무는 한화호텔앤드리조트에서도 미래전략실장으로 신사업을 관장하고 있다. 한화호텔앤드리조트는 2024년을 목표로 추진 중인 설악 복합단지 개발 등에 힘을 쏟고 있다. 2022년 2월 승마사업부문(프리미엄레저사업부)을 물적분할한 한화넥스트가 출범하면 여기서도 미래전략실장으로서 해당 부문 신사업을 총괄, 3사 겸직에 나서게 된다. 업계에선 김 상무가 그룹 유통 신사업 전반에 힘을 싣게 되면서 한화그룹 승계 작업도 속도를 낼 것으로 점치고 있다. 한화그룹은 김 회장의 장남인 김동관 한화솔루션 사장에게 석유화학과 태양광 등 주력 사업을, 차남인 김동원 한화생명 부사장에게 금융 사업을, 김동선 상무에게 유통·호텔·레저 사업을 넘기는 방향으로 경영권 승계 작업을 진행하고 있다.

한화솔루션은 2020년 1월, 한화케미칼과 한화큐셀앤드첨단소재가 통합되어 탄생한 회사로, 다양한 분야의 솔루션을 제공한다. 2021년, 한화도시개발의 자산개발 사업부문을 통합한 후 한화갤러리아를 합병하고 한화갤러리아타임월드를 자회사로 편입했는데 나중에 갤러리아가 삼남 김동선 중심으로 분할되어 나오는지 추적해 볼 생각이다.

2022년, 도시개발 부문과 큐셀 부문 GES사업부, 갤러리아 부문 프리미엄라이프스타일사업부가 재편되면서 인사이트 부문으로 부문명을 변경했는데 이런 흐름 때문인지 한화솔루션을 한화보다 우선순위로 3만원대 투자해서 8월말 시점으로 5만원을 돌파했다.

한화에어로스페이스와 한화시스템은 김동관 대표를 중심으로 하는 사업부분인 항공, 우주, 방산 군통신시스템의 중심기업이다. 투자 비중을 가장 크게 하면서 한화에너지-한화종합화학이 다시 상장하는 시점이 올 때까지 집중대상으로 선정한다. 그래서 한화그룹은 한화에너지와 한화종합화학을 지속적으로 추적해야 한다.

한화에너지는 2007년 여수 및 군산에 열병합 발전소를 건설하면서 설립된 회사다. 2016년 한화큐셀의 태양광 사업 부문(사업개발)을 인수하면서 태양광 IPP사업 및 운영 유지O&M사업 역시 추진하고 있다. 최근에는 LNG 사업과 ESS 사업개발 및 ESS, EPC에도 진출하고 있는 모습을 보이고 있다. 여수산업단지와 군산2 국가산업단지 안에 위치한 열병합 발전소에서 산단 내 수요처에 전기와 열을 공급하는 사업이 굉장히 안정적으로 수익을 창출하고 있어서, 한화그룹 내에서도 중요한 위치를 가진 회사이다.

그룹 오너가 100% 지분을 소유한 한화S&C(이후 물적 분할 및 사명 변경이 이뤄져, H솔루션이 지분을 가지고 있었다)가 한화에너지의 주식 100%를 가지고 있었다. 한화그룹 지배 구조의 실질적 중추에 위치한 회사인 한화종합화학의 지분 약 40%를 보유하고 있으므로 간접적으로 한화토탈에너지스의 지배권도 가지고 있어 한화의 미래 목표인 에너지산업, 케미칼산업에 매우 중요한 위치를 가진 회사인 것이다. 안정적인 열병합 발전소 수익을 통해 태양광 사업에 적극적으로 투자를 하고 있으며, 미국, 일본 등 해외 법인도 가지고 있다. 2021년 10월에는 모회사인 H솔루션을 역합병하였다. 이때부터 한화그룹의 가장 중요한 회사로 자리매김하고 있다고 본다.

한화자산운용이 계열사들에 흩어져 있던 한화투자증권 지분을 대량 취득해 단독 경영권을 확보했다. 한화자산운용은 한화그룹 비금융계열사가 보유한 한화투자증권 지분 26.46%(5,676만 1,908주)를 약 3,201억 원에 인수했다. 세부적으로 살펴보면 한화글로벌에셋의 한화투자증권 보유분 2,672만 7,398주, 한화호텔앤드리조트 1,870만 9,207주, 한화갤러리아타임월드 1,132만 5,303주 등이다. 이에 따라 한화자산운용이 보유한 한화투자증권 지분은 19.63%에서 46.08%로 증가했다. 한화자산운용은 2017년 한화생명에서 자산운용 부문을 이관받아 수탁고 113조 원의 업계 3위 규모로 성장했다. 이어 한화투자증권의 유상증자(1,000억 원)에 참여해 생명-자산운용-증권으로 이어지는 금융부문 수직계열화를 완성했다. 한화생명이 5,100억 원 출자한 유상증자를 통해 자본을 대거 확충하며 몸집을 키웠다. 또 싱가포르, 중국, 미국 뉴욕 법인 설립을 완료했다. 이사회 내 환경·사회·지배구조 ESG 위원회를 설립하는 등 글로벌 자산운용사로의 도약을 위한 외형적 성장에도 힘을 실었다. 한화자산운용은 한화투자증권을 자회사로 편입하면서 기업가치가 증대되고 혁신기술·플랫폼 투자에도 시너지 효과를 낼 것으로 보고 있다. 증권업의 영업이익과 순이익이 증가할 것으로 예상되면서 지분법 이익 증가도 기대하고 있다. 일각에서는 이번 한화자산운용의 한화투자증권 단독 경영권 획득은 한화그룹 경영권 승계 작업의 일환이라는 분석도 나온다. 한화그룹은 2017년부터 승계를 염두에 둔 지배구조 정리 작업을 해왔다. 계열사 간 복잡하게 얽힌 지분 구도를 크게 화학·금융·레저 업권별로 묶는 모양새다. 즉, 비상장사인 한화자산운용을 중심으로 지분가치 담보가치 높이기 전략을 실행하는데, 문제는 한화생명의 보유채권은 문제가 없는지 확인해야 할 것이고 한화투자증권이 투자한 지분가치 변화도 추적해야 한다.

한화생명보험이 케이뱅크 주주로 있는 가운데 계열사인 한화투자증권이 '토스뱅크' 컨소시엄 참여를 결정했기 때문이다. 한화그룹 금융계열사들이 두 인터넷전문은행에 양다리 걸친 셈인데 KB금융그룹 사례를 들어 교통정리가 필요한 것 아니냐는 지적도 나온다. 한화투자증권이 한화생명의 손자회사로 편제될 예정이기 때문이다. 한화투자증권은 인터넷전문은행 예비인가를 준비 중인 토스뱅크 컨소시엄에 247억 5,000만 원을 투자, 보통주 495만 주(9.9%)를 취득키로 결정했다. 은행법상 의결권 지분 10% 이상을 보유하려면 금융위원회 승인을 얻어야 하는 동일인 규제를 피하기 위해 9.9%만 투자한 것으로 보인다. 국민연금이 은행(은행지주) 지분을 10% 이상 소유하지 않는 것과 같은 이유다.

즉, 우선순위에는 밀리지만 후계구도 상 차남 김동원 중심으로 지배구조가 만들어지는 것 같고 그 시간은 아직 10년 이상의 시간이 필요하다고 판단한다. 때문에 한화그룹의 금융계통 종목은 대부분 저가여서 투자매력은 있지만 굳이 순서를 정한다면 한화투자증권-한화생명-한화손해보험 순서로 대응하고자 한다. 한화투자증권의 투자 매력은 토스뱅크이고 한화생명의 투자 매력은 케이뱅크 투자지분 가치 때문이다.

정리하면 한화그룹은 장남 김동관 사장의 연결고리부터 시작하는 전략을 수립해 드린다. 한화그룹은 우크라이나-러시아 전쟁의 국제 환경 속에 호기를 잡은 그룹 중 하나다. 이미 한화에어로스페이스와 한화솔루션의 주가는 52주 최고가를 기록한 후, 주식시장의 급격한 하락과 함께 가격조정이 이루어지고 있는 상황이다.

한화솔루션은 52주 최고가 5만 5,900원을 찍고 4만원 중반에서 움직이고 있고, 한화에어로스페이스는 2022년 8월 말, 7만 8,000원대로 역사적 최고가를 경신하기도 했지만 최근엔 5만 원 후반대에서 가격을 형성하고 있다.

향후 3년은 김동관 사장의 연결고리 종목에 집중하는 것이 효과적이다. 그리고 주식시장의 급격한 조정으로 가격도 매수 가능 구역으로 오고 있다. 따라서 한화시스템을 다음 순환 상승 종목으로 선정하고 대장주인 한화솔루션, 한화에어로스페이스는 최근 가격대부터 조정 시 눌림목 매매 전략으로 대응하는 것이 효과적으로 판단된다.

　삼성그룹의 삼성물산과 같이 한화도 박스 패턴을 나타낼 것으로 보인다. 2만 원 하단, 4만 원 상단으로 설정하고 이제부터 서서히 차남 김동원 대표의 한화생명 주가를 매수해 놓고 3년 정도 수면제 모드로 진입하는 전략을 권해 드린다.

에필로그

제자 정유리 앵커는 유튜브 주식 전문 채널 '프리티TV'를 운영 중입니다. 방송을 통해 인연을 맺고 '생각을 바꿔야 주식이 보인다'라는 책을 함께 출간합니다.

주식시장이 코로나19로 인해 급격히 하락한 이후, 2년 동안 '동학개미'라는 개인투자자들에게는 꿈 같은 주식시장이 전개되었습니다. 하지만 조정이 시작되고 최근 다시 급격하게 하락하면서 개인투자자들이 많은 혼란을 겪고 있습니다.

제가 주식시장에 입문한지 어느 덧 35년이 되었습니다. 이 시간동안 엄청난 수익을 거두기도 했고, 엄청난 손실을 경험하기도 했습니다. 그래서 제자들을 양성하면서 개인투자자들이 이 거칠

고 험난한 주식시장에서 실패하지 않는 방법을 더 고민하게 되었고, 그 고민의 과정 중 이 책을 출간하게 되었습니다.

이 책에서는 개인투자자들이 투자 과정에서 함께 할 '대한민국 대표 5개 대기업군'의 지분구조부터 M&A, 사업의 역사 등을 다루고 있습니다. 이 책을 읽는 모든 독자들이 여기에 소개된 5개 대기업군의 종목에 관해서는 최고의 전문가가 되었음 합니다. 전혀 모르는 기업종목군에 투자하기 보다는 이 책에 나온 기업 중 자신과 가족의 직업에 관련된 기업은 특별히 더 공부하고 투자하셨음 합니다. 자신과 조금이라도 관련되고 이 책에 관련된 기업군의 역사부터 주가의 흐름을 파악한다면 여러분은 종목선정에도 다른 투자자들보다 한 단계 앞서 나갈 수 있습니다.

우리들은 자신을 위해 그리고 가족을 위해 주식시장에 뛰어들었습니다. 아마도 이 주식시장에서 반드시 수익을 창출해서 행복한 노후를 준비할 생각을 하고 계실 겁니다. 하지만 주식시장은 나와 가족을 위해 우리의 소중한 노후 자산을 보호해 주지 않습니다. 스스로 나의 자산을 지키고 관리해야 합니다.

중심을 나에게 두고, 투자에 자신감을 갖도록 투자공부, 시간여행 투자훈련을 스스로 알아서 각자 해야 하는데 급한 마음에 쉬운 길을 찾으려는 투자자들을 종종 만납니다. 본인이 스스로 결정하고 찾는 능력을 키우기보다 종목 찍기 신공의 소유자를 찾아 다니곤 합니다. 그러나 '종목 찍기 신공' 이런 분은 없습니다. 특히 요즘 유행하는 리딩방, 카톡방 등의 유혹에 걸리지 마세요.

투자는 아기 키우는 것과 같습니다. 아기가 성인이 되어서 스스로 자립할 때까지 그 아기를 먹이고 입히고 공부시키듯 내가 투자하는 시간여행투자 종목을 먹이고 입히고 공부시키는 과정이 무엇일까요? 어느 구간동안 지속적으로 매수하고 새로운 시드머니 만드는 과정을 각자의 형편, 각자의 능력에 따라 만들어내는 것이 중요합니다.

실제로 투자를 하다보면 물린 것 기다리는 것이 수익난 것을 견디는 것보다 쉽습니다. 그리고 엉덩이힘 담금질은 미래에 대한 믿음이 수반되어야 하기 때문에 내가 투자한 아이에 대한 믿음이 필요합니다. 그러기 위해서는 매일 변동하는 주가의 변동성에 현혹되지 않고 이 종목이 어느 수준 어느 상황에 도달할 때까지 기다리는 에너지가 중요합니다.

이런 흐름을 쉽게 이해할 수 있도록 사례를 통해서 설명해보죠.

이 책에도 소개된 현대로템입니다. 이 종목은 기존 책 『10년 후에도 살아남을 주식에 투자하라』에도 소개한 시간여행 종목입니다. 현대로템은 최근 7.7조 수주 관련 보도가 나왔고 그만큼 투자자들의 관심이 높아지면서 이 종목에 대한 매매 관련 질문이 많았습니다. 추가 상승 시에는 비율 매도하고 가격변동을 주면 재매수하는 '파도타기-물량늘리기' 전략을 제안드립니다. 일차적으로 2025년까지 위 종목에 집중하면서 매일 주가변동에 연연하지 않고 자신의 매매시스템 구조를 만들어서 실천합니다. 그 결정을 다른 누구에게 묻지 말고 스스로 결정하는 결정력을 키우는 것이 중요합니다.

17,000원~24,000원 사이에서는 매수만 생각하고 매매하지 말고 27,000원~37,000원 사이에서는 각자 알아서 매도 후 재매수의 수량은 스스로 결정하기 바랍니다. K-방산의 시대는 이제부터 시작이라고 판단하기 때문입니다.

현대로템은 현재 새로운 수주가 지속적으로 들어오고 있으며, 사우디 네옴시티 연결고리를 기대중이고 이집트, 동남아 등 다른 나라의 수주도 기대하고 있습니다. 또한 현대로템에서는 대규모 인재채용을 계속하고 있습니다. 이런 것이 기업의 미래지도 그리기의 핵심 포인트라 할 수 있습니다.

이런 식으로 자금을 조절하면서 일단 2025년까지 아기 키우듯 해보시기 바랍니다. 그러면서 이 책에 나오는 현대자동차그룹의 역사와 지분구조를 함께 공부하시기 바랍니다.

이번 책에는 각 장마다 〈무극선생이 알려주는 매매전략〉을 소개하고 있습니다. 제가 책을 정리한 시점으로 소개한 내용이지만 언제 봐도 큰 차이는 없을 겁니다. 기업의 역사를 공부하고 매매기법을 참고하셨음 합니다.

대한민국 투자자들은 매매 트레이딩에 세뇌당하고 있다는 생각이 안드시나요?

증권사가 뿌려주는 HTS-MTS가 카지노장의 슬롯머신 같다는 생각이 안드시나요?

기업의 흥망성쇠를 판단하는데 10년도 짧다면 짧은데 우리는 데이트레이딩, 스윙트레이딩 등의 기법에 너무 익숙해지고 세뇌당하고 있습니다.

투자한 기업을 판단하는데 1년을 기준으로 최소 분기별로 체크하면서 그 대상기업의 매출액과 영업이익의 변화를 추적하고 미래지도를 그립니다. 그리고 미래에 대한 믿음이 형성된다면 그 믿음이 수치로 확인될 때까지 단기적 주가변동성에 현혹되지 말고 시간여행투자호흡으로 인생의 종목을 만나시기 바랍니다. 저도 그 길에 작은 도움이 되고자 열심히 노력할 생각입니다.

저도 오랜기간 주식시장에 있었지만, 아직도 많이 실수를 하고 후회를 하기도 합니다. 하지만 제 조언들이 개인투자자들에게 조그마한 도움이 되기를 늘 바라보며 생활을 하고 있습니다. 이

책이 여러분의 주식투자에 대한 생각과 시간을 조금이나마 바꾸고 성공 투자에 도움이 되길 기원합니다.

2022년 9월

이승조(필명: 무극선생) 드림

**생각을 바꿔야
주식이 보인다**

초판 1쇄 발행 2022년 11월 10일
초판 2쇄 발행 2022년 11월 30일

지 은 이 이승조, 정유리
발 행 인 전익균, 이정윤

이   사 김영진, 김기충, 전승환
기   획 권태형, 백현서, 조양제
편   집 김정
디 자 인 페이지제로
관   리 김희선, 유민정
언론홍보 (주)새빛컴즈
마 케 팅 팀메이츠

펴낸곳 새빛북스
전화 (02) 2203-1996, (031) 427-4399 **팩스** (050) 4328-4393
출판문의 및 원고투고 이메일 svcoms@naver.com
등록번호 제215-92-61832호 **등록일자** 2010. 7. 12

가격 18,000원
ISBN 979-11-91517-27-9 03320